KB249376

公共病院의 成果比較

公共病院의 成果比較

한 인 섭

한국학술정보㈜

서 문

　1980년대 이래로 민영화 논의는 하나의 유행처럼 확산되어 왔으며, 오늘날에는 기존의 논의와는 차별성 있는 다른 무엇인가를 첨가하기가 용이하지 않을 정도가 되었다. 이런 점에서 먼저 이 책의 목표를 명확하게 밝힐 필요가 있다고 생각된다. 이 책은 민영화 이론을 원용하여 공공부문 내에서(within public sector) 조직형태만을 달리하는 공공병원의 경영성과를 비교하는 데 초점을 두고, 이러한 성과차이가 나타나게 된 원인(why)과 경로(how)를 분석함으로써 공공병원의 경영성과를 제고하기 위한 시사점을 얻으려는 데 목적이 있다.

　민영화의 이론적 논거는 크게 재산권 이론(property right theory)과 경제이론(economic theory)으로 대별할 수 있다. 재산권 이론가들은 사기업이 공기업보다 경영성과가 우수하다고 주장한다. 왜냐하면 사기업의 경우에는 이익을 향유할 수 있는 권리(right to profits)가 명백하게 규정되어 있는 데 비해서 공기업은 그러한 권리가 분산되어 있거나 불확실하기 때문이라는 것이다. 이와 달리 경제이론에서는 이익에 대한 배타적 권리가 성과향상을 위한 필요조건이기는 하지만 충분조건은 아니라고 주장한다. 즉, 현재적 혹은 잠재적 경쟁자가 존재하지 않는다면 비용최소화의 동기가 결여될 수 있기 때문에 소유권보다 경쟁(competition)의 중요성을 강조한다.

　이와 같은 재산권 이론과 경제이론의 논지에 따르면, 공공조직과 민간조직의 성과차이는 소유구조나 시장구조의 차이에서 비롯되는 것으로 간주된다. 그러나 공공부문 내에는 동일한 소유구조와 시장구조하에서 조직형태만을 달리하는 공공조직들이 존재한다. 이런 경우, 기존의 이론적 논지에 따라 소유구조와 시장구조의 차이로 이들의 성과차이를 설명하는 데에는 한계가 있다. 공공부문 내에 다양한 형태의 조직이 존재하는 근본적인 이유는 의회에 의한 정치적 통제와 행정부에 의한 관료적 간섭을 최소화시킴으로써 경영성과를 향상시키려는 것이다. 이러한 사실은 소유권 구조와 시장구조 이외에 내부통제에 따른 조직특성으로 인한 성과차이를 분석할 필요성이 있다는 것이 이 책의 기본적인 문제의식이다.

민영화(privatization)라는 용어는 다양한 의미로 사용된다. 가장 보편적으로 사용되는 것은 탈국유화(divestiture)로, 이는 공기업의 소유권을 공적소유권에서 사적소유권으로 전환시키는 것을 의미한다. 둘째는 자유화(liberalization)와 규제완화(deregulation)에 관한 것으로, 시장진입, 가격, 산출물, 이윤 등에 대한 통제나 제약을 완화시키는 것을 의미한다. 이 경우, 소유권이 이전되지 않기 때문에 공기업은 존속할 수 있지만, 민간기업과 같이 보다 상업적인 태도로 전환될 것이 요구된다. 셋째는 재화와 서비스의 공급을 공공부문에서 민간부문으로 이전시키는 것으로, 이의 가장 전형적인 예는 민간위탁(contracting-out)이다. 이 책에서는 서울시 산하의 동부병원과 보라매병원 및 강남병원 등 조직형태만을 달리하는 세 개의 일반병원을 연구사례로 선정하여 공공병원의 성과차이에 영향을 미치는 요인과 경로(paths)를 탐색하고 있다. 따라서 이 책에서 다루고 있는 민영화의 논의는 주로 두 번째와 세 번째의 민영화 개념과 관련되어 있다.

이 책은 기본적으로 저자의 박사학위논문을 토대로 구성되었기 때문에 구성과 편제에 있어서 많은 한계가 있음을 밝히지 않을 수 없다. 앞으로 공기업 및 민영화에 관한 연구내용의 이론적 타당성을 높이고, 다양한 현실 사례에의 적용가능성을 높임으로써 향후 연구에서 종합적으로 보완할 수 있기를 기대한다.

이 책이 발간되기까지 많은 분들의 도움이 있었다. 먼저, 저자의 박사학위논문을 지도해주신 오연천 교수님을 비롯한 서울대학교 행정대학원의 여러 교수님들, 논문 전반의 문제점에 대해서 많은 조언을 해주신 공주대학교의 배용수 교수님과 전남대학교의 곽채기 교수님께 감사드린다. 그리고 항상 염려하는 마음을 지켜봐 주시는 연로하신 부모님과 사랑하는 딸 은진이를 비롯한 모든 가족들께 감사드린다. 끝으로 많은 어려움에도 불구하고

이 책이 출판될 수 있도록 흔쾌히 도와주신 한국학술정보(주) 채종준 사장님을 비롯한 관계자 여러분께도 감사드린다.

2006년 8월
한인섭 씀

목 차

표 목차

그림 목차

제 I 장 서 론

제1절 연구의 목적과 의의

1. 연구의 목적

이 연구는 지방공공병원의 조직형태에 따라서 경영성과가 어떻게 달라지는지를 확인하고, 성과차이가 나타나게 된 원인과 경로를 분석함으로써 경영효율성을 제고하기 위한 시사점을 얻으려는 데 그 목적이 있다.

지방자치가 실시된 이후 지역주민들의 행정수요가 팽창됨에 따라서 지방재정의 확충과 공공서비스의 효율적 공급방안에 관한 관심이 급증하고 있다. 이에 따라 지방행정 부문에도 민간부문의 자본과 기술 및 전문성을 활용하려는 노력이 다양하게 전개되고 있으며, 이것은 지방자치단체가 운영하는 병원조직의 경우에도 마찬가지이다.

병원(hospital)이란 원래 여행자들을 위한 단순한 휴게소나 여인숙(doss-house)을 의미하는 것이었으며, 이들의 대부분은 종교적 목적을 가진 사람들이었기 때문에 중세의 종교적 전통에 따라서 이를 공공서비스로 간주해 왔다.[1] 따라서 의료서비스를 제공하는 데 필요한 재원은 정부가 자선적 (philanthropy) 차원에서 충당하는 것으로 인식되어 왔으나, 최근에는 정부가 지출하는 의료비용이 급증함에 따라서 이에 대처하여 병원조직을 효율적으로 운영하기 위한 노력이 요구되고 있다.

---

[1] 아직도 많은 병원들이 종교적인 명칭을 가지고 있는 것은 이러한 전통에서 비롯된 것이라고 할 수 있는데, 병원의 이러한 역사적 변천에 대해서는 W. J. M. Mackenzie, *Power and Responsibility in Health Care, The National Health Service as a Political Institution*, Oxford University Press, 1979, pp.106~109.

예컨대, 미국의 경우 1950년대에 고용자 부담에 의한 의료보험(employer-sponsored health insurance)을 채택하고 있었으며, 의료정책의 기본방향은 의료시설의 건축, 생물의학 연구(biomedical research), 의료인력 공급의 확대 등을 통해서 의료서비스의 접근성을 제고시키는 것이었다. 이러한 자원중심적인 의료정책을 수행하는 데에는 막대한 재원이 소요되었으나, 그 효과는 높지 않은 것으로 나타났다. 아울러 1965년에 고용자 부담에 의한 의료보험이 적용되지 않는 노령인구들에게 의료서비스를 제공하기 위해서 채택된 노인의료보험(Medicare)은 재정위기에 당면한 정부의 지출부담을 더욱 증가시켰다. 이에 따라 '보다 저렴한 가격으로 양질의 의료서비스가 제공되어야 한다'는 국민들의 요구와 기대가 높아지게 되었으며, 이러한 요구에 부응하기 위한 방법으로 규제완화와 경쟁조장적 접근방법이 강조되고 있다.[2]

우리나라의 경우에도 지방자치단체가 운영하는 시·도립 병원은 자치단체의 재정보조금이 없이는 운영되기 어려운 실정이었다. 이러한 문제점을 개선하기 위하여 정부는 1980년 1월에 지방공기업법을 개정하여 의료사업을 비롯하여 동법 제2조에 규정된 사업을 효율적으로 수행하기 위하여 필요한 경우에는 지방공사를 설립할 수 있도록 하였다. 이에 따라 기존의 시·도립 병원들을 기업적 성격이 가미된 지방공사의료원으로 조직형태를 전환하였으나, 이들 병원조직의 경영부실은 여전히 지속되고 있다. 이에 대한 대응방안으로 최근에는 지방공사의료원을 민간에 매각하거나 위탁해서 관리하기 위한 방안을 모색하고 있는 실정이다.

여기서 제기되는 문제는 각 지방자치단체가 의료서비스를 가능한 한 효율적으로 공급하기를 바라면서도 실제로 조직형태를 선택할 때에는 다양한 조직형태 간의 상대적 우월성을 분석하지 않고 있다는 점이다. 이에 대해서 기존의 이론들은 공공조직과 민간조직의 경영성과를 비교·분석함으로써 민간조직의 상대적 우월성을 주장해 왔다. 이러한 논지는 공기업 민영화의 논리적 기반이 되어 왔으며, 공공병원을 설립할 때에도 당연한 것으

---

2) Howard S. Berliner, *Strategic Factors in U. S. Health Care*, Westview Press, (London, 1987), pp.1~2.

로 인식되고 있다.[3)]

일반적으로 민간조직의 우월성을 강조하는 이러한 논의들은 주로 공공조직과 민간조직의 소유구조와 해당 조직이 활동하는 시장구조의 차이에서 그 원인을 찾고 있다.

먼저 소유구조의 차이를 강조하는 사람들은 주로 재산권 이론과 공공선택이론에 논리적 근거를 두고 있다. 재산권 이론에 따르면, 민간조직은 이윤에 대한 권리가 명백하게 규정되어 있는 반면에, 공공조직들은 그러한 권리가 분산되어 있거나 불확실하기 때문에 생산성을 향상시키기 위한 유인(incentives)이 존재하지 않는다고 한다.[4)]

이러한 주장은 공공선택론에 의해서도 지지되고 있다. 이들은 정치인과 관료들이 공익이나 일반국민들의 의도보다는 자기 자신의 이익을 추구한다고 본다. 정책은 표(votes)를 최대화시키도록 설정되며, 예산을 팽창시킴으로써 관료들은 높은 봉급을 추구한다고 주장한다. 관료들은 예산변화에 대해서 납세자들보다 많은 정보를 가지고 있기 때문에 공공의 지출감시체제 내부에 정보불균형성(asymmetry of information)이 존재하며, 그 결과 공공부문의 노동조합으로 하여금 임금인상 등을 요구할 수 있는 다양한 근거를 제공해 주는 것으로 인식되고 있다.

요컨대, 재산권 이론과 공공선택론의 기본적인 관점은 공공조직들이 이윤동기가 결여된 상태에서 예산극대화와 모험회피, 과잉고용과 고임금과 같은 목표를 추구하는 경향이 있다는 것이다.

그러나 경제이론(economic theory)에서는 소유권 그 자체가 아니라, 시장구조를 경제적 성과와 연관시킨다. 이들에 따르면, 공적소유권을 사적소유권으로 전환시키더라도 경쟁이 존재하지 않을 경우에는 독점공기업이 독

---

3) 지방자치단체가 운영하는 지방공공병원은 그 조직형태에 상관없이 공기업적 방식으로 운영되는 것이 일반적이다. 이러한 현실을 고려하여 여기서도 기존의 공기업 이론을 원용하고자 한다.

4) 재산권 이론의 논지에 대해서는 Alchian, A., Some Economics of Property Rights, *Politico*, 30, 1965, pp.816~829.

점민간기업으로 전환되는 데 불과하기 때문에 사회적 산출이 증가하는 것은 아니라고 주장한다. 이러한 관점에서 이들은 시장구조가 독점적인지 또는 경쟁적인지의 여부가 조직의 경영성과에 영향을 미치는 중요한 요소라고 한다.[5] 이들에 따르면, 공공조직은 시장이 아니라 정부에 그 생존을 의존하고 있기 때문에 타성과 비효율, 그리고 소비자의 요구와 수요에 대한 반응이 약화되는 경향이 있다고 한다.[6] 특히 독점시장에 존재하는 공공조직은 안정된 시장이 확보되어 있기 때문에 이러한 노력을 할 만한 동기가 극히 결여될 수밖에 없으며, 그 결과 경영성과에도 많은 차이가 나타나는 것으로 파악한다.

경쟁적 시장구조를 통해서 경영성과가 향상되기 위해서는 소유권을 이전시킬 수 있는 가능성(transferability)이 항상 존재해야 하는데, 자본시장에는 거래비용(transaction costs), 무임승차의 문제 및 정보의 불완전성 등이

---

5) Goodman과 Loveman은 공기업 민영화에 있어서 핵심적 요소를 소유권의 문제가 아니라, 시장구조의 경쟁 여부로 파악한다. John B. Goodman and Gary W. Loveman, 서준호 역, "민영화는 공공이익에 부합되는가", 서강 Harvard Business, May/June, 1992, pp.160~161. Vickers와 Yarrow는 경쟁요소를 도입하려는 노력을 민영화(privatization)와 구별하여 '자유화'(liberalization)라는 개념으로 정의하고 있다. John Vickers and George Yarrow, *Privatization: An Economic Analysis*, (Cambridge: The MIT Press, 1989), p.45. 공공조직의 경영성과에 영향을 미치는 근본적인 원인이 시장구조인지 혹은 소유구조인지의 여부에 관해 보다 자세한 논의에 대해서는 Aidan R. Vining and Anthony E. Boardman, Ownership versus Competition: Efficiency in Public Enterprise, *Public Choice*, 1992, 73, pp. 205~239.

6) 시장에의 노출 정도, 또는 보조금에의 의존성은 공공조직과 민간조직을 구별시켜주는 중요한 기준이 된다. 즉, 민간조직의 경우에는 시장에서 처벌과 보상이 자동적으로 이루어지기 때문에 비용절감이나 운영효율성 등을 확보해야 할 유인이 작동하는 반면에 정부의 보조금에 의존하는 조직은 정치적 영향이나 "공익"이라는 다중적이고 모호한 이유에 기초하여 비용절감을 하지 않거나 덜 강조하게 된다는 것이다. Hal G. Rainey, Robert W. Backoff and Charles H. Levine, Comparing Public and Private Organizations, James L. Perry and Kenneth L. Kraemer(eds.), *Public Management: Public and Private Perspective*, (University of California, 1983).

존재하기 때문에 자본시장의 압력이 그렇게 강력한 효율화 요인이 되지 못한다.[7] 또한 현대 기업조직의 경우에는 실질적인 인수위협으로부터 경영권을 보호할 수 있는 여러 가지 장치를 가지고 있으며,[8] 노동시장에 존재하는 정보의 불완전성으로 인해서 노동의 대체가능성은 약화될 수밖에 없다.[9]

요컨대, 시장기능이 제대로 발휘될 수 있는 조건이 충족되지 않을 경우에는 경쟁이 유발되지 않으며, 그 결과 시장구조가 경영성과를 제고하는데 아무런 영향도 미칠 수 없는 것이다. 이러한 문제점 때문에 최근에는 공공조직과 민간조직 간의 성과차이의 원인을 파악하기 위해서 소유권과 시장구조 이외에 조직의 지위(organizational status)변화와 그로 인한 관리의 질적 차이에 주목할 필요성이 제기되고 있다.

일반적으로 민간조직의 우월성을 주장하는 이론들은 정부기업과 순수한 민간조직의 경영성과를 비교하는 데 중점을 두는 경향이 있다. 따라서 이러한 분석을 근거로 민영화를 주장하는 이론들은 소유권 이전과 같은 방법을 통해서 공공조직을 민간조직으로 변화시킬 것을 주장하는 것이라고 할 수 있다.

---

7) Attiat F. Ott and Keith Hartley, eds., *Privatization and Economic Efficiency*, (England: Edward Elgar, 1991), p.16.

8) 인수위협(takeover)으로부터 경영권을 보호하기 위한 장치로는 주식의 대량 매입 규제, 자사주의 매입, 주식분산의 지연이나 증자의 기피, 무의결권 우선주 등이 있다. 이영기, 한국 기업소유지배구조, 한국개발연구원, 1996, 93~95면.

9) 이런 관점에서 Shleifer와 Vishny는 노동시장에서의 경쟁을 통한 압력은 경영자의 방어적 행위(entrenchment practices) 때문에 실효성을 상실한다고 주장한다. 예컨대, 경영자들은 자기가 가진 기술과 능력에 의존적인 기업전략을 채택하거나, 자기와 연관된 노동자들과 암묵적 계약을 체결하는 등의 행위를 할 수 있다. 이런 방식으로 노동시장에서 자기들의 가치를 다른 경영자보다 상대적으로 높이려고 하기 때문에 이러한 보호행위를 하는 경영자는 대체할 수 없는 존재가 되어 버린다는 것이다. Shleifer and Vishny, *Managerial Entrenchment*, Unpublished manuscript. University of Chicago, Graduate School of Business, Chicago, IL., James P. Walsh and James K. Seward, *op. cit.*, p.432에서 재인용.

그러나 공공부문 내에는 각종의 준정부조직이나 공단·공사 등이 존재한다.[10] 흔히 공공조직이 민간조직보다 비효율적으로 운영되는 원인으로는 관리적·기술적 능력의 부족, 관료제의 지나친 간섭, 유인의 결여, 사회적 목표와 상업적 목표의 갈등 등이 지적되어 왔기 때문에[11] 이러한 조직은 해당 활동에 대한 독립성을 확보하도록 설계되며,[12] 이를 통해서 책임성과 효율성을 제고시키려는 목적을 가지게 된다.[13] 따라서 이러한 조직들은 공공부문 내에 존재하면서도 정부의 정치적 및 관료적 통제를 제도적으로 완화하기 위해서 별도의 법률을 근거로 설립되는 것이 일반적이다.[14]

이러한 사실은 공공조직의 형태는 공공부문과 민간부문 간의(between the public and private sectors) 관계에서뿐만 아니라, 공공 분야 내에서도

---

10) 일반적으로 이런 유형의 조직형태가 나타난 원인은 ① 효율화의 압력은 높지만, 정부가 궁극적인 책임을 져야 하기 때문에 완전 민영화가 어려운 경우, ② 민간자본으로 인해 공법상의 기업형태를 적용하기 어려운 경우, ③ 저렴한 가격을 선호하여 민영화에 대한 정치적 반대가 높은 경우, ④ 시장의 가치와 규범을 확신하면서도 매각에 의한 민영화 방안에 동의하지 않는 경우 등이라고 할 수 있다.

11) Keith Jefferis, Public Enterprise & Privatization in Botswana, in Thomas Clarke(ed.), *op. cit.*, p.381.

12) 이러한 관점에서 Daintith는 이제까지 공적 권위의 일부로 운영되어 일반적인 규칙의 적용을 받던 활동을 별도의 법인격(corporate personality)을 가진 기구에게 이전시키는 것을 기업화(corporatisation)라는 용어로 표현하고 있다. Terence Daintith, *ibid.*, p.70.

13) Lane, J. E., The Swedish Privatization Debate, in Gayle, D. and J. N. Goodrish, (eds.), *Privatization and Deregulation in Global Perspective*, London: Longman, 1990.

14) 공공조직의 지위를 별도의 법률로 규정하는 이유는 사업에 필요한 관리적 권위와 재량성을 높이기 위해서 공공조직의 일상적인 관리에서 정치인과 관료들의 역할을 완화시키기 위한 것이다. 이런 조직들이 정부의 관료제보다 공식적인 자율성을 더 많이 누릴 수 있는 근거는 정부와 다른 법적지위를 가지고 있기 때문이라는 Ramanurti의 주장도 이러한 맥락이다. Ravi Ramamurti, Effective Leadership of Public Sector Organizations: The Case of Public Entrepreneurs, in Stuard S. Nagel(eds.), *Research in Public Policy Analysis and Management*, Vol. 3, 1986, p.71.

(within public sector) 다양하게 변화될 수 있다는 것을 보여준다.[15] 그럼에
도 불구하고 이제까지 공공조직과 민간조직의 성과차이에 관한 연구들은 소
유권 차이에 중점을 두어왔는데, 이러한 주장들은 소유권과 경제적 성과와
의 관련성을 지나치게 강조함으로써 관리방식과 기술적 수준과 같은 요인들
이 경영성과에 미치는 영향을 간과한 것이라고 하겠다.[16] 이런 경우에는 공
공부문이나 민간부문 내에서 다양한 형태로 존재하는 조직 간의 성과차이를
분석할 수 없는 문제점이 야기된다.[17]

　이처럼 공공부문 내에서 조직형태를 달리하려는 궁극적인 취지는 정부
조직에 비해서 정부의 직접적인 예산통제나 인사통제를 덜 받고 보다 상업
적으로 운영되도록 함으로써 경영성과를 향상시키려는 것이다.[18] 이러한
사실은 공공부문과 민간부문 간의 성과분석과 함께 공공부문이나 민간부문
내부에 존재하는 조직 간의 성과차이를 분석할 필요성이 있음을 의미한다.
특히 조직론적 관점에서 관심을 끄는 것은 조직형태의 변화로 인하여 경영
성과가 향상되었다면, 그러한 성과향상이 어떤 원인과 경로(paths)를 통해
서 나타나게 되었는가 하는 점이다.

　본 연구에서는 기존의 공기업 이론을 원용하여 공공병원의 조직형태에
따라서 경영성과가 어떻게 달라지며, 그러한 차이가 나타나게 된 원인과
과정을 탐색하고자 한다. 이를 위해서는 동일한 시장구조와 소유구조하에
서 조직형태만을 달리하는 사례를 선정하여 조직형태에 따른 통제양태의
차이가 경영성과에 미치는 영향을 분석할 필요가 있다. 이러한 관점에서

---

15) Keith Hartley and David Parker, *op. cit.*, pp.108~110.
16) Jacek Tittenbrun, Privatisation in Poland: People's Capitalism?, in
　　Thomas Clarke(ed.), *International Privatisation-Strategies and Practices*,
　　Walter de Gruyter and Co., 1994, p.255.
17) 이런 관점에서 Dunsire 등은 공공부문과 민간부문 내에 다양한 형태의 조
　　직이 존재한다는 사실에 비추어 볼 때, 이처럼 막연하게 공기업과 민간기
　　업을 비교하는 것이 유의미한 것인지 또는 적용성이 있는 것인지의 여부
　　에 대해서 의문을 제기하고 있다. Andrew Dunsire, Keith Hartley, David
　　Parker and Basil Dimitrioiu, *op. cit.*, p.368.
18) Keith Hartley and David Parker, *op. cit.*, p.109.

본 연구에서는 지방공공병원의 조직형태에 따른 경영성과의 차이를 알아보기 위해 다음과 같은 점들을 분석하고자 하였다.

첫째, 선행연구를 통하여 병원조직의 경영성과에 영향을 미치는 요인들을 검토하고, 이런 요인들을 토대로 기존의 공기업 이론과 조직이론 등을 원용하여 조직형태와 경영성과 간의 관계에 관한 분석틀을 설정하였다.

둘째, 조직형태만을 달리하는 서울시 산하의 3개 병원을 연구사례로 선정한 다음, 이들 병원조직에 대한 서울시의 통제양태와 경영성과에 영향을 미치는 요인들을 자원능력과 관리특성의 측면에서 살펴보았다.

셋째, 각 병원조직의 성과차이를 확인하고, 이러한 차이가 나타나게 된 원인을 병원조직의 수입구조와 비용구조를 통해서 분석하였다. 이러한 분석을 통해서 공공부문 내에서 다양한 형태로 운영되는 병원조직의 경영성과에 차별적인 영향을 미치는 제도적 요인과 경로(paths)가 무엇인지를 실증적으로 분석하였다.

2. 연구의 의의

본 연구의 의의는 다음과 같은 몇 가지 사항으로 정리할 수 있다.

첫째, 기존의 연구들을 이론적으로 보완할 수 있다는 점이다. 공공조직의 경영성과나 민영화에 관한 기존의 이론들은 공공조직과 민간조직의 소유권과 시장구조의 차이를 전제로 민간조직의 상대적 우월성을 주장해 왔다. 그러나 이런 연구들은 공공부문 내에서 다양한 형태의 조직이 존재하는 이유를 설명하지 못한다. 이런 관점에서 본 연구는 동일한 공적소유권과 시장구조하에서 조직형태만을 달리하는 지방공공병원의 성과차이를 설명함으로써 기존 연구의 설명력을 높여줄 수 있을 것으로 기대된다.

둘째, 조직형태와 경영성과 간의 관계에 관한 기존의 연구들은 대부분 조직형태가 변화되는 시점을 전후한 성과분석에 초점을 맞추고 있다. 그러나 이런 경우에는 조직형태의 변화를 전후한 외부적·환경적 요인으로 인한 영향을 제거할 수 없다. 이에 비해서 본 연구는 동일 시점에서 다양한 형태로 존재하는 지방공공병원의 성과차이를 분석함으로써 이러한 외부적 요인을 제거하여 현실성을 높일 수 있을 것으로 생각된다.

셋째, 본 연구는 공기업의 경영성과 제고방안에도 기여할 수 있을 것으로 기대된다. 일반적으로 공기업의 효율성을 제고하기 위해서 소유권을 이전시키거나, 규제완화를 통하여 경쟁을 도입하는 방안 등이 거론되고 있으나, 공공부문 내에서 조직형태만을 변화시킴으로써 경영성과를 향상시킬 수도 있다.[19] 이런 관점에서 본 연구는 공공병원의 조직형태에 따른 성과차이와 그 원인을 실증적으로 비교·분석함으로써 기존의 공기업 형태를 보다 개선된 방향으로 전환시키는 데 일조할 수 있을 것으로 생각된다.

넷째, 아울러 지방공기업의 설립에 관한 정책적 시사점을 제공해 줄 수도 있을 것이다. 현재 지방자치단체마다 다양한 형태의 지방공기업을 설립하고 있으나, 이에 대한 명확한 기준이 없이 조직형태를 선택하는 실정이다. 따라서 조직형태와 경영성과 간의 관계에 관한 본 연구는 지방공기업을 설립하는 자치단체가 그 형태를 결정하는 데 도움을 줄 수 있을 것으로 기대된다.

제2절 연구의 대상과 방법

1. 연구의 대상과 범위

본 연구의 목적은 공공병원의 조직형태에 따라서 성과차이가 나타나는지를 분석하려는 것이기 때문에 본 연구의 대상단위(object unit)는 병원조직이다.[20] 이를 위해서는 동일한 사업에 대해서 조직형태만을 달리하는 공

---

19) 최근에 논의되고 있는 철도청 등의 공사화 방안 등은 이러한 조직형태의 변화를 통해서 경영성과를 제고시키려는 예라고 할 수 있다.

공병원이 전제되어야 한다. 우리나라의 경우 현재 이러한 조건을 충족시키는 연구대상은 서울시 의료사업이 유일하므로 본 연구에서는 서울시 의료사업을 연구대상으로 선정하였다.

일반적으로 공공조직의 경영성과는 소유구조와 시장구조 등에 의해서 영향을 받는 것으로 인식되어 왔으나, 조직형태와 그에 따른 관리의 질(quality of management)에 의해서 달라지기도 한다. 본 연구에서는 동일한 소유구조와 시장구조하에서 조직형태와 그로 인한 조직특성의 차이가 경영성과에 미치는 영향을 분석하는 데 초점이 있다.

이처럼 본 연구에서 시장구조적 특징과 소유구조적 특징에 의한 영향을 제거한 이유는 대상사례의 특징 때문이다. 본 연구의 대상사례인 동부병원과 강남병원 및 보라매병원은 서로 다른 조직형태를 가지고 있지만, 이들 세 병원은 모두 서울시가 전액 출자한 것이다. 따라서 소유구조라는 측면에서 볼 때, 이들 병원 간에는 아무런 차이가 존재하지 않는다.

또한 본 연구의 대상사례인 서울시 산하의 병원조직과 민간병원들은 시장구조라는 면에서 아무런 차이가 없거나 거의 동일한 것으로 간주하였는데, 그 이유는 이들 병원조직들이 대부분 소규모이어서 독점적인 성격이 매우 약화되어 있기 때문이다.[21] 특히 본 연구의 대상사례인 서울시 의료사업의 경우에는 진료활동 면에서 민간병원과 아무런 차이도 없기 때문에 생산시장에 있어서의 독점성은 존재하지 않는다고 할 수 있다. 따라서 시장구조적 특성이 본 연구의 대상사례에 미치는 영향도 거의 동일하다고 할 수 있다.

한편, 경영성과는 해당 기업의 구조적 요인과 조직적 요인은 물론 관리

20) 분석의 대상단위(object unit)와 주제단위(subject unit)에 대해서는 강신택, 사회과학연구의 논리 -정치학·행정학을 중심으로-, (서울: 박영사, 1995), 147면.
21) 일반적으로 기업의 독점력(monopoly power)은 희소자원의 독점적 소유, 특허나 정부의 독점적 허가 및 규모경제 효과에 의한 자연독점 등에서 기인하는데, 이 가운데 가장 중요한 것은 규모의 경제에 의한 자연독점의 경우라고 할 수 있다. 최병선, 정부규제론, (서울: 법문사, 1992), 67면 이하.

자의 인지적 요소 등과 같은 다양한 요소에 의해서 영향을 받는다. 그러나 본 연구는 조직형태에 따른 성과차이를 파악하는 데 주된 목적이 있다. 따라서 여기서는 조직형태의 차이로 인한 제도적 요인에 한정하여 설명하고자 하였다.

본 연구의 범위는 서울시 산하의 각 병원이 진료활동을 통해서 산출한 경영성과이다. 그러나 경영성과라는 것이 구체적으로 무엇을 의미하는지에 대해서 논란이 생길 수 있다. 왜냐하면 일반적으로 성과(performance)라는 개념에는 다양한 개념이 내포되어 있을 뿐 아니라, 민간기업과 달리 공공조직의 경우에는 추구하는 목표나 가치가 모호한 것으로 인식되기 있기 때문이다.[22]

공공부문에 있어서의 성과는 정치적 측면과 경제적 측면에서 접근할 수 있는데, 공기업과 민간기업 또는 조직형태에 따른 성과차이를 분석하는 연구들은 주로 경제적 측면에 초점을 두고 있다. 따라서 본 연구에서는 서울시 산하 병원조직의 재무적 성과에 국한하여 경영성과를 분석하기로 하였다. 그러나 성과의 내용을 재무적 성과에 국한시킬 경우에도 그 구체적인 내용이 무엇인지에 따라서 성과분석의 결과가 달라지게 된다.[23]

본 연구에서는 서울시의 산하병원의 설립 목적과 병원의 기능 가운데 가장 중요한 것이 환자진료사업이라는 점을 감안하여 진료사업에 의한 재무적 성과에 초점을 두고 분석하였다. 따라서 본 연구에서 성과분석을 위한 중심적인 대상은 각 병원의 환자진료활동이라고 할 수 있다.

한편, 본 연구는 각 병원의 성과를 비교·분석하기 위한 것이므로, 성과

---

22) 공공 분야에 있어서 성과평가의 난점에 관한 보다 자세한 논의에 대해서는 John B. Bourn, Guest Editorial: Performance Appraisal in The Public Sector, *Public Administration*, 1982, Vol. 60, pp.378~384. 특히 본 연구의 대상인 의료산업에 대한 성과평가의 어려움에 대해서는 Rudolf Klein, Performance, Evaluation and The NHS: A Case Study in Conceptual Perplexity and Organizational Complexity, *Public Administration*, 1982, Vol., 60, pp.385~407.
23) Rudolf Klein, *ibid.*, p.393.

분석을 위하여 어떤 지표를 활용할 것인지의 문제가 제기된다. 여기서는 대상병원들이 직접 제공하는 의료서비스로 한정하여 지표를 설정하였다. 왜냐하면 사망률이나 질병감염률과 같은 지표는 서울시 의료서비스의 효과성을 나타내 주지만, 이러한 지표들은 서울시 병원조직이 제공하는 의료서비스 이외의 다른 요인들에 의해서 많은 영향을 받으므로 이러한 지표들을 각 대상사례의 성과지표로 채택하기에는 무리가 있기 때문이다.

아울러 본 연구에서는 주관적인 지표를 배제하고 객관적인 지표만을 활용하고자 하였다. 물론 주관적인 지표들이 무의미하다거나, 성과분석의 수단으로서 부적절하다는 의미는 아니다. 그러나 '환자의 만족도'와 같은 주관적인 지표를 사용하기 위해서는 설문조사의 방법을 활용해야 하는데, 이 경우에는 지표의 가중치를 정하기가 어렵고, 응답자의 선입견이나 편견 등이 작용할 수 있기 때문에 각 병원의 경영성과를 정확하게 측정하기 어려운 문제점이 있다.[24]

한편, 공공조직의 경영성과에 관한 기존의 연구들은 조직형태가 변화된 시점을 전후한 성과의 변화를 분석하는 데 초점을 두고 있으나, 이런 경우에는 분석기간 사이에 일어나는 외부적 요인으로 인해 분석의 타당성이 저해될 수 있다. 이런 점을 고려하여 본 연구는 1993년부터 1996년까지의 경영성과를 분석하고자 하였다. 연구의 범위를 이처럼 설정한 것은 이러한 성과차이가 일시적인 것인지, 혹은 조직형태의 차이에서 비롯된 체계적인 것인지의 여부를 확인하기 위한 것이다.

---

24) 이런 관점에서 Dalton 등은 성과지표를 경성기준(hard criteria)과 연성기준(soft criteria)으로 구분하고, 경성기준만을 성과지표로 사용해야 한다고 주장하고 있다. Dan R. Dalton, William D. Todor, Michael J. Spendolini, Gordon J. Fielding and Lyman W. Porter, Organizational Structure & Performance: A Critical Review, *Academy of Management Review*, 1980, Vol. 5. No.1, pp.49~64.

2. 연구의 방법

본 연구에서는 조직형태의 차이가 경영성과에 미치는 영향을 알아보기 위하여 연구의 대상으로 소유구조와 시장구조적 특성이 동일한 사례를 선정하였다. 그러나 이 경우에도 각 병원조직의 성과차이가 조직형태의 차이에서 비롯된 것인지의 여부를 확인할 필요가 있다. 만일 성과에 영향을 미치는 또 다른 요인이 존재한다면, 이러한 제3의 요인으로 인해서 야기된 차이가 어느 정도인지를 파악하고 이를 제거할 필요가 있다. 이러한 논리는 결국 통계적 방법을 필요로 하는 것이라고 하겠다.

그러나 조직형태만을 달리하는 지방공공병원의 수가 매우 제한되어 있기 때문에 통계적 방법을 활용하는 데에는 한계가 있다. 또한 통계적 방법을 사용하기 위해서는 이에 필요한 각종의 자료들이 계량화 될 수 있어야 하는데, 특히 공공부문의 경영성과는 반드시 계량적인 형태로만 나타나는 것이 아니기 때문에 현실적으로 이와 같이 계량화된 자료를 수집하는 데에도 많은 어려움이 있다. 이런 문제점을 감안하여 본 연구는 기본적으로 사례분석(case analysis)의 방법에 기초하여, 기술적 방법(descriptive study)과 설명적 방법(explanatory study)을 혼용하되,[25] 연구의 타당성을 확보하기 위하여 다음과 같은 점에 주의하였다.

먼저 경영성과에 영향을 미치는 외부요인을 최소화하기 위해 서울시가 운영하는 사업 가운데 동일한 소유구조와 시장구조하에서 조직형태만을 달리하는 지방공공병원을 연구사례로 선정하고, 대상사례에 관한 각종 자료들을 수집한 다음 이를 기술적 방법을 활용하여 비교·분석하였다. 또 이와 같은 성과차이가 돌발적으로 나타난 것인지 혹은 체계적인 것인지의 여부를 확인하기 위해서 1993년부터 1996년까지의 경영성과와 그 시간적 변화를 비교·분석하였다.

---

25) 이러한 연구유형에 대해서는 Robert R. Mayer and Ernest Greenwood, *The Design of Social Policy Research*, Prentice-Hall, 1980, pp.149~153.

  아울러 이러한 성과차이가 유의미한 것인지의 여부를 확인하기 위해서
는 유의성 검증을 실시할 필요가 있다. 그러나 대상사례가 극히 적고 경험
적 자료를 수집하기 어려운 문제점 때문에 유의성 검증을 위한 통계적 방
법을 활용하기 어려운 실정이다. 따라서 본 연구에서는 대상사례들과 유사
한 규모를 가진 공공 및 민간병원의 경영성과를 기준치로 설정하여 비교함
으로써 이러한 문제점을 보완하고자 하였다.26)

---

26) 일반적으로 성과비교를 위한 방법으로는 시간의 변화에 따라 비교하는 방법
(comparison over time), 정부목표 등과 같은 기준(standards)에 따라서 비교하
는 방법, 동일한 서비스를 제공하는 조직 간의 서비스를 비교하는 방법
(intra-service), 민간영역의 성과와 비교하는 방법, 유사기관의 성과와 비교하
는 방법 등이 있을 수 있다. 이러한 성과비교의 방법에 대해서는 Thomas
Clarke, Reconstructing the Public Sector: Performance Measurement, Quality
Assurance and Social Accountability, in Thomas Clarke(ed.), *International
Privatization Strategies and Practices*, Walter de Gruyter & Co., 1994,
p.408.

제Ⅱ장 이론적 배경

제1절 병원조직의 특성과 지방공공병원의 조직형태

1. 병원조직의 개념과 특성

의료서비스를 제공하는 병원조직은 전문 인력들이 일정한 행동규범에 따른 업무분담을 통해 환자에게 양질의 의료서비스를 제공하는 조직으로서,[1] 우리나라의 의료법에서는 "의료인이 공중 또는 특정 다수인을 위하여 의료, 조산의 의료업을 행하는 곳"으로 규정하고 있다.[2] 이러한 병원조직은 다양하고 복잡한 전문 인력들로 구성된 노동집약적인 조직체로서 상이한 전문성을 가진 사람들이 복잡한 의료행위를 하고 있기 때문에 다음과 같은 특징을 갖는다.[3]

첫째, 병원조직은 양립하기 어려운 두 가지 목적을 동시에 추구해야 하기 때문에 명확한 조직목표를 설정하기 어렵다. 병원조직은 환자의 진료, 교육, 공중보건 향상, 질병예방, 사회복지의 향상 등과 같은 공익적 목표를 우선적으로 추구해야 하며, 병원조직의 유지·발전에 필요한 경제적 목표는 병원조직의 공공목적을 지속적으로 수행하기 위한 2차적 목적으로 인식되고 있다. 그러나 대부분의 민간병원들은 본래의 공공목적보다 경제적 목적을 우선시키는 경향이 매우 강하다. 또한 공공병원의 경우에도 정부재정의 고갈과 서비스의 효율적 공급에 대한 압력이 점증함에 따라서 경제적 목적을 강조하는 추세에 있다. 이러한 문제점 때문에 병원조직은 구성원들

---

1) 이종익, 병원행정론, (서울: 법문사, 1993), 65면.
2) 의료법 제3조.
3) 양두채, "병원조직과 시스템개념", 대한병원학회지, 1982. 4. 23~24면.

의 행동지침을 명백하게 설정하기 어려운 특성이 있다.

둘째, 이러한 목표의 상충성은 조직 내의 구성원 개인과 병원의 하부조직 간에도 존재하며, 이로 인해서 이들 간의 상호작용을 조정하기 어렵다. 병원 조직의 업무는 고도로 전문화·세분화되어 있으며, 다양한 지식과 전문성을 가진 구성원들이 자기 업무에 대한 책임을 지고 있다.[4] 따라서 병원조직의 기능을 원활히 수행하기 위해서는 이처럼 분화된 업무와 하위부서 또는 각 개인 간의 임무와 기능 및 상호작용을 조정해 나갈 필요성이 있다.

실제로 병원 내의 모든 종사자는 자기의 조직적 역할을 완수하기 위해 서 다른 조직구성원에게 의존하지 않으면 안 된다. 그러나 병원조직은 의 사, 간호사, 약사, 의료기사, 영양사, 기능직 및 단순노무직 등의 다양한 인 력으로 구성되어 있으며, 이들의 교육배경과 담당업무도 매우 다양하기 때 문에 병원조직은 다른 어떤 조직체보다 개성이 뚜렷하고 자기주장이 강한 구성원의 결합체라고 할 수 있다. 따라서 이처럼 다양한 구성원과 하부조 직 및 이들 간의 상호작용을 원활히 조정하여 병원조직 전체로서의 병원업 무를 효과적으로 수행하기 위해서는 정교한 내부조정체제를 필요로 한다.

셋째, 병원조직에는 관리자에 의한 일반적 권위와 의료진에 의한 전문적 권위가 공존하기 때문에 이로 인한 갈등을 조정할 수 있는 메커니즘이 요 구된다. 병원조직의 구성원들은 자기의 직무를 수행하는 과정에서 관리자 로부터 관리적 통제를 받는 동시에 의료활동에 관한 책임을 지고 있기 때 문에 복수의 명령계통이 존재하게 된다.[5]

---

4) 이 점에 관해서 Anderson 등은 병원조직의 의료진을 피고용인으로 보기 어렵 다는 견해를 나타내고 있다. 이들에 따르면, 의사들은 실험에 관한 명령을 하고 필요한 서비스를 결정하며, 많은 경우에는 환자들이 얼마나 오랫동안 병원에 입원해야 하는지의 여부를 결정하면서도 병원의 효율성이나 사용된 재원에 대 해서는 아무런 관심도 없기 때문에 이들은 독립적인 행위자라는 것이다. Craig A. Anderson, Chuck Bayless, James S Harrington, M. Melanie Polack and William D. Wilsted, Service Process Excellence: How to Best Serve Your Customers, in H. James Harrington, eds., *Total Improvement Management: The Next Generation in Performance Improvement*, (McGraw-Hill, Inc., 1995), p.394.

일반기업의 경우에는 경영주체인 이사회가 경영에 관한 모든 권한과 책임을 가지며, 일선의 실무책임자는 주어진 절차에 따라 반복적인 작업을 수행하는 것이 일반적이다. 그러나 병원조직의 일선에서 수행되는 작업은 고도의 훈련과 교육을 받은 전문직에 의해 수행된다. 따라서 병원조직의 경우에는 실무책임자인 전문직 의사가 조직 내에서 실질적인 영향력을 행사하면서 고유업무에 대한 독자성을 가지고 전문적인 권한을 행사하게 된다.[6] 병원조직의 주요 업무인 환자관리에 관한 한, 의사가 가진 전문적 권위는 절대적이기 때문에 경영주체인 이사회가 병원경영에 관한 모든 권한과 책임을 가지는 있음에도 불구하고 의료진에 대한 권한은 매우 제한적이라고 할 수 있다.

이런 특징 때문에 병원조직의 업무수행 과정에서 여러 가지 갈등이 야기되기도 하는데, 이것은 특히 관리부서와 의료부문 사이에서 두드러지게 나타난다. 일반적으로 관리부서는 병원조직을 전반적으로 경영하고 관리할 책임이 자기들에게 있는 것으로 인식하고 있기 때문에 병원조직의 목표로서 경제적 목표를 더욱 중시하는 경향이 있다. 이에 반해서 전문직인 의사들은 환자진료와 의학연구에 보다 많은 관심을 가지고 있기 때문에 경제적 목표보다는 의료목표를 더욱 중시하는 것으로 알려지고 있다.[7] 또한 관리부서는 일반적 권위에 기초하여 조직구성원의 행동과 업무를 통제하려고 하기 때문에 관리의 표준화와 공식화를 추구하는 경향이 있으나, 전문직

---

5) H. L. Smith, Two Lines of Authority: The Hospital's Dilemma, *Modern Hospital*(March 1955), pp.59~64.

6) 병원조직에 근무하는 전문직 의료인들은 진료에 필요한 각종의 실험 등 의료서비스를 결정하며, 많은 경우에는 환자들이 얼마나 오랫동안 병원에 입원해야 하는지의 여부를 결정하기도 한다는 점에서 이들은 단순한 피고용인과 다르다.

7) Anderson 등에 따르면, 의사들은 독립적인 행위자로서 병원의 효율성이나 사용된 재원에 대해서는 아무런 관심도 없으며, 그 결과 예산과 관리자원에 관해서 외부조직에 지배된다고 한다. Craig A. Anderson, Chuck Bayless, James S Harrington, M. Melanie Polack and William D. Wilsted, *op. cit.*, p.394.

의사들은 이처럼 관료적으로 병원을 운영하는 데 대해서 많은 불만을 가지게 된다. 이러한 문제점으로 인하여 일반적 권위를 가진 관리부서와 전문적 권위를 가진 의료진간의 상호작용을 조정할 필요성이 나타나게 되며, 경우에 따라서 비공식조직이 의사결정에 중대한 영향력을 미치기도 한다.[8]

넷째, 병원조직의 산출물이라고 할 수 있는 의료서비스의 진정한 척도를 알아내기가 어렵다. 예컨대, 환자의 건강상태가 개선되었다고 하더라도 그 개선의 정도와 이유를 정확하게 파악하기 어려운 것이다.[9] 또한 내부적으로도 하부조직이나 구성원의 산출물을 파악하기도 매우 곤란하다. 병원조직의 산출물인 진료업무는 획일적이거나 기계적이라기보다 환자의 특성에 따라서 개별적으로 이루어지기 때문에 진료환자의 수만을 가지고 하부조직이나 구성원의 산출량을 측정하는 것은 타당하지 않다. 또한 병원조직의 구성원들은 상황에 따라서 다양한 상호작용을 해야 하기 때문에 업무활동이 정체적이기보다는 동태적으로 이루어지며, 업무의 처리과정이나 절차를 공식적인 절차에 따라서 구체적으로 나타내기도 어렵다. 이러한 특징으로 인하여 병원조직의 산출물을 정확하게 측정하는 것은 거의 불가능하며, 병원경영에 관한 사전적인 계획을 수립하거나 합리화를 도모하는 것은 더욱 어려워진다.

2. 지방공공병원의 조직형태

공공병원이란 공공성을 지닌 의료사업을 수행하기 위해서 중앙정부나 지방자치단체가 설립하고 의료서비스 공급에 필요한 재원을 조달하는 병원

---

8) A. D. Kaluzney, D. M. Warner, D. G. Warren and W. N. Zelman, *Management of Health Services*, Englewood Cliffs, New Jersey : Prentice-Hall, Inc., 1982, p.37.
9) 이런 이유 때문에 환자들이 의료서비스의 질을 평가하기 위한 유일한 기준으로서 담당의사에 대한 신뢰성에 의존하는 경우가 많다고 한다. Craig A. Anderson, Chuck Bayless, James S Harrington, M. Melanie Polack and William D. Wilsted, *op. cit.*

조직이라고 할 수 있다. 이러한 공공병원은 재원조달의 원천에 따라서 국가가 재원을 조달하는 국립병원과 지방정부가 재원을 조달하는 시·도립병원과 지방공사의료원 및 특별법에 근거를 두고 중앙정부로부터 지원을 받는 특수법인에 의한 병원 등으로 구분할 수 있다.[10] 이런 관점에서 지방공공병원은 지방자치단체가 병원조직을 운영하는 데 필요한 재원을 조달하고, 이에 기초해서 병원조직을 관리·운영하는 병원조직이라고 할 수 있다.

따라서 지방공공병원에 대한 소유권은 지방자치단체가 가지고 있으나, 이런 경우에도 지방공공병원의 조직형태가 모두 동일한 것은 아니다. 현재 우리나라에서 활용되고 있는 조직형태는 지방자치단체가 직접 경영하는 병원조직과 지방자치단체가 별도의 법인격을 설립하여 경영하는 병원조직 및 계약방식에 의해서 운영되는 병원조직의 세 가지로 구분할 수 있다.[11]

먼저 직영병원은 지방자치단체가 설립하여 스스로 경영하는 병원조직을

---

10) 지방공공병원은 설립목적이나 사업의 내용 면에서 일반병원보다 공공성을 더 많이 강조하는 것이 일반적이다. 병원조직을 영리병원과 비영리병원으로 구분할 때, 대부분의 병원들은 비영리병원에 해당하기 때문에 병원조직의 목적이라는 점에서 민간병원과 공공병원은 별다른 차이가 없는 것으로 생각할 수 있다. 그러나 비영리병원 가운데 의료법인이나 비영리법인이 개설한 병원은 민간병원의 설립주체나 재원조달의 방법이 다르며, 사실상 이윤을 추구하고 그 이윤의 상당부분을 봉급 등의 형태로 실제의 법인대표에게 환원하고 있기 때문에 관리운영의 측면에서 영리병원의 성격이 강하다. 따라서 같은 비영리병원이라고 하더라도 국가나 지방자치단체가 운영하는 공공병원은 재원조달이나 관리주체 및 설립목적 등에 있어서 민간비영리병원과 구별되어야 한다. 이런 관점에서 Berliner는 주식시장이나 채권시장을 통해서 재원을 조달하는 병원조직이 등장함에 따라 자선적인 목적(philanthropy)도 변화된 것으로 파악하고 있다. Howard S. *Berliner, Strategic Factors in U. S. Health Care*, Westview Press, (London, 1987), p.5.
11) 지방공공병원의 조직형태에 관한 설명은 지방공기업의 형태에 관한 설명과 일치하는데, 이것은 현재 지방자치단체가 운영하는 의료사업이 사실상 지방공기업으로 운영되고 있기 때문이다. 현행 지방공기업법에서는 이러한 직영병원을 지방직영기업의 범주로 분류하고, 동법 제2조 및 동시행령 2조에서는 의료사업을 비롯한 15개 사업의 적용기준을 명시하는 등 이에 관해 비교적 상세한 규정을 두고 있다.

말하는 것으로, 일반적으로 지방자치단체의 일반부서(행정기관)나 지방자
치단체장 산하의 사업소 형태로 운영된다. 이처럼 지방자치단체로 하여금
직접 공공병원을 경영할 수 있게 해주는 이론적 근거는 권력행정을 위주로
하는 중앙정부와는 달리 지방자치단체가 지역주민에게 필요한 서비스를 제
공해야 한다는 점을 고려한 것이라고 할 수 있다. 말하자면 지방자치단체
와 분리된 조직이 아니라, 지방자치단체 스스로가 주민생활에 필요한 의료
서비스를 직접 제공하는 것이 지방자치단체의 존립목적에 비추어 훨씬 바
람직하다는 것이다.

　이러한 직영병원의 장점으로는 일반 사회복지 행정과 밀접한 관련하에 병
원조직을 운영할 수 있다는 점, 공공병원을 경영함에 있어서 의료서비스에
관한 지역주민의 의사를 직접적으로 반영할 수 있다는 점, 채산성이 부족할
경우에도 지역주민의 생활에 불가결한 의료서비스를 안정적으로 제공할 수
있다는 점 등이 거론되고 있다. 이 밖에도 직영병원을 선호하는 이유로 조세
감면의 혜택을 받을 수 있고, 종업원에게 단체행동권이 부여되지 않기 때문
에 노사갈등을 일으킬 우려가 없다는 점 등이 거론되기도 한다.[12]

　그러나 직영병원은 본질적으로 지방자치단체가 직접 운영하는 것이기
때문에 관리자인 병원장의 자주성은 제약을 받을 수밖에 없다. 또한 직영
병원은 행정조직에 의해 운영되기 때문에 예산의 편성과 집행에 있어서 탄
력성이 결여되어 있고, 사업추진에 필요한 사항을 신축적으로 결정할 수
없기 때문에 경영효율성을 확보하기도 어렵다. 또한 경제적 채산성 여부와
상관없이 사업을 운영해야 할 경우가 존재한다거나, 경영상황에 상관없이
경비의 대부분을 차지하는 급여를 연공서열형 급여체계에 맞추어 매년 상
승시켜 줄 수밖에 없다는 점도 직영병원의 경영효율성을 약화시키는 요인
이라고 할 수 있다.

　간접경영에 의한 병원조직은 지방자치단체가 독립된 투자기관의 형태로
별도의 법인을 설치하고, 이를 통해서 병원조직을 운영하는 것을 말한다.

---

12) 유훈, 지방재정론(서울: 법문사), 1995, 365면.

현행 지방공기업법에 따르면, 지방자치단체가 자본금 전액을 출자하는 지방공사와 지방공단, 자본금의 50% 이내에서 민간의 출자가 가능한 지방공사 및 지방자치단체가 자본금의 50% 미만을 출자하는 상법상의 주식회사나 민법상의 재단법인[13] 등이 여기에 해당한다고 할 수 있다.[14]

자치단체가 이와 같은 간접경영 방식으로 병원조직을 운영하는 이유는 병원조직의 독립성을 제고하여 자주적 책임경영체제를 확립할 가능성이 있다는 점, 구성원의 처우개선을 통하여 전문 인력의 확보가 가능하다는 점, 민간자본 및 선진기술을 도입하여 활용할 수 있다는 점 등이 장점으로 거론되고 있으며,[15] 궁극적으로는 직영병원이 내포하고 있는 경직성을 극복하여 합리적이고 능률적으로 병원조직을 운영하려는 데 그 의의가 있다. 이에 반해서 채산성이 없는 사업을 수행하기 어렵다는 점, 지치단체의 직접적인 통제가 불충분하기 때문에 의료서비스를 안정적으로 공급하기 어렵다는 점, 경영이 악화될 경우에 책임소재가 불분명하다는 점 등이 간접방식으로 운영되는 병원조직의 일반적인 문제점으로 거론되고 있다.[16]

한편 계약방식(Contracting-out)에 의해 운영되는 병원조직은 지방자치단체가 민간병원이나 비영리병원과의 계약을 통하여 주민에게 의료서비스를 공급하는 병원조직을 의미한다.[17] 지방자치단체가 계약방식에 의해서

---

13) 이상의 내용에 대해서는 지방공기업법 제49조, 제76조, 제53조 2항, 및 제79조의 2 제1항 등.

14) 배용수는 지방자치단체와 민간기업이 합자하는 경우를 민간기업이 자본금의 50% 이내에서 출자하는 '지방공사형 제3섹터'와 지방자치단체가 자본금의 50% 미만을 출자하여 상법에 의한 주식회사 또는 민법에 의한 재단법인을 설립하는 '주식회사형 제3섹터'로 세분하고, 이들을 합동경영방식으로 지칭하고 있다. 배용수, 지방경영론, (서울: 법문사), 1996, 229면. 그러나 본 연구에서는 합동경영방식을 별도로 고려하고 있지 않기 때문에 이를 간접방식에 포함시키기로 한다.

15) 유훈, 전게서, 365면.

16) 지방자치제의 출범과 민영화와 규제완화 등의 추세에 힘입어 의료사업 이외의 분야에서 간접경영형태의 공기업을 설립하려는 경향이 증가하고 있음에 비추어 이러한 문제점도 점증할 것으로 생각된다.

17) 국내학자들은 Contracting-out을 '민간위탁'이나 '계약방식'이라는 용어를 사

병원조직을 운영하는 기본취지는 직영병원에서 제공하던 의료서비스를 보
다 효율적으로 공급하려는 데 있다. 즉, 계약방식으로 병원조직을 운영할
경우에는 수탁을 하려는 병원조직 간의 경쟁을 통하여 효율성을 제고시킬
수도 있고, 편익과 비용을 연계시킴으로써 관리의 질을 제고할 수 있다는
것이다. 또한 공무원의 수라는 점에서 정부팽창을 방지할 수 있다거나, 정
부독점에 대한 의존성을 감소시킴으로써 효율성을 제고시킬 수 있다는 점
도 계약방식을 활용하는 이유가 되고 있다.[18]

그러나 계약을 체결하는 과정에서 부패가 만연할 가능성이 있다는 점,
수탁자가 계약을 이행하지 않거나 파산하는 등의 응급상황이 발생할 경우
에 정부가 대응할 수 있는 신축성을 제약시킬 가능성이 있다는 점, 경쟁을

용하고 있으나(안용식·원구환, 지방공기업론, 1994), "공공부문과 민간부문
간의 '계약을 통해서' 공공서비스를 공급하는 민영화 방식의 한 종류"를 의
미한다는 점에 대해서는 대체로 의견이 일치하고 있다. 위탁의 토대가 되는
계약의 내용과 대상, 유형 및 방법 등에 대한 학자 간에 다양한 견해에 대해
서는 Ted Colderie and Jody Hauer, Contracting as an Approach to Public
Management, in Roger L. Kemp ed., *Privatization-The Provision of
Public Services by the Private Sector*, McFarland & Company, Inc., 1991,
pp.87~94.; Coskun Can Aktan, An Introduction to the Theory of
Privatization, *The Journal of Social, Political and Economic Studies*, Vol.
20, No.2, Summer, 1995, pp.194~207. 이때 공공부문과 계약을 체결하는 대
상으로는 민간기업과 민간비영리조직이 가장 전형적인 것이지만, 우리나라
의 경우에는 지방자치단체가 공급하던 공공서비스를 지방공사 등에게 위탁
하는 경우도 많이 있으며, 이런 경우에도 민간조직에 대한 계약과 동일한
논리가 적용된다. 이런 현실을 감안할 때, Contracting-out이란 공공부문과
민간부문을 하나의 연속적인 것으로 이해하고, "계약을 통해서 공공서비스
의 공급권을 '보다 민영화된' 부문으로 이전시키는 것"으로 이해하는 것이
타당하다고 할 수 있다. 이러한 관점에서 보면, '민간위탁'이라는 용어가 내
포하고 있는 '민간'이라는 말은 하나의 '방향성'을 의미하는 것이 되며, '민간
위탁'과 '계약방식'은 사실상 동일하다고 할 수 있다. 그러나 본 연구의 대상
사례들은 모두 공공부문 내에 존재하고 있기 때문에 '민간'이라는 용어가 혼
동을 야기할 우려가 있을 것이므로 여기서는 계약방식이라는 용어를 사용
하고자 한다.

18) Coskun Can Aktan, *op. cit.*, p.195.

촉진하기 위해서 정부가 계약내용을 감시하거나 올바로 처리하는 데 많은 비용이 소요된다는 점, 계약자들이 임금을 덜 들이기 위해서 경험이 없는 임시직원을 고용할 경우에 의료서비스의 질이 떨어지게 된다는 점 등은 해결해야 할 과제라고 할 수 있다.[19)]

계약방식으로 공공서비스를 공급할 때에는 진정한 의미에서의 경쟁이 중요하다. 경쟁이 존재하지 않을 경우에는 공공부문의 독점성이 민간의 독점으로 대체될 우려가 있기 때문이다. 따라서 경쟁을 촉진시키기 위해서 정기적으로 재계약하는 것이 바람직하다. 왜냐하면 계약자가 계약을 경신하기 위해서는 보다 효율적인 방식으로 서비스를 공급해야 하기 때문이다. 또한 비용절감의 극대화를 도모하기 위해서는 장기계약을 해서는 안 되며, 계약조건은 가능한 한 널리 공표해야 한다. 이와 함께 계약이 이루어지고 난 다음에 정기적으로 계약자를 감시하고 평가하는 것도 계약방식의 실효성을 담보하기 위해서 중요하다고 하겠다.

이러한 관점에서 볼 때 공공부문 내에서 지방자치단체가 운영하는 병원조직에도 다양한 형태가 존재하며, 이러한 조직형태에 따라 병원조직의 역할과 규범 및 권한 등과 같은 하위요소들의 조직화 방식과 수준 및 전략도 달라지게 된다. 이러한 사실은 지방공공병원의 조직형태에 따른 관리의 질과 그로 인한 성과차이를 분석할 필요성을 보여주는 것이라고 하겠다.

제2절 병원조직의 경영성과와 성과분석의 기준

1. 공공조직 성과분석의 의의

조직의 성과분석이란 어떤 조직의 목표나 조직에 대한 수요를 얼마나 달성하고 있는가를 파악하기 위한 일련의 노력을 말한다. 특히 공공서비스

---

19) Coskun Can Aktan, *ibid.*, p.196.

의 성과측정은 해당 서비스가 얼마나 효율적이고 효과적으로 지역사회에 잘 공급되고 있는지를 체계적으로 평가하거나,[20] 공공서비스가 지역사회의 욕구에 얼마나 대응적인가를 파악하려는 체계적인 노력이라고 할 수 있다.

조직의 성과를 분석하기 위해서는 조직의 목표(objectives)를 어떻게 설정할 것인지, 성과측정을 위해서 어떤 기준(criteria)을 활용할 것인지, 그리고 획득된 자료의 활용 등에 관한 논쟁이 제기된다. 목표는 저절로 설정되는 것이 아니라 조직과정의 산물이며, 기준은 자명한 것이 아니라 조직 행위자들의 가치에 의해서 선정되고 형성된다. 분석과정에서 나타난 자료들을 정보로 활용하기 위해서는 가치판단이 개입되며, 일단 정보로 전환된 경우에도 저절로 결론이 나타나는 것이 아니라 동의된 정책패러다임이 존재할 때에만 유의미성을 갖게 된다. 이러한 문제점들은 어떤 기술적인 문제에 의존함으로써 해결되는 것은 아니라, 오히려 어떤 기술을 활용하기로 선택하느냐 하는 점이 조직의 성과를 어떻게 인식하고 분석할 것인가에 관한 논쟁의 일부가 된다.[21] 이런 점에서 조직의 성과분석은 전형적인 정치적 활동이라고 할 수 있다.[22]

이러한 문제점에도 불구하고 공공조직에 있어서 성과분석이 갖는 의의는 다음과 같은 몇 가지 사항으로 정리할 수 있다.

첫째로 성과분석은 공공조직에 대한 정치적 지지와 책임성을 확보하기 위한 수단이 된다는 것이다. 공공조직을 운영하는 데 필요한 재원과 인력은 모두 공공의 자원에 의존하기 때문에 이들은 자기를 지지하는 기관에게 조직성과에 관한 사항을 보고하고, 의회나 상위의 정부조직으로부터 재정

---

20) Hary P. Hatry, Performance Measurement Principle and Technique: An Overview for Local Government, *Public Productivity Review*, Dec. 1980, p.312.
21) Rudolf Klein, Performance, Evaluation and The NHS: A Case Study In Conceptual Perplexity and Organizational Complexity, *Public Administration*, 1982, Vol. 60. p.385.
22) John B. Bourn, Guest Editorial: Performance Appraisal in the Public Sector, *Public Administration*, 1982, Vol. 60. p.378.

적 또는 다른 지원을 얻어내야만 한다.

그러나 공공조직이 제공하는 서비스의 수혜자들이 서비스 공급에 필요한 재원을 충당하는 경우는 드물며, 실제로 공급비용을 지불한 납세자들은 자기가 낸 세금과 조직산출물에서 파생된 편익과의 연계성을 파악하기 어렵다. 이러한 사실은 공공서비스의 경우에 가격과 효용 간의 연관성이 존재하지 않으며, 시장에서는 찾아볼 수 없는 정치적 고려사항들이 제기된다.[23] 이런 경우 성과분석은 정치적 책임성을 확보하고 자원을 획득하기 위하여 설득을 하는 데 매우 중요한 수단이 된다.[24]

둘째는 성과분석을 관리적 수단으로서 활용할 수 있다는 점이다. 시민과 정치인 및 공무원들은 공공병원의 성과를 평가함으로써 공공조직의 운영이나 실체에 관하여 이론적으로나 실무적으로 어떤 도움을 받을 수 있을 것으로 기대할 수 있다. 한정된 자원을 가지고 서비스를 생산, 공급해야 하는 정부로서는 효율적인 의사결정을 위하여 주민들의 욕구유형과 강도 등에 관한 정확한 지식과 정보를 필요로 하는데, 공공조직이 제공하는 서비스에 대한 성과측정은 그 수단이 된다. 사실 조직의 성과를 분석하려는 일련의 노력들은 각 조직의 성과가 다를 것이라는 점을 전제로 한 것이다. 따라서 공공조직의 성과분석에 관한 논의는 조직의 성과에 관한 어떤 차이를 발견함으로써 양질의 서비스를 보다 효과적으로 공급할 수 있는 방안을 발견하려는 데 궁극적인 의의가 있다고 할 수 있다.[25]

---

23) Gary L. Wamsley and Mayer N. Zald, The Political Economy of Public Organization, in James L. Perry and Kenneth L. Kraemer, eds., *Public Management: Public and Private Perspective*, Mayfield Publishing Company, 1983, p.134.
24) John B. Bourn, *ibid.*
25) 이런 관점에서 Boissoneau 등은 관리적 통제(administrative control)를 통해 조직과 개인의 발전과 성과를 향상시키는 데 성과평가의 필요성이 있다는 견해를 제시하고 있다. Robert Boissoneau, Debrah J. Gaulding and David N. Calvert, Performance Appraisal as a Strategic Choice for the Health Care Manager, *Human Resource Management in the Health Care Sector*, eds. Amarjit S. Sethi and Randall S. Schuler, 1989, Greenwood Press, p.100.

최근에는 정부의 재정위기에 당면하여 경제적 효율성을 제고시키려는 노력의 일환으로 성과분석이 이루어지는 경향이 증가하고 있다. 전 세계적으로 정부재정은 축소되고 있는 데 반해서 공공서비스에 대한 요구는 점증하고 있는 실정이다. 이처럼 더 적은 비용으로 더 많은 서비스를 요구하는 압력(getting more for less)에 대해서 정부가 대응할 수 있는 선택방향은 새로운 조세의 부과, 민간자본의 지원, 수수료의 인상, 보조금의 활용 또는 서비스의 감축 등이라고 할 수 있다.[26] 그러나 이러한 정책대안을 실행할 수 없거나 바람직하지 않은 상황이라면 정부는 대안적인 서비스 공급방식을 탐색하지 않을 수 없는데, 이런 경우 성과분석은 보다 효과적이고 효율적인 공공서비스 공급방식을 선택하기 위한 수단이 된다.

공공조직의 성과분석에 관한 이러한 의의는 지방공공병원의 경우에도 타당하다. 특히 지방자치단체가 운영하는 공기업 가운데 의료사업의 비중이 매우 높고 손실이 크다는 점을 고려할 때, 지방공공병원의 경영성과를 분석하여 의료서비스 공급의 효율화를 도모하고 이를 통하여 자치단체의 재정위기를 완화하려는 노력은 매우 긴요하다고 할 수 있다.[27]

---

26) 이점에 대해서 Salter는 국민들을 설득함으로써 정부에 대한 행정수요를 감소시키거나, 정부가 기존의 또는 추가로 제기되는 복지수요를 민간에 이전시키거나, 또는 정부가 조세권을 행사하여 이러한 문제점을 해결할 수 있는 정책을 개발하는 세 가지 방안을 거론하고 있다. Brian Salter, The Private Sector and The NHS: Redefining the Welfare State, *Policy and Politics*, Vol. 23, No.1, 1995, p.17.

27) 서울시 산하의 몇몇 직영병원 이외에 지방자치단체가 운영하는 병원조직은 모두 지방공사의 형태로 운영되고 있다. 1996년 현재 이러한 지방의료원은 모두 34개로 상수도사업과 공영개발사업에 이어서 세 번째로 큰 규모이며, 여기에 종사하는 인력은 모두 6,025명으로 지방공사 전체 종사자의 22%에 달하고 있다. 그러나 경영실태 면에서는 34개 지방공사의료원 가운데 5개의 지방공기업만이 당기순이익을 실현하였을 뿐, 나머지 29개 지방공기업은 당기 순손실을 기록함으로써 지방재정에 막대한 부담을 주고 있는 것으로 나타나고 있다. 내무부, '97지방공기업 결산 및 경영분석, 1997.

2. 병원조직의 경영성과

일반적으로 "성과(performance)"란 '일이 이루어진 결과'를 의미하지만, 여기에는 생산성(productivity), 적시성(timeliness), 효과성(effectiveness), 대응성(responsiveness), 질(quality) 등과 같은 다양한 개념이 내포되어 있기 때문에 성과에 대한 개념을 명확하게 정의하기란 매우 어렵다. 예컨대, Nachmias는 정책산출(outputs)이 규정된 목적을 달성한 정도 즉, 정책영향 (policy impact)을 성과라고 본다.[28] 또 Fried와 Rabinovitz는 조직화된 기관이 이루어낸 결과(outputs)와 성취(achievements)를 성과라고 파악하며,[29] Deutsch는 바람직하게 여겨지지만 그것을 이루려는 노력이 없으면 이룰 수 없는 특정한 결과(outcomes)를 성과라고 정의하고 있다.[30]

경영성과를 분석하기 위해서는 해당 조직이 추구하는 목표나 기본가치를 명확하게 설정하고, 이러한 목표에 투여된 자원이나 노력을 측정할 수 있어야 한다. 그러나 공공조직에 있어서는 이러한 목표나 가치 그 자체가 모호성을 내포하고 있을 뿐 아니라, 투입과 산출 간의 관계도 불확실하다. 따라서 이러한 경영성과를 평가하는 데 있어서는 먼저 무엇을 측정할 것인가 하는 개념상의 문제를 고려해야 하는데, 이는 평가대상 조직의 특성에 따라서 달라진다.

병원조직에 있어서의 경영성과는 재무적 성과와 비재무적 성과로 구별할 수 있다. 재무적 성과는 일정 기간동안에 발생한 수입, 비용 및 기타 손익과 관련된 성과를 말하고, 비재무적 성과란 의술수준, 경영자 및 종사원의 자질과 능력, 사기와 협동심, 입지, 설비의 노후정도, 조직 및 관리체계의 합리성 여부 등에 관한 것을 말한다.[31]

---

28) David Nachmias, *Public Policy Evaluation: Approaches and Method*, St. Martin's Press, 1979. p.3.
29) Robert C. Fried and Fracine F. Rabinovitz, *Comparative Urban Politics: A Performance Approach*, Prentice-Hall, 1980, pp.2~3.
30) Karl W. Deutsch, *Politics and Government: How People Decide Their Fate*, Houghton Mifflin Co., 1980, p.205

본 연구에서는 계량적으로 측정할 수 있는 재무적 성과만을 대상으로 분석하기로 한다.[32] 왜냐하면 이러한 재무적 성과는 인력, 재료, 시설 등과 같은 투입요소들이 진료과정을 비롯한 여러 가지 관리적 노력들과 결합하여 회계정보로서 나타난 것이라고 할 수 있기 때문이다.[33]

그러나 병원조직의 경영성과를 재무적 성과로 국한하더라도 그 범위가 대단히 넓기 때문에 어떤 기준에 따라서 평가할 것인지의 여부가 대단히 중요한 문제가 된다. 왜냐하면 성과평가에 있어서는 사용하는 기준에 따라서 평가결과가 달라질 수 있기 때문이다.[34] 이와 같은 문제점을 보완하여 성과분석의 준거를 마련하기 위해서는 병원조직의 성과분석에 관한 기존의 연구들을 살펴볼 필요가 있다.

한국보건의료관리연구원은 병원의 경영분석 지표로서 재무지표, 생산성 지표, 환자진료실적지표, 의료수익지표와 인력지표로 대분류하고, 이 가운데 재무지표를 안정성, 수익성, 활동성, 성장성 및 의료수익 대비 원가 등으로 분류하고 있다. 병원조직의 안정성은 자본구조의 건실성, 지불능력, 부채상환능력 및 자금운용의 적정성 여부에 관한 것을 말하고, 수익성은

---

31) 류규수 외, 병원특성 변수에 경영성과 판별력에 관한 연구, 보건행정학회지, 제5권 제1호, 1995, 136면.

32) 본 연구의 기본적인 목적은 조직형태의 변화에 관한 기존의 논지를 실증적으로 확인하려는 것인데, 이런 논의들은 주로 경제적 성과에 초점을 맞추고 있기 때문에 재무적 성과에 초점을 맞추는 것이 연구의 목적에 부합하는 것이라고 할 수 있다. 그러나 이처럼 재무적 성과에만 초점을 둘 경우에는 의료보호환자나 취약지 주민 등에 대한 공공병원의 역할을 간과하고 있다는 비판이 제기될 수 있는데, 이것은 경제적 관점에서 병원조직의 경영성과를 파악하려는 본 연구의 내재적 한계라고 하겠다.

33) 병원조직의 경영성과를 분석하기 위해서는 재무적 요인 이외에 환자진료실적과 생산성에 대한 분석도 병행되어야 한다. 정기선, 현대병원경영분석과 진단, (서울: 문휘도서), 1992, 16면. 그러나 본 연구는 지방공공병원의 조직형태에 따라서 성과차이가 나타나는지를 확인하고, 이러한 차이가 나타나게 된 원인과 경로를 분석하는 데 초점이 있다. 따라서 재무적 성과에 영향을 미치는 원가와 비용요소, 생산성 요소 및 환자진료실적 등은 성과차이의 원인과 경로를 분석하는 과정에서 다루고자 하였다.

34) Rudolf Klein, op. cit., p.393.

투입한 자본이나 의료수익에 의해 실현한 이익의 적정성 여부를 의미한다. 또한 활동성은 투입된 자본의 활용 정도와 자본관리 활동에 의한 효과를 말하며, 성장성이란 전기에 비해 의료수익 또는 자본이 증가한 정도를 의미한다.[35] 정기선은 병원조직의 경영성과를 분석하기 위한 방법으로서 재무분석, 노동생산성, 진료량 등으로 대분하고, 재무성과를 수익성, 활동성, 성장성, 유동성, 레버리지 비율, 의료원가 등으로 구분하고 있다.[36] 이 밖에 윤덕선 등은 병원조직의 재무성과를 수익성, 성장성, 유동성, 안전성 등으로 구분하고 있다.[37]

한국보건의료관리연구원을 비롯한 기존의 경영분석지표는 주로 민간병원을 대상으로 한 것이며, 지방공기업으로 운영되는 공공병원에 대한 성과평가는 서울시, 전국지방공사의료원연합회 및 지방자치경영협회에서 수행하고 있다.

서울시는 설립목적 수행지표로서 재정자립도, 환자진료사업, 이용자서비스 향상, 환경관리, 의학연구, 의료장비 활용도 제고, 병원운영의 내실화 등을 채택하고 있다.[38] 이 가운데 재무성과를 측정하기 위한 지표는 재정자립도이며, 이 밖에 병원운영의 내실화 지표 가운데 일부 항목에서 재무적 성과를 반영하고 있다.

또한 전국지방공사의료원연합회는 재정자립도, 인력관리, 시설 및 의료기구 이용률, 의료업무의 사회기여도, 경영합리화 등의 지표를 이용하여 지방자치단체가 운영하는 지방공사의료원의 경영성과를 분석하고 있다. 지방공사의료원연합회의 경우에도 재무적 성과를 분석하기 위한 지표로서 재정자립도를 채택하고 있는 것은 서울시와 동일하다. 그러나 서울시가 의업수지비율이라는 단일지표에 의해서 재정자립도를 평가하는 것과는 달리 지방공사의료원연합회는 병원조직의 재무적 성과를 의업수지비율과 의업수지

35) 병원경영분석지표 해설, 한국의료관리연구원, 1995.
36) 정기선, 현대 병원경영분석과 진단, (서울: 문휘도서), 1992.
37) 윤덕선, 윤대원, 윤대인, 병원경영실무, (서울: 정우사), 1991.
38) 1995년도 서울특별시 투자기관 경영평가편람, 111~123면.

44

증대노력 및 원가관리 등의 세 가지 항목을 통해서 평가하고 있다.[39]

지방자치경영협회 역시 재정자립도, 인력관리, 시설 및 의료기구 이용률, 의료업무의 사회기여도, 경영합리화, 인사 및 조직운영의 자율성, 시설투자 및 의학연구 실적 등을 평가지표로 활용하고 있어 큰 차이는 없다.[40] 또한 의업수지관리와 의업수입증대 및 요소별 원가관리 등의 항목을 통해서 병원조직의 재정자립도를 평가하는 것도 지방공사의료원과 유사하다.

이제까지 기존의 연구에서 병원조직의 재무성과에 관한 평가기준으로 활용하고 있는 내용들을 정리하면 다음의 〈표 2-1〉과 같다. 공공병원조직의 경영성과 가운데 재무적 성과를 중심으로 기존의 연구에서 제시된 내용들을 정리하면 다음과 같다.[41]

〈표 2-1〉 의료사업의 성과평가에 관한 기준

한국보건의료관리연구원	정기선	윤덕선 등	서울시	전국지방공사의료원연합회	지방자치경영협회
-수익성	-수익성	-수익성	-재정자립도	-재정자립도	-재정자립도
-안정성	-유동성	-안정성	-운영내실화	-경영합리화	
		-유동성			-경영합리화
-활동성	-활동성				
-성장성	-성장성	-성장성		-의업수입증대	-의업수입증대
-수익대 원가	-의료원가			-원가관리	-원가관리

자료: 병원경영분석지표해설, 한국보건의료관리연구원, 1995.
서울시 투자기관 경영평가편람, 1995.
시·도 의료원 경영평가실적 보고서, 전국지방공사의료원연합회, 1994. 지방자치경영협회, 지방공기업경영평가편람, 1996.
정기선, 현대 병원경영분석과 진단, 문휘도서, 1992.
윤덕선 등, 병원경영실무, 정우사, 1991.

---

39) 1995년도 전국지방공사의료원연합회 평가보고서, 5~11면.
40) 지방자치경영협회, 지방공기업경영평가편람, 1996, 107~123면.
41) 본 연구는 지방공공병원의 재무적 성과만을 대상으로 하므로 비재무적 성과에 관해서는 논의하지 않기로 한다.

첫째, 기존의 연구들은 모두 병원조직의 재정자립도를 경영성과를 평가하기 위한 기준으로 채택하고 있음을 알 수 있는데, 재정자립도는 민간병원의 성과기준 가운데 수익성에 해당되는 것이라고 할 수 있다.

둘째, 서울시를 제외한 모든 연구에서 공통적으로 적용하고 있는 또 다른 기준은 성장성이다. 민간병원의 경우에는 성장성이라는 용어를 사용하고 있고, 지방자치경영협회와 지방공사의료원연합회는 의업수입 증대노력이라는 용어를 사용하고 있으나, 그 내용에 있어서는 대동소이하다.

셋째, 병원조직의 원가관리는 윤덕선과 서울시를 제외한 4개의 연구에서 재무적 성과를 측정하기 위한 기준으로 채택하고 있다. 그러나 의료원가는 병원조직의 의료비용을 구성하는 것으로서, 의료수입에서 의료비용을 차감한 값이 곧 의료수익이라고 할 수 있기 때문에 의료원가는 앞에서 설명한 수익성 속에 내포되어 있는 개념이라고 할 수 있다. 따라서 본 연구에서 의료원가를 수익성과 동일한 차원의 재무적 성과로 파악하기보다는 수익성을 설명하기 위한 하위지표로 채택하고자 한다.

넷째, 한국보건의료관리연구원과 정기선 등은 총자본회전율이나 재고자산회전율 또는 의료미수금회전기간과 같은 지표들을 병원조직의 재무성과 가운데 활동성을 측정하기 위한 지표로 채택하고 있다. 이에 반해 서울시와 지방공사의료원연합회 및 지방자치경영협회 등에서는 이를 병원운영의 내실화나 경영합리화 정도를 판단하기 위한 기준으로 활용하고 있다.[42]

병원조직은 의료서비스를 공급하는 하나의 생산체(productive entity)로서 병원조직의 재무적 성과는 병원조직의 자원능력과 관리특성이 결합되어 나타난 결과라고 할 수 있다. 이런 관점에서 보면, 앞에서 언급된 활동성 지표와 경영합리화 지표들은 병원조직의 재무적 성과 그 자체라기보다는 재무적 성과에 영향을 미치는 관리적 노력을 나타낸다고 할 수 있다.[43] 따

---

[42] 서울시의 경우 병원운영의 내실화 지표로서 재고자산 보유일수, 의료미수금 회전기간, 관리업무비 절감, 자금관리의 효율성 등과 같은 항목들을 채택하고 있는데, 이러한 내용들을 지방자치경영협회와 지방공사의료원에서는 경영합리화 지표로서 채택하고 있다.

라서 본 연구에서는 이러한 지표들을 재무적 성과를 분석하기 위한 하위지
표로 채택하고자 한다.

3. 성과분석의 기준

선행연구의 결과를 살펴보면, 병원조직의 재무적 성과를 분석하기 위해
서 공통적으로 채택하고 있는 변수는 크게 수익성과 성장성의 두 가지라고
할 수 있으며,[44] 이는 병원조직의 자원능력과 관리특성의 다양한 조합에
의해서 매개되고 있음을 알 수 있다. 본 연구에서는 이러한 선행연구에 따
라서 병원조직의 재무적 성과를 분석하기 위한 기준으로 수익성과 성장성
을 선정하였는데, 이하에서는 이러한 기준이 내포하고 있는 내용을 보다
구체적으로 살펴보고자 한다.

1) 수익성

일반적으로 병원조직은 환자의 진료, 교육, 공중보건 향상, 질병예방, 사
회복지의 향상과 같은 공익적 목표를 추구하는 것으로 인식되고 있다. 이
러한 공익적 목표 때문에 대부분의 민간병원들은 비영리조직으로 운영되고
있지만, 실제에 있어서는 자유시장구조하에서 부단히 경쟁하면서 운영경비
의 대부분을 의료수입에 의존하고 있는 실정이기 때문에 수익성을 중시하

---

43) 이러한 지표 이외에 의료장비의 활용도와 같은 지표들을 병원조직의 경영
성과를 측정하기 위한 기준으로 활용하는 경우가 있으나, 본 연구에서는
이러한 지표도 역시 재무적 성과를 매개하는 변수로서 파악하고 있다.
44) 일반적으로 수익성과 성장성은 비례하는 것으로 인식할 수 있으나, 민간제
조업체에 있어서 매출액과 순이익이 일치하지 않는 것처럼 병원조직의 경
우에도 수익성과 성장성이 항상 일치하는 것은 아니다. 왜냐하면 병원조직
의 성장성을 제고하기 위해서는 병원의 시설과 인력 및 장비 등을 보강해
야 하는데, 이를 위해서는 많은 비용이 투입되어야 한다. 따라서 이러한
노력을 통해서 환자수가 증가하더라도 여기서 발생된 이익이 투입된 비용
에 미치지 못한다면 수익성은 악화될 수 있기 때문이다.

지 않을 수 없다. 최근 들어서 첨단 의료장비를 갖춘 대형병원이나 전문병원이 증가하는 것도 의료보험제도에 의한 정부의 의료수가 통제를 회피하여 수익성을 높이기 위한 것이라고 할 수 있다.[45]

이처럼 수익성을 강조하는 경향은 공공병원의 경우에도 동일하다고 할 수 있다. 공공병원은 정부의 보조금을 통해서 운영되는 것이 원칙이지만, 정부재정의 축소와 병원조직에 대한 재정자립도가 지속적으로 강조됨에 따라서 손실회피(loss avoidance)라는 유인을 가지고 있기 때문에 수익성을 확보하는 것이 매우 중요한 과제가 되고 있는 것은 마찬가지이다.[46]

병원조직의 수익성은 일정기간의 경영성과를 나타낸 것으로, 투입된 자본이나 의료수익과 이를 통해서 실현한 이익 간의 관계를 의미하며, 이를 측정하기 위한 지표로서 총자본이익률, 총자본 의료이익률, 의료수익 의료이익률 등이 이용되고 있다.[47] 그러나 본 연구의 대상사례 가운데 동부병원은 서울시의 일반회계에 의해서 운영되고 있기 때문에 자본의 개념이 존재하지 않는다. 따라서 여기서는 이러한 점을 고려하여 병원조직의 수익성을 측정하기 위한 지표로서 의업수지비율과 의료수익 의료이익률을 채택하였다.

여기서 의업수지비율은 병원조직의 의료수입 가운데 의료비용에 충당되는 비율을 말하고, 의료수입 의료이익률은 의료수입에서 의료비용을 제외한 경상이익을 의미한다. 이러한 지표들은 각 병원조직의 의료수입과 의료비용에 의해서 결정되기 때문에 병원조직의 성과차이는 수입측면과 비용

---

45) 이러한 사실은 병원협회가 정부에 제출한 「병원경영개선 지원을 위한 건의문」에서 "병원들이 현재의 의료수가 통제에서 살아남기 위해서는 비급여항목을 개발해 환자 부담을 늘릴 수밖에 없다"고 밝히고 있는 데에서 단적으로 드러나고 있다. 중앙일보, 96. 10. 6.

46) Ray G. Wasyluka, New Blood for Tired Hospital, *Harvard Business Review*, September-October 1970. 현재 지방자치단체가 운영하고 있는 지방공사의료원을 민간에 매각하거나 위탁하는 방안들이 검토 중인데, 이러한 노력들도 궁극적으로는 공공병원의 수지악화에 그 원인이 있다고 할 수 있다.

47) 정기선, 전게서, 78면 및 한국보건의료관리연구원, 병원경영분석지표해설, 1995, 12면.

측면에서 모두 발생할 수 있다. 또 성과차이가 수입측면에서 발생되었다고 하더라도, 의료수입을 구성하는 요소들의 구체적인 내용은 다를 수 있다. 이런 관점에서 여기서는 각 병원조직의 수입구조와 지출구조를 분석함으로써 각 병원조직의 성과차이가 나타나게 된 원인을 파악하고자 한다.

2) 성장성

생산체로서의 병원조직이 공공진료라는 목적을 지속적으로 수행하기 위해서는 병원조직을 하나의 생명체를 가진 계속기업(going concern)으로 인식할 필요가 있다.[48] 이러한 관점에서 병원조직의 성장성에 대한 관심이 요구되는데, 최근에 도산하는 병원이 증가함에 따라서 환자수와 병상규모의 중요성에 대한 인식이 높아지고 있는 것도 이러한 맥락에서 이해될 수 있다.[49]

병원조직에 있어서의 성장성이란 병원조직의 규모나 의료수입 또는 환자수 등이 전기에 비해 증가한 정도를 나타내는 것으로, 이를 측정하기 위한 지표로서 정기선과 한국의료보건관리연구원은 의료수입증가율, 환자수 증가율, 총자본증가율, 윤덕선은 자산증가율, 자기자본증가율, 매출액증가율을 각각 활용하고 있다.[50] 그러나 본 연구의 대상사례인 동부병원은 서울시의 일반회계로 운영되고 있기 때문에 자본의 개념이 존재하지 않으며, 병원조직에 있어서의 매출액이란 의료수입을 의미하기 때문에 이들 간에는 아무런 차이도 없다. 따라서 여기서는 병원조직의 성장성을 파악하기 위한 지표로서 의료수입 증가율과 환자수 증가율을 활용하고자 한다.

---

48) 정기선, 전게서, 3면.
49) 개원의협의회가 전국 개원의 960명을 대상으로 실시한 설문조사에 따르면, 국내 개업의사 10명 중 4명이 경영악화 등을 이유로 전업이나 폐업 등을 고려하고 있으며, 응답자의 80%가 환자수가 줄었다고 답변한 것으로 나타났다. 또한 환자수가 감소한 이유로는 병원의 증가가 58%로 가장 높았으며, 환자들의 종합병원 선호현상이 28%로 그 뒤를 잇고 있는 것으로 밝혀졌다. 중앙일보, 96. 7. 23.
50) 한국보건의료관리연구원, 전게서, 17면; 윤덕선 외, 전게서, 135면; 정기선, 전게서, 83면.

수익성과 마찬가지로 병원조직의 성장성을 나타내는 의료수입 증가율과 환자수 증가율의 차이도 병원조직의 수입구조를 통해서 분석될 수 있다. 그러나 수익성이 일정한 기간동안의 수입과 지출의 차이에 의해서 발생하는 데 비해서 성장성은 비교시점과 분석시점 사이에서 환자수와 의료수입 등이 증가된 정도를 나타낸다는 점에서 약간의 차이가 있다. 이런 점을 감안하여 각 병원조직의 수입과 지출의 연도별 추세를 통하여 성장성 차이가 나타나게 된 원인 등을 분석하고자 한다.

제3절 병원조직의 경영성과에 영향을 미치는 요인

1. 영향요인에 관한 선행연구 검토

병원조직의 경영성과에 관한 기존의 연구들은 크게 두 가지 분야로 구분할 수 있다. 하나는 병원조직의 경영성과를 측정하는 데 유용한 평가지표를 밝히거나, 경영성과를 종합적으로 측정하기 위한 도구로서 계량식 모델을 개발하는 연구이다. 또 다른 유형의 연구들은 병원조직의 성과지표와 병원조직의 특성요인 간의 관계를 밝히는 것이다.

본 연구는 조직형태를 달리하는 지방공공병원의 성과차이와 그러한 차이가 나타나게 된 원인을 분석함으로써 지방공공병원의 조직관리나 경영개선을 위한 시사점을 얻으려는 데 초점이 있다. 따라서 여기서는 병원조직의 성과분석에 관한 선행연구 가운데 성과차이의 원인에 관한 기존 연구들을 중점적으로 살펴보고자 한다.

1) 병원조직의 성과분석에 관한 선행연구

먼저 국내의 연구경향을 살펴보면, 정두채 등은 병상규모, 의학교육의 범위, 진료과목의 수, 고가의료기기의 보유 종류의 수, 정규간호사 비율, 전공의 비율 등과 같은 요인들이 입원진료비의 수준과 유의한 관계가 있다는 점을 밝히고 있다(정두채 등, 1989). 또 황인경은 흑자병원과 적자병원의 관리특성을 비교한 결과 적자병원과 흑자병원 간에는 병상규모, 인력규모, 의료장비 고가도 수준이 다르다는 점을 밝혔다(황인경, 1993).

이러한 결과와는 달리 이해종은 병상수, 설립유형, 운영기간, 직원수, 지리적 위치 등과 같은 특성요인들과 총자본이익률의 관계를 분석하였다. 분석결과, 이들 독립변수와 총자본이익률 간에는 유의한 상관관계가 없는 것으로 밝혀졌으며, 의료기기 회전율과 유동비율 등이 총자본 순이익률의 증가에 영향을 미치고 있었으나 병원의 외형적 요인이나 내부관리 요인은 유의미한 영향을 미치지 않는 것으로 나타났다(이해종, 1990). 그러나 김원중은 병원의 수익성 결정요인에 관한 분석을 통해서 병상수와 설립형태 등의 특성요인들이 병원조직의 수익성에 많은 영향을 미치고 있음을 밝히고 있다. 또 적자병원과 흑자병원 간에 병상당 직원수와 직원당 인건비에 유의한 차이가 있고, 병원운영에 있어서 규모의 경제가 작용하여 775병상 정도에 수익성이 극대를 이룬다는 점과 미수금관리가 수익성과 밀접한 관계가 있다는 점을 밝힌 바 있다(김원중 등, 1994).

또한 류규수는 병원조직을 고수익성 집단과 저수익성 집단으로 구분하고, 대한병원협회의 표준화심사자료를 이용하여 85개 병원의 재무자료에 대한 판별분석을 수행하였다. 이 연구의 집단간 단변량 분석결과에 따르면, 고수익성 집단과 저수익성 집단 간에는 전문의 비율과 진료비 및 병상수 등에서 유의한 차이가 있는 것으로 밝혀졌으며, 이 가운데서도 전문의 비율이 병원의 경영성과에 가장 중요한 영향을 미치는 요인이라는 점을 밝히고 있다(류규수, 1995).

이 밖에도 이용호는 개인, 집단, 조직 수준에서의 여러 행위들이 병원의 조직성과에 어떠한 영향을 미치는지에 대하여 분석하였고(이용호, 1986) 정은옥은 중소병원을 중심으로 병원의 구조적 특성, 경영적 특성, 환경적 특성, 경영자의 특성 및 전략적 특성과 관련된 요인들이 의료수익률에 미치는 영향을 분석한 바 있다(정은옥, 1991). 또한 조경진은 환경변화와 관련하여 병원의 전략적 대응방안이나 병원의 일반적 특성, 행태적 요인 등이 병원의 경영성과와 어떤 관계가 있는지를 연구하였다(조경진, 1992).

한편 병원조직에 관한 외국의 연구경향을 살펴보면, 먼저 Zajac과 Shortell은 병원의 수익이나 환자수는 그 지역의 소득수준이나 인구수에 따라 차이가 날 수 있기 때문에 병원의 경영성과 측정을 위한 연구에서는 병원의 지리적 위치가 중요하며, 인접한 병원과의 경쟁 정도가 병원조직의 경영전략과 경영성과에도 어느 정도 영향을 미친다고 함으로써 경쟁병원의 존재 여부를 중요시 하고 있다(Zajac and Shortell, 1989).

이들의 주장이 병원조직의 환경적 측면을 강조하는 데 반해서 병원의 조직적 특성을 강조하는 연구들도 있다. 먼저 Schultz는 병원조직의 경우에도 많은 양을 취급할 때 소요되는 비용이 적은 양을 취급할 때보다 단위당 비용이 적고(다량의 원칙), 두 개의 작은 병원보다는 한 개의 큰 병원으로 운영하는 것이 주말이나 계절적인 요인에 의한 병상점유율의 차이를 조절하기 용이하며(결합의 원칙), 장비와 기술이 다양하고 복잡해짐에 따라 이러한 자원들을 충분히 활용할 수 있을 정도의 환자가 있어야 효율적(다수의 원칙)이라고 하여 규모의 경제가 작용한다는 점을 강조한다.[51] 한편 Shortell 등은 종교단체나 원호단체 등에서 운영하는 병원은 영리극대화를

---

[51] Schultz R. Johnson, *Management of Hospitals*, New York, McGraw-Hill Book Company, 1983. p.243. 이에 대해서 Baley는 의사들의 보수적 경향으로 인한 위임의 기피, 의료서비스의 노동집약적 성격과 기계화의 곤란성 등과 같은 병원조직의 특성 때문에 규모의 경제효과는 최소화되고 규모의 비경제효과는 커질 수밖에 없다고 주장하며, Bailey R. M., Economics of Scale in Medical Practice, Baltimore, Paper presented at the second conference on the economics of health, 1968. pp.5~7. Feldstein은 병원조직의 생산과정이 일반기업과 같이 공식적으로 결정되는 것이 아니라, 병원조직을 운영하는 임원들의 태도와 사고에 의해 전적으로 결정되기 때문에 규모의 경제효과가 다른 산업에 비해 훨씬 낮다고 주장한다. Feldstein M. S., *Economic Analysis for Health Service Efficiency*, Amsterdam, North- Holland Publishing Co., 1967. pp.56~61.

위주로만 운영하기 어렵기 때문에 개인병원보다 수익성이 낮다고 주장함으로써 병원조직의 소유형태가 경영성과에 미치는 영향을 강조한다(Shortell et. al., 1987).

또 Cleverly는 병원조직의 경영성과를 개선하기 위해서는 투자재원의 조달과 비용절감의 중요성을 강조한다. 그는 최첨단 의학기술의 도입과 그것을 선호하는 환자들의 요구가 증가함에 따라 병원조직 역시 시설과 장비의 현대화 및 이에 따른 전문 인력과 부대시설이 필요하다는 점을 강조하고, 이를 위해서는 새로운 투자에 따르는 재원을 유효하게 조달하는 것이 가장 중요한 문제이며(Cleverly, 1990), 전략적으로는 병원조직의 비용을 최대한 절감하는 것이 총자본이익률(ROI)를 향상시키는 데 가장 중요한 역할을 한다고 주장한다(Cleverly, 1992).

병원조직의 경영전략과 관련하여 Lane과 Lindquist 및 Woodside 등은 병원조직의 경영성과에 있어서 의료의 질을 개선하려는 차별화 전략을 강조하며(Lane and Lindquist, 1988; Woodside et. al., 1988), Kaluzny는 관리자의 경영능력을 강조한다(Kaluzny, 1983). 한편 Shortell은 전문직과 일반직이 공존하는 병원조직의 특성을 전제로 직종간의 갈등을 최소화하기 위해서는 구성원들에 대한 인간적인 대우나 참여의식의 제고 등과 같은 인간관계의 변화를 통해서 병원조직의 생산성과 질적 향상을 도모할 수 있다고 한다(Shortell, 1982).

2) 공공병원의 성과분석에 관한 선행연구

공공병원의 성과분석에 관한 연구들은 민간부문의 의료시장이 발달되어 있는 미국을 중심으로 진행되어 왔는데, 이러한 연구들은 주로 재산권 이론과 공공선택론적 관점에서 논의되고 있다.

재산권 이론의 관점에서 공공병원(public hospitals)과 민간비영리병원(not-for-profit hospital) 및 민간영리병원(proprietary hospital)의 경영성과를 비교하는 연구들은 이러한 성과차이가 소유권 차이로 인한 이윤동기 때문이라는 점을 강조한다. 이들은 공공병원의 소유권이 불명확하게 규정되어 있기 때문에 병원경영에서 산출된 이윤이나 잔여재산에 대한 권리가 존재하지 않는다는 점에 주목한다. 이들의 논지를 한마디로 요약하면, 공공병원의 경우에는 병원조직의 경영에 대해서 감시하고 성과를 높이려는 동기가 유발될 수 없기 때문에 결과적으로 공공병원은 민간병원에 비해서 비효율적으로 운영될 수밖에 없다는 것이다.

이런 관점에서 Clarkson은 재산권 제도로부터 야기되는 행태적 차이, 그 중에서도 특히 소유권을 가진 영리병원과 소유권이 없는 비영리병원의 행태적 차이를 연구하였다.[52] 분석결과, 비영리병원들의 내부규칙은 영리병원보다 훨씬 명시적이었으며, 감시적 통제를 위한 시간의 상대적 크기 등과 같은 노력도의 분포에 있어서 상당한 차이가 있는 것으로 나타났다. 또한 비영리병원의 경우에는 야간근무시간, 투입요소의 가격에 관한 정보, 수진서비스나 진찰비용 등의 소비자 행동에 관한 정보, 다른 기업에서 지급하는 임금과 봉급에 관한 정보 등을 더 많이 간과하고 있었으며, 환자들이 진료비를 지급할 가능성과 같은 잠재적 가치를 가진 정보에 대해서 많은 노력을 기울이지 않는 것으로 나타났다. 즉, 비영리병원의 경우에는 영리병원에 비해서 시장가치에 관한 정보를 많이 활용하지 않는다는 것이다.

Clarkson은 영리병원과 비영리병원은 이러한 제약요인의 차이로 인해서 투입요소의 배합에서도 상당한 차이가 나타난 것으로 밝히고 있다. 즉, 병원조직 구성원의 남녀비율이나 평균임금 등과 같이 의료서비스를 산출하는 데 사용되는 투입자원에 있어서 영리병원보다는 비영리병원의 분산도가 훨씬 높은 경향을 보여주고 있다는 것이다.[53]

---

52) Kenneth W. Clarkson, Some Implications of Property Rights In Hospital Management, *Journal of Law and Economics*, 1972, 15, pp.363~384. 이 연구의 기본적인 논지는 영리병원과 비영리병원의 내부규칙이나 통제체제의 차이가 병원조직에 대하여 차별적인 제약요소로 작용하며, 그 결과 영리병원과 비영리병원의 산출물도 달라질 것이라는 점이다.

53) 이러한 점은 공공병원과 민간병원의 성과차이를 설명해 주는 중요한 요인이 된다. 즉, 민간영리병원이 이윤극대화를 추구한다고 가정할 때, 생산요

공공선택론에서는 비영리 병원이 비용최소화보다 예산극대화에 더 신경을 쓰기 때문에 비효율적으로 운영된다고 주장한다. 캘리포니아의 병원에 대한 Pattison과 Katz의 연구에 의하면, 총운영비 면에서 독립적인 영리병원은 비영리병원보다 3%가 더 낮은 데 반해서 지점형태의 영리병원은 비영리병원보다 2% 정도 더 높은 것으로 나타났다(Pattison and Katz, 1982). 또 캘리포니아와 플로리다 및 텍사스 등에 관한 Lewin과 Derzon 및 Margulies 등의 연구에 의하면 의료보험환자의 경우 영리병원이 비영리병원보다 평균 비용 면에서 4%가 더 높은 것으로 나타나고 있다(Lewin, Derzon and Margulies, 1981).

한편, Newhouse는 비영리병원의 의사결정자들이 의료서비스의 양과 질(내지 권위)을 높이는 관심을 기울이며, 그 결과 고가장비 등 자본투자를 통한 가시적인 질적 수준의 향상에 비중을 두게 되는 경향이 있음을 강조한다(Newshouse, 1970). 또한 Lee는 병원경영자들이 지위에 따른 효용을 최대화하려고 함에 따라 결과적으로 과잉설비, 교육훈련에 대한 과잉투자 등을 가져온다고 주장하고(Lee, 1971), Linsay는 공공병원이 예산을 많이 확보하기 위해서 가시적이고 계량화될 수 있는 측면만을 강조하기 때문에 의료서비스의 질이 낮아진다고 주장한다(Linsay, 1976).

또한 미네소타에 있는 118개의 요양원을 대상으로 소유권의 형태에 따라서 의료의 질 면에서 차이가 나타나는지를 연구한 결과에 따르면, 비정부조직으로서 비과세 대상인 요양원들(nongovernmental non-taxables)은 과세대상인 요양원보다 실제의 유자격 간호사보다 더 많은 수의 간호사를 등록하고 있었으며, 과세대상인 기업적 요양원(corporate taxables)이 비과세 대상인 요양원들보다 다양한 분야의 전문의를 고용하고 있었다. 아울러 과세대상인 기업적 요양원이 비과세 요양원보다 더 많은 진료서비스를 수

소의 배합에 있어서 민간병원이 최적의 상태를 유지하고 있다고 할 수 있다. 따라서 공공병원의 생산함수나 생산요소의 배합이 민간병원의 생산함수보다 더 많은 변이성(variances)을 나타낼수록 성과차이는 더 크다고 할 수 있다.

행하고 있었으며, 비과세 요양원들이 과세대상인 요양원들보다 병실당 환
자수가 더 적은 것으로 나타났다.[54]

이제까지의 선행연구에서 지적된 성과요인들을 각 특성별로 요약하면
다음의 〈표 2-2〉와 같다.

〈표 2-2〉 병원조직의 경영성과에 영향을 미치는 요인

구 분	영 향 요 인
환경적 요인	지리적 위치, 경쟁의 정도
구조적 요인	소유형태, 설립형태, 소유구조, 통제체제, 재원조달 방식
자 원 특성	병상규모, 인력규모, 장비 및 시설규모, 진료과목의 종류와 수, 전문의 유형과 비율, 전공의 비율, 간호사 비율
관 리 특성	인간적인 대우, 참여의식의 제고, 전문기술성, 재량권 야간근무시간, 활용되는 정보의 종류 등

3) 선행연구에 관한 비판적 논의

앞서의 선행연구를 살펴보면, 병원조직의 경영성과에 관한 기존의 연구
들은 공공병원의 소유구조에서 비롯되는 특징을 간과한 채, 각 요인들을
병렬적으로 파악하는 문제점을 가지고 있다. 이것은 기존의 연구들이 병원
조직의 제도나 재정적 기반에 상관없이 모든 의료조직에 공통적인 요인들
을 식별하는 데 관심을 기울여 왔기 때문이다.

예컨대 고가 의료기기, 인력규모 및 병상규모 등은 병원조직의 자원에
해당하는 것으로서, 이는 해당 병원의 소유자나 설립자에 의한 투자결정에
좌우된다. 민간병원의 경우 의료산업에 대한 독점적 요인이 존재하지 않는
한, 병원의 소유자는 의료산업의 동향이나 소유자의 개인적인 판단에 따라

---

54) James L. Perry and Kenneth L. Kraemer, Performance Criteria: Is There
A 'Bottom Line' In Government?, *Public Management: Public and
Private Perspective*, Mayfield Publishing Company, 1983, p.334.

서 이러한 자원에 대한 투자를 얼마든지 자유롭게 결정할 수 있고, 병원조직의 내부운영에 관한 재량권(discretion)을 자유로이 행사할 수 있다.

그러나 공공병원의 경우에는 병원조직의 외부에 존재하는 지방자치단체 등에 의해서 이러한 투자결정이 이루어지기 때문에 병원조직의 자원은 외부의 소유자에 의해서 제약될 수밖에 없다. 또한 병원운영에 필요한 사항에 대해서도 자치단체의 정치적 및 관료적 통제에 의해서 많은 제약을 받는다. 이러한 사실은 지방공공병원의 조직형태에 따라서 병원조직에 대한 투자결정이나 충원방식 등과 같은 정부개입의 양태가 다르며, 이로 인해서 병원조직의 자원능력과 경영능력 및 보상체계는 물론 병원조직의 경영성과에도 많은 영향을 미친다는 것을 시사한다.

그럼에도 불구하고 기존의 선행연구에서는 병원조직의 소유권 구조 등에서 비롯된 정치경제적 요인을 주어진 것으로 간주함으로써 각 요인 간의 상관관계를 간과하고 있는 것이다. 따라서 병원조직의 설립형태나 조직형태가 병원조직의 자원이나 내부운영 과정에 미치는 영향을 무시한 채 이들을 동일한 차원으로 파악하는 기존의 연구들은 타당하지 않다.

이에 대해서 공공병원의 경영성과를 분석하는 연구들은 기존의 공기업 이론을 원용하여 공공병원과 민간병원의 소유구조와 경쟁구조의 차이가 경영성과에 영향을 미친다는 점을 강조하고 있다. 그러나 이러한 연구들은 이러한 요인들을 곧바로 경영성과와 연결시키는 문제점을 갖고 있다. 즉, 이들은 공공병원과 민간병원을 소유권의 형태에 따라 구분하고, 소유자와 경영자 간에 이윤동기에 차이가 있다는 점을 전제로 공공병원과 민간병원 사이에 성과차이가 발견되면 이를 소유주와 경영자 간의 동기의 차이에서 비롯된 것으로 해석하는 것이다.

그러나 민간조직에 비해서 공공조직의 경영성과가 낮게 나타난다고 하더라도 그 원인은 재산권 이론에서 주장하는 것처럼 관리자의 이윤동기 때문이 아니라, 관리자가 성과향상에 필요한 지식이나 정보가 부족했기 때문일 수도 있고 관리자 개인이 아닌 조직 전체의 구조적인 문제 때문일 수도 있다.[55] 보다 근본적으로는 본 연구에서와 같이 소유구조와 경쟁구조가 동일한 사례에서 나타나는 성과차이를 설명할 수 없는 문제점이 있다.

한편, 공공선택론에서는 공기업의 관리자들이 예산이나 규모의 극대화를 통하여 개인적 편익을 추구함으로써 경영성과가 낮아진다고 주장한다. 이러한 논지가 성립하기 위해서는 합리성(rationality)이 전제되어야 하는데, 실제의 조직과 환경은 매우 복잡하고 불확실하기 때문에 관리자들이 일련의 선호체계를 전제로 합리적인 행동을 할 것이라고 기대할 여지가 별로 없다. 또한 관리자들이 사익의 극대화를 추구하기 위해서는 독자적이고 자율적으로 자기가 원하는 결정을 내릴 수 있어야 하는데, 관리자들이 결정하는 사항들은 정부의 통제와 정치적 과정에서 제기되는 다양한 협상과 타협을 내포할 수밖에 없다.56) 이러한 사실은 '사익의 추구'라는 하나의 가치만으로 관리자들의 행동을 이해하기 어렵다는 것을 보여준다.

이러한 문제점은 기존의 이론들이 소유구조나 경쟁구조의 차이가 '동기와 행동'이라는 매개변수를 통해서 성과차이를 유발시킨다고 주장하면서도 실제에 있어서 소유권 차이가 경영성과와 어떻게 매개되는지를 분석하지는 않고 있기 때문이라고 할 수 있다.

---

55) 조직의 성과는 경영자의 전략적 선택뿐 아니라, 환경적 요인에 의해서도 영향을 받는다. 특히 Walsh와 Seward는 경영자의 전략적 선택 때문에 조직의 성과가 낮은 경우에도 이를 경영자가 나태한 경우(shirking), 무능한 경우(incompetent), 오도된 경우(misguided), 잘못 배치된 경우(misplaced) 등으로 나누어 각 경우에 대한 관리전략을 논의함으로써 보다 다양한 가능성을 제시하고 있다. James P. Walsh and James K. Seward, On the Efficiency of Internal and External Corporate Control Mechanisms, *Academy of Management Review*, 1990, Vol. 15, No.3.
56) B. Guy Peters, *Comparing Public Bureaucracies*, The Univ. of Alabama Press, Tuscaloosa, London, 1988, p.121.

2. 병원조직의 경영성과에 영향을 미치는 요인

여기서는 기존의 연구를 토대로 공공병원의 경영성과에 영향을 미치는 요인들을 환경적 요인, 구조적 요인, 자원특성 요인, 관리특성 요인 등으로 구분하여 살펴보고자 한다.[57)

1) 환경적 요인

환경(environment)이란 '조직 밖에 있는 모든 것' 또는 '대상조직이 아닌 모든 것'을 지칭한다.[58) 조직이란 개인과 집단 및 다른 조직이나 사회적 세력과 상호작용을 하며, 보다 구체적으로 고객들이 활동하는 시장, 규제기관, 경쟁조직, 이익집단 등을 둘러싼 환경 속에서 존재한다. 이러한 환경적 요인들은 조직이 생산하는 산출물이나 서비스에 대한 시장의 수요를 결정하며, 정부규제나 자원공급 등을 통하여 조직활동을 제약하거나 기회를 제공하기도 한다.[59) 따라서 이러한 환경적 요인들은 잠재적으로 조직의 성과에 영향을 미친다.[60)

기존의 연구결과에 따르면, 병원조직의 경영성과에 영향을 미치는 환경적 요인으로는 지리적 위치와 지역적 여건 및 경쟁의 정도 등이 가장 전형적인 것이라고 할 수 있다. 예컨대, 해당 병원조직의 주변에 경쟁적인 병원

---

57) 본 연구의 기본적인 목적은 정부통제가 병원조직의 경영성과에 미치는 영향을 분석하는 데 초점이 있기 때문에 여기서는 각 요인들 자체를 심층적으로 논의하기보다는 경영성과와의 관련성에 초점을 두고 설명하고자 한다.

58) 오석홍, 조직이론, 박영사, 1993, 123면.

59) Elise Wlaton and David A. Nadler, Diagnosis for Organization Design, Ann Howard et. al., *Diagnosis for Organizational Change-Methods and Models-*, The Guilford Press, New York, 1994, p.88.

60) 환경이 조직에 영향을 미치기도 하고, 조직이 환경에 영향을 미치기도 한다는 점에서 조직과 환경은 독립변수가 되기도 하고 종속변수가 되기도 한다. 이것은 조직의 적응에 관한 전략적 선택론(Theory of Strategic Choice)과 환경결정론(Theory of Environmental Determinism)의 양자를 포용한 것으로 이에 관하여 보다 자세한 설명은 오석홍, 전게서, 137면 이하.

이 존재할 경우에 병원조직의 경영성과는 위협을 받을 수 있다. 또한 병원
이 위치한 지역의 소득수준도 병원조직의 경영성과에 영향을 미칠 수 있
다. 동일한 질병에 대해서 병원조직이 활용하는 진료방법이나 이에 대한
환자들의 선호 등이 항상 동일한 것은 아니며,[61] 이러한 서비스 제공방법
에 따라서 의료수입도 달라진다. 그 결과 소득수준이 높은 지역에 위치한
병원조직과 그렇지 않은 병원조직의 경영성과에는 차이가 나타날 수 있다.

그러나 본 연구에서는 이러한 요인들이 경영성과에 미치는 영향은 동일
한 것으로 간주하고자 한다. 왜냐하면 본 연구의 대상사례들이 당면하고
있는 시장구조는 동일하기 때문에 경쟁으로 인한 성과차이는 적을 것으로
생각할 수 있기 때문이다. 또한 소득수준이 증가함에 따라서 경영성과가
향상된다면 해당 지역에는 더 많은 병원이 몰릴 것으로 예상할 수 있다.
이런 경우에는 환자의 증가로 인해서 야기된 성과 향상치와 경쟁의 증가로
인한 부정적 효과를 동시에 분석해야 한다. 그러나 이와 같은 분석은 본
연구의 범위를 벗어나는 것이므로 여기서는 병원조직의 지리적 위치나 여
건이 경영성과에 미치는 영향은 고려하지 않기로 하였다.

2) 구조적 요인

조직구조란 조직참여자들의 '유형화된 교호작용(patterned interactions)'
을 의미하며, 구성원들의 상호작용에서 일정한 질서나 유형이 발생할 때
나타나게 된다.[62] 조직구조는 조직구성원들의 행동에 영향을 미치는 것으
로 간주되어 왔다. 예컨대, 계단, 입구, 출구, 벽 및 지붕 등과 같은 건물의

---

61) Rudolf Klein, op. cit., p.386.
62) 오석홍, 전게서, 393면. 조직구조는 구성원들의 행동이나 사람들이 꾸미는
일의 지속적인 양태 또는 유형에 의해서 형성되기 때문에 조직의 물리적
특성에만 국한되는 것은 아니며, 이는 조직구성원의 유형화된 상호작용
(patterned interaction) 가운데 비교적 안정적이고 지속적인 형태를 지닌 것
을 말한다. J. W. Fredickson, The Strategic Decision Process and
Organization Structure, Academy of Management Review, Vol. 11, 1986,
pp.200~207.

특정한 구조가 건물 내에 있는 사람들의 행동을 결정하는 것과 마찬가지로 조직구성원들의 행동은 조직구조에 의해서 영향을 받는다는 것이다.[63] 따라서 조직구조는 권력의 행사, 의사결정 및 조직활동이 이루어지는 활동의 장(setting)으로,[64] 구성원의 행동과 하위단위의 활동을 통해서 조직성과에 많은 영향을 미친다.[65]

조직구조를 형성하는 차원은 연구에 따라서 달라지는데, 어떤 사람들은 전문화, 표준화, 공식화, 집권화 등을 중요한 변수로 다루고 있는 데 반해서[66] 또 다른 사람들은 조직의 규모, 통제의 범위, 행정농도 등을 조직의 구조적 특징을 나타내는 가장 전형적인 변수라고 주장한다.[67] 특히 공공조직과 민간조직의 조직행동과 경영성과를 비교함에 있어서는 소유권 구조가 가장 핵심적인 것으로 인식되어 왔다. 그러나 현대 기업조직에 있어서는 소유권 분산이 보편화되고 있으며, 이로 인해 소유구조와 통제구조가 일치하지

---

63) Dan R. Dalton, William D. Todor, Michael J. Spendolini, Gordon J. Fielding & Lyman W. Porter, Organizational Structure and Performance: A Critical Review, *Academy of Management Review*, 1980, Vol. 5. No.1, pp.49~51.

64) Hall, R. H., *Organization: Structure and Process*, Englewood Cliffs, N. J.: Prentice Hall, 1977. 이런 관점에 따르면, 모든 조직은 조직구성원들의 행동을 명시적으로 통제하기 위해서 권력배분 등에 대한 규칙이나 질서들을 명시하고 있기 때문에 어떤 조직에나 구조가 존재한다고 할 수 있다.

65) Van De Ven, A. H., A Framework for Organization Assessment, *Academy of Management Review*, 1976, 1, pp.64~78.

66) Stuart Andernson, Organizational Status and Performance: The Case of Swedish Pharmacies, *Public Administration*, Vol. 73, Summer 1995, pp. 287~301.

67) Campell, J. P., Bownas, D. A., Peterson, N. G., and Dunnette, M. D., *The Measurement of Organizational Effectiveness: A Review of the Relevant Research and Opinion*, San Diego: Navy Personnel Research and Development Center, 1974. 이들은 구조가 내포하고 있는 다양한 차원에 관심을 갖고, 구조적(structural) 측면과 구조화시키는(structuring) 측면으로 구분하고 있다. 여기서 '구조적'이라는 것은 조직의 규모, 통제의 범위, 수평적/수직적 계층제, 행정농도와 같은 물리적 특징을 말하고, '구조화시키는'이라는 것은 전문화와 공식화 및 집권화 등과 같이 구성원들의 행동을 규정하거나 제약하는 정책과 활동을 의미하는 것으로 이해하고 있다.

않는 경향이 증가함에 따라서 소유권 구조보다 조직의 지배구조나 통제구조가 조직행동과 경영성과에 미치는 영향에 더 많은 관심이 집중되고 있다.[68]

구조적 요인이 갖는 중요성은 구성원들의 역할 등을 명시적이고 구체적으로 나타냄으로써 조직 내의 통제과정을 제도화시키는 데 있다.[69] 이러한 관점에서 볼 때, 본 연구와 같이 공공부문 내에서 조직형태만을 달리하는 경우에 있어서 조직행동과 경영성과에 영향을 미치는 핵심적인 요인은 정부의 통제양태라고 할 수 있다. 왜냐하면 본 연구의 대상사례들은 모두 공적소유권에 토대를 두고 있기 때문에 소유권 구조에는 아무런 차이가 없으며, 단지 정부나 자치단체의 목적 달성을 위한 통제의 수단과 방법 등이 달라질 뿐이기 때문이다.

따라서 공공병원의 조직형태가 달라지면 각 병원조직의 통제양태도 달라지며, 이에 따라서 병원조직의 운영방식과 구성원의 행동은 물론 경영성과에도 많은 차이가 나타나게 된다. 특히 병원조직은 의료업무의 전문성 때문에 일반기업과는 달리 다양한 직종의 전문직들로 구성되며, 환자진료라는 하나의 업무를 수행하기 위해서 협력하고 있다. 따라서 구성원들의 행동을 원활하게 조정하고 협조할 수 있는 조직구조를 설계하는 것이 병원조직의 성과 제고라는 점에서 매우 중요한 과제가 된다.

---

68) 이런 관점에서 Aston그룹에 관한 Pugh 등의 연구에서는 '소유와 경영의 분리'를 조직구조의 형성에 영향을 미치는 변수로 파악하고 있다. Pugh, D. S., Hickson, C. R. & Turner, C., The Context of Organization Structure, *Administrative Science Quarterly*, 1969, 14, pp.91~114.

69) Mohamed Badran & Bob Hinings, Strategies of Administrative Control and Contextual Constraints in a Less-Developed Country: The Case of Egyptian Public Enterprise, *Organization Studies*, Vol. 2, No.1, 1981, p.4. 특히 Silverman은 이처럼 구성원들의 행동을 이러한 목표에 지향시키도록 고안된 규칙(rules)나 권위체계 등을 통해서 공식적 조직과 사회적 조직을 구별할 수 있다고 한다. David Silverman, *The Theory of Organizations -A Sociological Framework-*, Basic Books, Inc., New York, 1971, p.8.

3) 자원특성 요인

자원(resources)이란 조직이 일정시점에서 활용할 수 있는 자본, 인력, 기술, 정보 등과 같은 재산(assets)을 말한다.[70] 병원조직의 경우에는 병상 규모, 의료인력, 시설과 장비 등이 이에 해당된다고 할 수 있으며, 이러한 투입자원을 활용하여 사회적 또는 기술적인 전환과정을 거쳐서 산출을 만들어 낸다. 이러한 요소들은 조직의 생산활동에 필요한 생산요소(factors of production)에 해당하는 것으로서 조직의 생산능력을 결정하는 핵심적인 요인이 된다고 하겠다.

예컨대, 병원규모는 해당 병원이 진료할 수 있는 환자수를 제약하는 요인이 되며, 이에 따라 경영성과에도 많은 차이를 가져올 수 있다. 아울러 진료업무 자체가 노동집약적인 성격을 띠고 있기 때문에 상당히 많은 인력이 필요하게 된다. 따라서 병원조직이 지나치게 과다한 인력을 보유하고 있을 경우에는 오히려 병원조직의 생산성과 경영성과를 악화시킬 수 있다.

자원능력이 경영성과에 미치는 영향은 규모의 경제(economy of scale)를 통해서 설명할 수도 있다. Schultz는 일반기업과 마찬가지로 병원조직의 경우에도 규모의 경제가 작용한다고 주장한다. 또한 Hall은 병원조직의 종사자수와 환자수 사이에 높은 상관관계가 있다고 주장하였는데,[71] 병원조직의 의료수입이 궁극적으로 진료환자의 수에 의해서 좌우된다는 점을 감안한다면 인력규모는 경영성과에 많은 영향을 미치는 요인이라고 할 수 있다. 특히 김원중은 적자병원과 흑자병원 간에 병상당 직원수와 직원당 인건비에 유의한 차이가 있고, 병원운영에 있어서 규모의 경제가 작용하여 775병상 정도에 수익성이 극대를 이룬다는 점과 미수금관리가 수익성과 밀접한 관계가 있다는 점을 밝힌 바 있다(김원중 등, 1994).

자원능력이 경영성과에 미치는 영향은 해당 조직이 보유한 자원의 규모

---

70) Bertram M. Gross, *Organizations and Their Managing*, The Free Press: New York, 1964.; Elisoe Walton and David A. Nadler, *op. cit.*, p.88.

71) Richard H. Hall, *Organizations: Structure and Process*, Prentice-Hall, 1977, pp.104~108.

뿐만 아니라, 자원의 유형에 의해서 달라지기도 하는데, 이것은 의료인력과 간호인력의 확보 정도 등이 경영성과에 미치는 영향을 분석한 선행연구를 통해서 확인할 수 있다.

본 연구에서는 이러한 선행연구의 결과를 반영하여 병원조직의 경영성과에 영향을 미치는 자원능력을 자원의 규모와 유형으로 구분하고, 각 병원조직의 자원능력의 차이를 파악하기 위하여 병상규모와 유형, 인력규모와 직종별 유형, 진료과목의 수와 첨단 의료장비의 보유도 등을 살펴보고자 하였다.

4) 관리특성 요인

조직이 목표달성에 필요한 자원을 충분히 갖추고 있더라도 자원 그 자체가 조직의 목적을 달성해 주지는 않는다. 일반적으로 조직은 "어떤 목적이나 임무를 수행하기 위해서 특별하고도 상호 의존적인 활동에 종사하는 사람들의 모임"으로 정의되고 있지만, 어떤 조직이든 간에 조직에 참여하는 구성원들이 공식적인 목표만을 수행하기 위해서 존재하는 것은 아니다.[72]

따라서 조직의 경영성과를 향상시키기 위해서는 기계설비나 자본 등과 같은 자원을 개선시키는 동시에 서로 다른 목표에 대해서 상이한 관심을 나타내는 조직구성원들에 대한 활용도를 높일 필요가 있다. 또한 조직의 목표는 새로운 상황에 대해서 부단히 변화하며, 그러한 목표를 형성하고 달성하는 데에는 조직 내부나 환경과의 관계에서 다양한 갈등과 장애요소가 발생되는 것이 일반적이다. 이러한 사실은 조직목적을 효과적으로 달성하기 위해서는 관리기능이 올바로 수행되어야 한다는 점을 시사한다.[73]

---

72) Harold F. Gortner, Julianne Mahler and Jeanne Bell Nicholson, *Organization Theory: A Public Perspective*, The Dorsey Press, Chicago, Illinois, 1987, p.2.
73) 이는 관리자가 관리하는 대상(what is managed)이 조직체제라는 것을 의미하는데, 이것은 노동, 자본, 정보 등과 같은 투입요소와 전환과정 및 산출 등으로 파악할 수 있다. D. Scott Sink & George L. Smith Jr., Influence of Productivity and Management, in Douglas H. Harris ed.,

여기서 관리(management)란 '집단 속에서 협동하는 개인들이 공통의 목표를 달성할 수 있도록 환경을 조성하고 유지해 나가는 것'을 말하며,[74] 관리자가 조직의 구성원들로 하여금 조직목표를 수용하고 달성하도록 유도하려는 복잡한 과정이라고 할 수 있다. 즉, 조직의 공식적인 책임과 권위를 가진 관리자들이 조직목적을 달성하기 위해 펼치는 다양한 활동이 관리이며, 이는 '다른 사람을 통해서 일이 수행되도록 하는 것(get things done through others)'이라고 할 수도 있다.[75]

체제라는 관점에서 볼 때, 관리는 조직의 투입요소를 산출로 전환하는 과정이며, 관리체제(management system)는 이러한 전환과정의 효과성을 제고하여 궁극적으로 경영성과를 개선하기 위한 도구라고 할 수 있다.[76] 다시 말해서 관리라는 것은 인간의 필요성을 충족시키기 위하여 토지와 노동 및 자본과 같은 물리적 자본에 대한 이익(return)을 최대화시키려는 경제체제의 한 요소인 것이다.[77] 따라서 조직의 목적달성에 필요한 자원능력과 자원을 효과적으로 활용하는 것은 별개의 문제이며,[78] 관리특성은 자원과 마찬가지로 병원조직의 경영성과에 영향을 미치는 중요한 요인이라고 할 수 있다.[79]

Organizational Linkages, National Academy Press, 1994. p.133.

74) James E. Swiss, Public Management Systems-Monitoring and Managing Government Performance, Prentice Hall, Englewood Cliffs, New Jersey, 1991, p.2.

75) Bertram M. Gross, op. cit., p.33.

76) Michael L. Vasu, Debra W. Stewart and G. David Garson, Organizational Behavior and Public Management, Marcel Dekker, Inc., 1998, p.286.

77) Joseph L. Massie, Essentials of Management, Prentice-Hall, Englewood Cliffs, New Jersey, 1971. p.25.

78) Bertram M. Gross, ibid. 공공병원의 성과평가에 있어서 보다 중요한 문제는 공공재원이 얼마나 효율적으로 활용되고 있는가 하는 점이다. 이러한 이유 때문에 병원조직의 관리특성은 매우 중요한 분석대상이 된다.

79) 관리를 추가적인 생산요소의 하나로 파악하는 견해에 대해서는 Frederick Harbison and Charles Myers, Management in the Industrial World, New York, McGraw-Hill Book Company, 1959, pp.21~86.

이러한 관리적 특성은 병원관리에 필요한 전문적 지식이나 기술성과 관리적 노력 등에 의해서 좌우된다. 특히 병원조직의 경우에는 첨단의료 장비와 같은 물적자원이 경영성과라는 측면에서 매우 중요한 요소로 인식되고 있으나, 이러한 첨단장비들이 환자를 진료하는 데 도움이 되는 것은 사실이지만 그 자체로서 치료가 되는 것은 아니다.[80] 이러한 특징에 비추어볼 때, 병원조직이 보유하고 있는 첨단장비 등과 같은 물적자원이 환자진료를 통해서 경영성과로 나타나기 위해서는 이러한 장비들을 올바로 활용할 수 있는 전문성이 더 많이 요구된다고 할 수 있다.

선행연구에서 살펴본 인간적인 대우, 참여의식의 제고, 전문기술성, 재량권, 야간근무시간, 활용되는 정보의 종류 등은 병원조직의 경영성과에 영향을 미치는 관리특성 요인을 지적한 것이라고 할 수 있다. 이러한 선행연구의 결과를 반영하여 본 연구에서는 각 병원조직의 특성을 전문기술성과 관리노력으로 구분하고, 전문기술성은 각 병원조직의 전문의 확보율, 의학연구실적 및 업무연속성 등을 통해서 파악하고, 관리노력은 관리농도와 이직률 및 활용 정보의 유형 등을 통해서 분석하고자 한다.

제4절 분석의 틀

1. 연구의 기본적 관점

병원조직의 성과분석에 관한 연구들은 다양한 관점에서 수행될 수 있다. 예컨대, 병원조직의 경영성과를 측정하는 데 관심을 기울이고, 성과측정에

---

80) 이러한 관점에서 Lewis Thomas는 병원조직이 활용하는 기술이 어중간한 (half-way) 수준에 불과하다고 하면서 경제의 다른 분야와는 달리 병원조직의 경우에 기술이 진보될수록 비용이 감소하는 것이 아니라 오히려 증가하는 것은 이와 같은 기술적 특징 때문이라고 지적한다. Howard S. Berliner, *Strategic Factors in U. S. Health Care*, Westview Press, 1987, p.6.

유용한 평가지표를 밝히거나, 계량모델을 개발하는 연구들이 있을 수 있다.
또한 병원조직의 경영성과에 영향을 미치는 요인을 밝히는 데 초점을 두
고, 일련의 측정지표와 병원조직의 특성요인 간의 관계에 관심을 기울일
수도 있다. 아울러 통계학적 방법을 활용하여 특정한 이론이 주장하는 내
용의 타당성을 검증해 볼 수도 있다.

그러나 이러한 연구들은 병원조직에 있어서 성과차이가 왜(why), 그리
고 어떻게(how) 나타나게 되었는지를 설명해 주지는 못한다. 이러한 문제
의식에 따라 본 연구에서는 지방공공병원에 있어서 성과차이가 나타나게
된 체계적인 요인(systematic factors)과 경로(paths)를 탐색하는 데 초점
을 두고자 하였다.

흔히 지방자치단체가 운영하는 공공병원은 의료서비스를 공급하는 생산
적 실체(productive entity)로서 인식되고 있다. 병원조직이 의료서비스를
공급하기 위해서는 의료시설, 인력 및 의료장비 등과 같은 생산요소가 필
요하며, 이러한 요소들은 관리자가 수행하는 전환과정을 통하여 합리적으
로 통제되고 계획된다. 이때 기업조직에서 활용되는 '생산적'이라는 말을
병원조직에 적용시켜 보면, 병원조직의 생산적 활동이란 병원조직이 사회
적 자원을 서로 다른 비율로 결합하여 전환함으로써 의료서비스에 관한 효
용가치를 창출·부가하는 활동이라고 정의할 수 있다.[81]

병원조직의 생산적 활동에 투입되는 요소들은 관리과정을 통해서 산출로
전환되는데, 지방공공병원의 경우에 이러한 투입과 전환과정은 정부통제라
는 구조적 요인에 의해서 제약받는다. 따라서 본 연구에서 지방공공병원의
경영성과는 정부의 통제양태와 생산요소로서의 자원능력 및 전환과정으로
서의 관리적 특성 간의 상호작용에 의해서 좌우되며, 각 병원조직의 성과차
이는 이러한 요소들의 상이성에서 비롯된 것으로 파악하고자 하였다.

아울러 지방공공병원의 조직형태에 따라서 각 병원조직에 대한 정부의
통제양태에도 차이가 있는 것으로 상정하였다. 왜냐하면 공공부문 내에서

다양한 조직형태가 존재하는 이유는 공공조직에 대한 정치적 및 관료적 통제를 완화하기 위한 것이며, 조직형태는 이를 위한 제도적 틀이라고 할 수 있기 때문이다. 본 연구에서는 이러한 통제양태의 차이를 각 병원조직의 예산과정과 인사과정 등을 통해서 파악하고자 하였다. 왜냐하면 정부가 병원조직을 통제하는 목적은 예산이나 인력과 같은 자원의 활용에 대한 관리자의 재량권 남용을 방지함으로써 궁극적으로 각 병원조직의 경영성과를 높이기 위한 것이라고 할 수 있기 때문이다.

본 연구에서는 독립변수로서의 정부통제와 종속변수인 경영성과를 매개하는 변수로서 자원능력과 관리특성을 채택하고 있는데,[82] 이는 생산적 조직의 경우에는 생산에 활용되는 물적·인적 자원의 규모와 유형 또는 이러한 자원의 활용도에 의해서 경영성과가 좌우되는 것으로 파악하고 있기 때문이다.

이러한 인식하에 병원조직의 자원능력을 파악하기 위한 구체적인 지표로서 병상규모와 유형, 인력규모와 직종별 유형, 진료과목의 수와 종류 및 첨단 의료장비의 보유도 등을 채택하였다. 이러한 요소들은 의료서비스를 생산하는 데 투입되는 생산요소를 나타내는 것으로 병원조직의 성과분석에 관한 선행연구의 결과를 반영한 것이다. 또 관리특성을 파악하기 위한 지표로서 전문의 확보율, 의학연구실적, 업무연속성, 관리농도, 이직률 및 활용 정보의 유형 등을 채택하였는데, 이러한 요소들은 생산요소들을 경영성과로 전환시키는 병원조직의 전문성과 관리노력을 반영하고 있다.

---

82) 기존의 연구에서는 의료인력이나 의료장비 등과 같은 자원능력이 경영성과를 좌우하는 것으로 파악하고 있으며, 재산권 이론과 본인-대리인 이론 등에서는 소유권과 구성원의 동기와 행동이 다르다는 점을 강조하고 있다. 본 연구에서 정부통제와 경영성과 간의 매개변수로서 자원능력과 관리특성을 도입한 것은 이러한 선행연구의 결과를 반영한 것이다.

2. 분석틀: 변수 간의 관계

앞에서 설명한 것처럼 본 연구에서는 독립변수로서의 정부의 통제양태가 자원능력과 관리특성을 매개로 해서 병원조직의 경영성과에 영향을 미치는 것으로 인식하고 있다. 이러한 변수들 간의 관계를 정부통제와 조직특성, 그리고 조직특성 간의 관계로 나누어 살펴보면 다음과 같다.[83]

1) 정부통제와 조직특성

지방자치단체는 지방공공병원의 목표설정은 물론 예산과 인력 등의 관리과정을 통제하기도 하는데, 이러한 통제의 방법과 정도는 지방공공병원의 자원능력과 관리특성에 영향을 미치는 중요한 요인이 된다.[84]

---

83) 여기서 병원조직의 자원능력과 관리특성을 조직특성으로 범주화 하였는데, 이는 관리대상(what is managed)으로서의 조직체를 투입과 가치부가과정 및 산출로 파악하는 Sink와 Smith Jr.의 견해를 원용한 것이다. D. Scott Sink & George L. Smith Jr., Influence of Productivity and Management, in Douglas H. Harris ed., *Organizational Linkages*, National Academy Press, 1994. p.133.

84) 통제라는 개념은 다양한 의미를 내포하고 있기 때문에 여러 가지 방식으로 해석될 수 있다. Tannenbaum은 통제를 '조직 내에서의 개인 간의 영향관계의 총합'으로 해석하고 있으며, Etzioni는 통제를 권력(power)과 동의어로 파악하는 것이 유용하다는 입장이다. Tannenbaum, Arnold, *Control in Organizations*, McGraw-Hill, New York, 1969.; Etzioni, Amitai, Organizational Control Structure, in J. G. March, ed., *Handbook of Organizations*, Rand McNally, Chicago, 1965, pp.650~677. 반면에 통제를 정보흐름상의 문제로 파악하거나, 검증, 측정 및 환류를 제공하는 과정으로 파악하는 견해도 있다. Galbraith Alvil W., *Designing Complex Organizations*, Organization Development Series, Addison-Wesley, Reading, Mass, 1973.; Thompson, James D., *Organizations In Action*, McGraw-Hill, New York, 1969. 여기서의 관심사항은 공공병원의 조직형태에 따라서 성과차이가 나타나게 된 경로가 무엇인가 하는 것이다. 따라서 본 연구에서의 통제(control)란 공공병원의 관리자 선정을 비롯한 일련의 주요한 정책결정에 관한 권한을 의미하며, 정부의 통제양태란 이러한 정책결정에 대한 정부개입의 수단과 방법 및 정도 등을 의미하

지방공공병원에 대한 정부의 통제는 병원경영의 출발점이라고 할 수 있는 목표설정 단계에서부터 문제가 된다. 기업의 목표가 해당 기업의 소유자에 의해서 명시된다는 재산권 이론의 관점에 따르면, 민간병원의 경우에는 소유주가 경영목표를 설정하는 반면에 병원의 설립과 운영에 필요한 재원을 정부에 의존하는 지방공공병원의 경우에는 정부가 경영목표를 설정하는 것으로 인식할 수 있다. 따라서 민간병원의 소유자들이 경제적 목표를 강조하는 데 반해서 일반국민이 부담한 세금으로 운영되는 공공병원은 국민 전체적인 입장에서 공익목표를 강조하지 않을 수 없다.[85]

지방공공병원의 조직형태는 정부가 공공목표를 얼마나 강조하는지의 여부에 따라서 달라지는데, 이러한 경영목표는 필요한 수단이나 활동에 대한 지침이 될 뿐만 아니라 활동 결과에 대한 성과판단의 준거로 인식되고 있다.[86] 따라서 자치단체가 확보하려는 공공성의 정도에 따라서 통제의 양태가 달라지며, 그 결과 공공병원의 활동은 물론 경영성과에도 중대한 영향을 미치게 된다.

공공부문 내에서 서로 다른 조직형태가 존재하는 이유는 의회와 관료의 통제를 제도적으로 완화하기 위한 것이기 때문에 조직형태가 달라지면 경영목표에 대한 정부의 통제양태가 달라지며, 그 결과 각 병원조직의 목표달성에 필요한 자원능력에도 차별적인 영향을 미치게 된다.[87] 다른 자치단체들이 지방의료사업을 한 가지 형태로만 운영하고 있는 데 반해서 서울시는 시산하의 병원들을 서로 다른 세 가지 형태로 운영하고 있다. 이 같은 사실은 각 병원조직의 사업대상이나 운영방향 등에 대한 서울시의 방침이나 기대가 서로 다르다는 것을 의미하며, 그 결과 각 병원조직에 대한 통

는 것으로 이해하고자 한다.

85) Deiter Bös and Wolfgang Peters, op. cit., p.26.
86) 김신복, 발전기획론, (서울: 박영사), 1992, 269~270면.
87) 이러한 관점에서 정부(government)라는 것은 일련의 결정이 이루어지는 장소로서, 의료서비스를 포함하여 정부가 공급해야 할 여러 가지 서비스에 대해서 국가 전체의 자원을 어떻게 배분할 것인지를 결정할 뿐 아니라 개별 서비스부문 내부에서 이루어지는 자원배분도 결정한다.

제의 양태도 상이할 것이라는 점을 시사한다.

목표의 설정과 관련된 또 다른 문제는 공공병원의 관리자들이 경제적 효율성보다는 정부가 내세우는 이러한 공공목표에 더 많은 신경을 쓴다는 점이다. 조직목표에 대한 의사결정은 소유자와 경영자가 상호작용한 결과이며,[88] 조직형태는 이와 같은 상호작용을 규정하는 제도적 틀이라고 할 수 있다. 이때 공공병원의 관리자들은 정부의 이해관계를 고려하지 않을 수 없는데, 정부가 내세우는 '공공목표'란 공공선택론에서 지적하는 것처럼 정치가나 관료들의 개인적인 이해관계와 관련된 것일 가능성이 높다.[89] 따라서 이윤극대화를 추구하는 민간병원의 자원규모나 배합유형이 가장 효율적이라고 가정할 때, 조직형태가 달라지면 경영목표는 물론이고 그러한 목표달성에 필요한 각종의 조직활동이나 수단에도 차이가 나타날 수 있다.

병원조직의 자원능력은 정부의 예산통제와 인력통제에 의해서 보다 직접적인 영향을 받는다. 조직이 생존하고 성과를 향상시키기 위해서는 조직활동에 필요한 자원을 확보해야 한다. Pfeffer와 Salancik은 조직에서 어떤 일들이 발생하게 된 것을 환경과 특정한 상황 또는 그러한 환경에서 유래된 제약(constraints)의 결과로 파악하고, 조직이 생존하는 데 있어서 가장 핵심적인 요소는 자원을 획득하고 유지할 수 있는 능력이라고 주장한다.[90]

---

88) Deiter Bös and Wolfgang Peters, A Principal-Agent Approach on Manager Effort and Control in Privatized and Public Firms, in Attiat F. Ott and Keith Hartley, eds., *op. cit.*, p.26.

89) 특히 기존의 공기업 이론에서는 이러한 정치적 고려와 공공목표의 모호성으로 인해서 목표의 결여 상태가 초래될 수 있다는 점을 지적하고 있다. Robert H. Floyd, Some Topical Issues Concerning Public Enterprise, in Robert H. Floyd, Clive S. Gary and R. P. Short(eds.), *Public Enterprise in Mixed Economics*, (International Monetary Fund, Washington D.C.: 1984), p.6.

90) 이들에 따르면, 조직이 자원의 공급에 대한 통제권을 절대적으로 확보하고 있지 못하고 있기 때문에 불확실성이 야기되며, 그 결과 조직에 대한 자원공급을 통제할 수 있는 공급자가 해당조직에 대해서 권력을 행사하게 된다고 한다. 이와 같은 관점에서 이들은 조직행태를 이해하기 위해서는 그러한 행동이 나타나게 된 맥락, 즉 조직의 생태를 이해해야 한다고 주장한

이런 관점에서 볼 때, 병원경영에 필요한 예산과 인력 등을 지방자치단체에 의존하고 있는 지방공공병원에 있어서 정부통제는 병원조직의 자원능력에 영향을 미치는 핵심적인 요인이 된다.[91]

재산권 이론에 따르면, 이러한 자원에 대한 의사결정은 병원의 소유자가 행사하게 된다. 지방공공병원의 경우에는 일반국민을 대신해서 정부가 소유자의 역할을 수행하기 때문에 지방공공병원에 대한 정부통제의 방법과 강도에 따라서 자원능력에도 많은 차이가 나타날 것으로 예상할 수 있다.

이에 대해 본 연구의 대상사례들은 모두 공적소유권에 기초하고 있기 때문에 지방자치단체가 운영하는 지방공공병원은 그 조직형태에 상관없이 자원에 대한 통제권에는 아무런 차이도 없다고 주장할 수 있다. 그러나 병원조직이 모두 공적소유권에 토대를 두고 있다고 하더라도 자원에 대한 접근성(access to resources)마저 동일한 것은 아니기 때문에 병원조직의 자원에 대한 통제권은 달라질 수 있다.[92]

또한 병원조직이 활용하는 자원을 인적자원과 물적자원의 두 가지로 분

다. Peffer, J. and Salancik, G. R., *The External Control of Organization: A Resource Dependence Perspective*, Harper & Row, 1978, pp.1~3.

91) Cleverly가 투자재원을 원활히 조달하는 것이 병원조직의 경영성과를 개선하기 위해서 중요한 요인이라고 강조하는 것도 이러한 맥락에서 이해될 수 있다. 그는 최첨단 의학기술의 도입과 그것을 선호하는 환자들의 요구가 증가함에 따라 병원조직 역시 시설과 장비의 현대화 및 이에 따른 전문 인력과 부대시설이 필요하다는 점을 지적하고, 이를 위해서는 새로운 투자에 따르는 재원을 유효하게 조달하는 것이 가장 중요한 문제라고 주장한다(Cleverly, 1990). 공적소유권에 토대를 둔 지방공공병원에 있어서 이러한 투자재원에 관한 궁극적인 결정권이 지방자치단체에게 있다는 점을 고려할 때, 정부통제는 지방공공병원의 자원능력에 영향을 미치는 중요한 요인이 된다고 하겠다.

92) Peffer와 Salancik은 자원에 대한 통제의 토대로서 소유권(possession)과 자원에 대한 접근성(access to resources) 및 실질적 활용이라는 세 가지 측면으로 파악한다. Peffer, J. and Salancik, *op. cit.*, pp.47~48. Wamsley와 Zald가 유력인사와의 친소에 따라서 조직의 자원이나 인력에 대한 영향이 달라질 수 있다고 지적한 것도 접근성이라는 관점에서 이해될 수 있다. Gary L. Wamsley and Mayer N. Zald, *op. cit.*, pp.137.

류할 때, 자치단체가 직접 운영하는 직영병원은 인적자원과 물적자원을 모
든 자원을 정부에 의존하고 있으나, 민간위탁으로 운영되는 병원조직은 자
본 이외의 인력은 정부에 의존하고 있지 않기 때문에 조직형태에 따라서
정부의 통제권도 달라지게 된다. 요컨대, 동일한 공적소유권에 기초하고 있
더라도 지방공공병원의 조직형태가 달라지면, 자원의 배분에 영향을 미치
는 과정(processes)도 달라지기 때문에 자원에 대한 통제권에도 차이가 나
타날 수 있는 것이다.

정부통제는 공공병원의 전문성에도 많은 영향을 미친다. 관리기능을 효
과적으로 수행하기 위해서는 필요한 관리기술(skills of management)을 갖
추어야 하는데,[93] 이것은 관리자가 당면한 문제들을 해결하기 위한 수단이
기 때문에 전문성이 발휘되기 위해서는 자원에 대한 재량권(discretion)이
확보되어야 한다.[94]

---

[93] Likert는 관리자가 관리기능을 올바로 수행하기 위해서 필요한 기술과 지식
으로서 전문적 기술(technical skills), 인간적 기술(human skills) 및 개념적
기술(conceptual skills)의 세 가지를 들고 있는데, 전문적 기술(technical
skills)이란 특정한 활동이나 업무를 이해하고 수행할 수 있는 능력을 말하
고, 인간적 기술(human skills)은 구성원이 다른 사람들과 효과적으로 일을
하거나, 자기가 관리하는 분야 내에서 다른 사람과 협동적 노력을 구축할
수 있게 해주는 능력을 의미한다. 끝으로 개념적 기술(conceptual skills)은
이것은 조직을 전체로서 파악할 수 있는 능력을 말하는데, 여기에는 1) 조
직의 서로 다른 기능들이 상호 의존적이라는 것을 인식하고, 2) 조직의 일
부분에서 일어난 변화가 다른 부문에 미치는 영향을 파악해야 하며, 3) 종
업원과 관리자, 조직, 지역공동체 및 국내의 정치, 사회 및 경제적 세력들
간의 관계를 파악하는 것 등이 포함된다고 한다. Robert L. Katz, Skills of
an Effective Administrator, *Harvard Business Review*, 1955, pp.33~42.

[94] 이러한 관점에서 정부의 경직된 통제로 인하여 관리적 유인이 결여되며,
이 때문에 공기업이 비효율적으로 운영될 수밖에 없다는 Floyd와 Hetland
의 지적은 공공병원의 경우에도 타당하다고 할 수 있다. 이런 문제들을 완
화하기 위해서 Floyd는 관리자들이 타고난 재능을 발휘하거나 변화하는
환경에 기업의 운영을 적응시킬 수 있도록 내부관리에 관한 정부의 통제
를 최소화 시켜야 한다고 주장한다. Robert H. Floyd, *op. cit.*, p.10.;
James L. Hetland, Jr., Restructuring Service Deliverly: The Basic Issue
for Government, in Barbara H. Moore ed., *The Entrepreneur In Local*

그러나 공공조직의 경우에는 이러한 사항들이 각종의 법률이나 규칙을 통해서 규정되는 것이 일반적인데, 이로 인해서 자원배분에 관한 관리자의 재량권은 제약될 수밖에 없다. 예컨대 공공조직에 근무하는 구성원들의 신분은 법률에 의해서 보장되어 있기 때문에 경영상의 이유로 이들을 해고하는 것은 불가능하다. 또한 예산에 관해서 구체적인 항목별로 사전승인을 받도록 되어 있을 경우에는 시장조건의 변화에 대한 관리자의 반응을 제약할 수도 있다.[95] 그 결과 관리자는 환경변화에 적절히 대응하거나 자기가 가진 능력을 완전히 발휘할 수 없는 경우도 발생할 수 있다.[96] 이러한 사실은 통제양태의 차이로 전문성도 달라질 수 있다는 것을 보여준다.[97]

정부통제가 전문성에 미치는 영향은 조직형태에 따라서 상이하게 나타난다. 조직형태가 변화하면 구성원의 신분은 물론 그에 따른 채용과 승진 및 근로조건과 같은 노동관계도 달라지기 마련이다. 예컨대, 자치단체가 직접 운영하는 공공병원은 정부조직의 일부이기 때문에 관리자의 임용 등에 있어서 공익성을 추구하지 않을 수 없다. 모든 국민들에게 공직취임의 기회가 균등하게 제공되어야 하므로 제반 인사행정이 객관적이고 공개적으로 이루어져야 한다. 이에 반해서 특별법에 의해서 설립된 공공병원은 자치단체와 구별되는 별도의 법인격을 가지고 있기 때문에 그 임직원은 공무원의 신분을 갖지 않는다. 따라서 이러한 조직들은 종사자의 처우개선이나 폐쇄적인 모집절차 등을 통해서 우수한 인재를 확보하기 위한 적극적인 모집활

Government, ICMA, 1983, p.53.
95) Robert Floyd, op cit., p.14.
96) 법률이나 규칙 등이 공공조직의 관리특성에 미치는 영향에 대한 보다 자세한 내용에 대해서는 Moe, Terry, The New Economics of Organization, American Journal of Political Science, 1984, Vol. 28, p.765 이하 참조.
97) 경영성과에 영향을 미치는 자원능력에는 자원의 규모와 질 또는 배합상태 등이 모두 포함되며, 자원에 대한 재량권은 관리자가 자원의 배분이나 활용에 관하여 독자적으로 결정할 수 있는 능력(capacity)을 의미한다. Peffer, J. and Salancik, G. R., ibid. 지방공공병원에 대한 정부의 통제가 구성원의 임면과 배치 및 예산의 활용 등에 관한 관리자의 재량권을 제약하기 위한 것이라면, 조직의 전문성에도 차이가 나타나는 것은 당연하다고 하겠다.

동(positive recruitment)을 할 수 있다.[98] 이와 같은 요소들은 조직형태에 따라서 전문성도 달라질 수 있음을 보여준다.

정부의 통제양태가 달라지면 관리노력에도 영향을 미칠 수 있다. 구성원의 관리노력은 해당 조직이 구성원에게 제공하는 보상에 의해서 크게 좌우된다.[99] 민간기업은 이윤에 관심을 갖고 있기 때문에 산출물을 측정하고 화폐적 가치로 환산하는 것이 비교적 용이하며, 그 결과 산출물(output)에 초점을 두고 통제가 이루어지는 경향이 강하다. 이에 반해서 공공조직이 추구하는 산출물은 공공성을 띠고 있기 때문에 그 성과를 판단하고 측정하는 것은 매우 어려운 데 비해서[100] 공공재원을 활용하는 데 따르는 책임성은 민간기업보다 더 많이 요구된다.[101] 그 결과 공공조직은 투입(input)이나 과정(process)을 더욱 중시하게 되어 구성원의 노력도에 따라 보상을

---

98) 김신복, 공기업 인사관리의 공공성과 기업성, 한국행정학보, 제25권 제1호, 1981, 389면.
99) Swiss는 관리과정을 통하여 조직의 효율성과 효과성을 제고시키기 위해서는 관리적 의사결정에 필요한 정보와 유인을 적절히 제공하는 것이 가장 중요하다고 한다. James E. Swiss, *op. cit.*, pp.4~5. 말하자면, 경영성과를 지속적으로 감시함으로써 해당 조직이 얼마나 잘 작동되는지에 관한 정보를 관리자에게 제공해야 하며, 관리자는 이러한 정보가 제공되어야만 조직의 목표를 달성하는 데 필요한 사항을 결정할 수 있다는 것이다. 또한 이러한 관리자의 노력이 실제로 경영성과를 제고하는데 기여하기 위해서는 구성원들의 행동이 조직목표에 기여할 수 있도록 유인이 제공되어야 한다는 것이다.
100) 이것이 이른바 측정의 문제(measuring problem)인데, 이것은 공동생산에 있어서 각 개인이 전체적인 생산에 기여한 정도를 정확히 측정하기 어려운 문제를 말한다. 이에 대한 자세한 논의는 Armen A. Alchian and Harold Demsetz, Production, Information and Economic Organization, *American Economic Review*, Vol. 62, 1972.
101) Badran과 Hinings는 공적소유권과 정부와의 조직적 연결성 때문에 공공조직의 책임성 범위가 증가하며, 이 때문에 더 많은 통제메커니즘을 양산시키려는 경향이 있다고 주장한다. Mohamed Badran and Bob Hinings, Strategies of Administrative Control and Contextual Constraints in a Less-Developed Country: The Case of Egyptian Public Enterprise, *Organization Studies*, Vol. 2, No.1, 1981, pp.4~5.

지급하기가 어려워진다.

이처럼 노력도와 보상이 괴리될 경우에는 구성원들이 조직의 생산성을 향상시키기 위해서 최선의 노력을 기울일 것으로 기대하기 어렵다. 이러한 사실은 공공조직에 있어서 통제의 양태가 관리적 노력에 영향을 미친다는 것을 보여준다고 하겠다.

이러한 차이는 공공부문 내에서 조직형태가 달라질 경우에도 나타날 수 있다. 자치단체가 직접 운영하는 병원조직은 별도의 법인격을 가진 것이 아니기 때문에 서로 다른 분야에서 종사하는 구성원들의 노력도나 성과를 비교하고, 그에 따라서 서로 다른 보상체계를 적용하는 것은 현실적으로 불가능하다. 더욱이 이들은 모두 공무원이라는 동일한 신분을 가지고 있기 때문에 이들에 대해서 서로 다른 보상체계를 적용할 경우에는 위화감 조성이나 차별대우라는 등의 현실적인 저항에 당면할 가능성이 높다.

이에 반해서 별도의 법률에 따라 설립되는 공공병원은 보다 상업적으로 운영하기 위한 재정제도를 적용하는 것이 일반적이다. 예컨대, 특별법에 의해서 설립되는 공공병원의 경우에는 특별회계를 설치하여 독립채산의 원칙을 적용함으로써,[102] 자주적 책임경영체제를 확립할 수 있도록 하고 있다. 그 결과 최근에는 구성원의 노력도에 따라 성과급을 지급하는 경향이 증가하고 있는데, 이러한 변화는 해당 병원조직이 별도의 법인격을 가지고 있는 사업단위라는 점과 이들이 공무원과는 구별되는 신분을 가지고 있기 때문이라고 하겠다.

2) 조직특성 간의 관계

병원조직의 경영성과를 결정하는 자원능력과 관리특성도 상호 영향을 미친다.

---

102) 현행 지방공기업법에서는 지방공사와 지방공단의 경우에는 이에 관한 명문의 규정을 두지 않고 있다. 그러나 지방공사와 지방공단을 별도의 독립 법인으로 설치하는 취지에 비추어 볼 때, 독립채산의 원칙을 적용하는 것은 당연한 것으로 받아들여지고 있다. 배용수, 전게서, 132~133면.

76

먼저 자원능력은 공공병원의 관리특성에 영향을 미친다.[103] 관리특성은 구성원의 전문기술성과 관리노력에 의해 좌우되는데, 설사 관리자가 전문성에 기초하여 예산이나 인력 또는 의사결정을 내릴 수 있는 재량권을 충분히 갖고 있다고 하더라도 이러한 결정을 실천에 옮길 수 있는 자원이 뒷받침되지 않는다면, 관리능력이나 재량권은 '소극적 형태의 권력'(moderate form of power)에 불과하게 된다.[104] 요컨대, 관리자가 조직을 관리하는 데 있어서 전문적 지식이나 재량권과 같은 경영능력이 매우 중요한 요소라고 할 수 있지만, 이렇게 결정된 내용들을 실천에 옮기기 위해서는 조직의 자원능력이 뒷받침되어야 하는 것이다. 특히 정부의 예산과정에 의해서 많은 제약을 받는 공공조직의 경우에는 조직의 자원능력이 전문성에 미치는 영향은 매우 중요한 측면이라고 할 수 있는 것이다.

자원능력은 관리노력을 자극하여 관리특성에 영향을 미치기도 한다. 조직구성원으로 하여금 최선의 노력을 유도하기 위해서는 적절한 보상이 제공되어야 하는데, 이러한 보상 가운데 가장 전형적인 것은 보수와 승진, 자기발전 등이라고 할 수 있다. 이러한 요소들은 경제적·사회적 자원을 배경으로 이루어지기 때문에 조직의 자원능력은 구성원의 동기와 행동에 영향을 미친다.

그러나 공공조직의 경우에는 구성원들에게 제공할 수 있는 잉여이익(residual)이 존재하지 않는다.[105] 정부기업이나 직영기업 등과 같이 전형

---

103) 여기서 관리특성이란 구성원의 동기와 행동을 반영한 것으로, 이의 구체적 양태는 투입요소의 상이한 배합이나 경제학에서의 생산함수를 통해서 나타날 것으로 생각할 수 있다. 경제적 목표를 추구하는 민간병원의 생산함수가 가장 효율적이라고 가정할 때, 공공병원의 비효율성이 증가할수록 생산함수의 분산도는 더 커진다고 할 수 있다.

104) Kenneth J. Meier, *Politics and The Bureaucracy*, North Scituate, Massachusetts, 1979. p.15.

105) 공공조직의 경우에는 민간조직에서 말하는 잉여이익(residual)이 존재하지 않지만, 이와 유사한 자원으로서 여분(slack)이 존재한다. 잉여이익은 해당 조직의 경영효율성이 확보될 때에만 발생할 수 있는 반면에 여분은 최소비용보다 높은 비용을 지출함으로써 해당 조직이 비효율적으로 경영

적인 공공조직은 상급기관으로부터 예산을 받아서 서비스를 공급하는 데 모두 사용할 뿐이다. 따라서 해당 공공조직의 성과나 성과의 변화 등은 구성원들이 받게 될 경제적 초과잉여에는 반영되지 않는다.

그 결과 공공조직의 관리자가 구성원들의 행위를 효율적으로 감시할 수 있는 유인이 작용하지 않으며, 궁극적으로 조직이 비효율적으로 운영되는 원인이 된다. 이와 같은 사실은 조직의 자원능력이 구성원들의 노력도를 제고하는 데 있어서 필수적인 요소라는 점을 보여준다.

3) 조직특성과 경영성과

앞에서 병원조직의 성과요인에 관한 선행연구에서는 자원능력과 관리특성에 의해서 병원조직의 경영성과가 좌우된다는 점을 살펴보았는데, 이러한 조직특성은 지방공공병원의 조직형태에 따라서 달라지기 때문에 경영성과에도 차별적인 영향을 미치게 된다.

먼저, 조직은 자기가 보유한 자원을 다양한 방법으로 형성 또는 재구성할 수 있기 때문에 경영성과는 자원의 규모뿐 아니라, 자원의 유형과 상대적 질이나 가치 등에 의해서도 많은 영향을 받는다.106) 예컨대, 병원조직은

될 때에만 확보될 수 있다는 점에서 차이가 있다. 이에 관한 자세한 내용은 Moe, Terry, *op. cit.*, p.763. 그러나 이러한 신고전학파의 견해와는 달리 조직의 생존이나 장기적 효과성이라는 측면에서 여분을 필수적인 것으로 파악하는 견해도 존재한다. 이러한 관점에서 Sharfman 등은 어떠한 조직이든 간에 여분에 관한 최적수준이 존재한다고 주장한다. Mark P. Sharfman, Gerrit Wolf, Richard B. Chase and David A. Tansik, *ibid.*

106) Elise Walton and Davis Nadler, Diagnosis for Organization Design, Ann Howard et. al., *Diagnosis for Organizational Change*, The Guilford Press, New York, 1994, p.88. 이것은 기업의 성장을 유지하는 데 활용되는 자원의 유형과 양을 기업의 능력으로 파악하는 Teece의 논의와 기업의 독특한 자산상태를 기업의 능력으로 파악하는 Rawless 등의 주장도 이런 맥락에서 이해할 수 있다. David J. Teece, Economic Analysis and Strategic Management, in J. H. Pennings(ed.), *Strategy for Decision Making in Complex Organizations*, Jossey-Bass, San Francisco, CA., 1984, pp.78~

고가의 의료장비를 활용함으로써 동일한 질병에 대하여 의료보험수가체제에서 정한 것보다 많은 의료수입을 확보할 수 있다. 또한 최근에 경영환경이 악화되면서 민간병원들이 가능한 한 의료보험이 적용되는 기준병실의 숫자를 줄이고 상급병실의 수를 늘리려는 경향이 나타나고 있는데,[107] 이러한 사례들은 병실의 유형에 따라서 경영성과가 달라진다는 것을 보여준다고 하겠다.

지방공공병원의 경우에는 이러한 자원을 지방자치단체에 의존하고 있기 때문에 조직형태가 달라지면 자원의 규모와 유형 및 질 등에도 차이가 나타날 수 있으며, 그 결과 경영성과에도 차이가 나타날 수 있다.

한편, 병원조직의 관리자들이 자기의 직무를 수행하는 능력과 관리방식이 모두 동일한 것은 아니다. Likert에 따르면, 생산성이 높은 관리자와 그렇지 않은 관리자의 운영양태는 다르며, 이들은 조직 전반에 걸친 확신과 신뢰를 가지고 있다고 한다. 또 생산성이 높은 관리자는 조직목표를 향한 동기수준과 협동지향성이 매우 높은 특성을 가지고 있으며, 자원의 활용방법에 있어서도 비생산적인 관리자와 아주 다르다고 한다.[108]

따라서 경영성과를 향상시키기 위해서는 관리자가 조직을 효과적으로 관리할 수 있는 능력을 갖추어야 하며, 구성원들이 이러한 능력을 활용하여 조직의 성과향상을 위해서 노력할 수 있도록 유도해야 한다. 그러나 모든 조직에 있어서 관리자의 관리능력과 유인체계 등이 동일한 것은 아니기 때문에 각 조직마다 상이한 관리적 특성이 나타나게 되며, 그 결과 경영성

101.; Michael W. Lawless, Donald D. Bergh and William D. Wilsted, Performance Variations Among Strategic Groups Members: An Examination of Individual Firm Capability, *Journal of Management*, Vol. 15, No.4, 1989, pp.649~661.

107) 보건복지부의 「의료보험 요양급여기준」에는 기준병실(통상 6~10인실)을 전체 병상(베드)수의 50% 이상 확보토록 하고 규정 있으나, 병원들이 의료보험수가를 보전하기 위해서 이 규정을 지키지 않는 것으로 나타난 바 있다. 중앙일보 96. 9. 10.

108) Renis Likert, *New Patterns of Management*, McGraw-Hill Book Company, New York, 1961. p.98~99

과에도 차이가 나타나게 된다.

이와 같은 사실은 병원조직의 관리적 특성에 따라서 경영성과에도 많은 차이가 나타날 수 있다는 것을 보여준다. 특히 공공부분 내에서 조직형태만을 달리하는 지방공공병원의 경우에도 병원조직의 목표설정은 물론 인사와 예산 등에 대한 통제의 양태가 다르기 때문에 병원활동에 필요한 관리적 유인이나 재량권에도 차이가 나타나게 된다. 이런 경우에는 조직형태에 따라서 관리적 특성이 달라지기 때문에 경영성과에도 차이가 나타날 수밖에 없다.

이제까지 논의된 변수들 간의 관계를 그림으로 나타내면 다음의 〈그림 2-1〉과 같다.

〈그림 2-1〉 분석틀

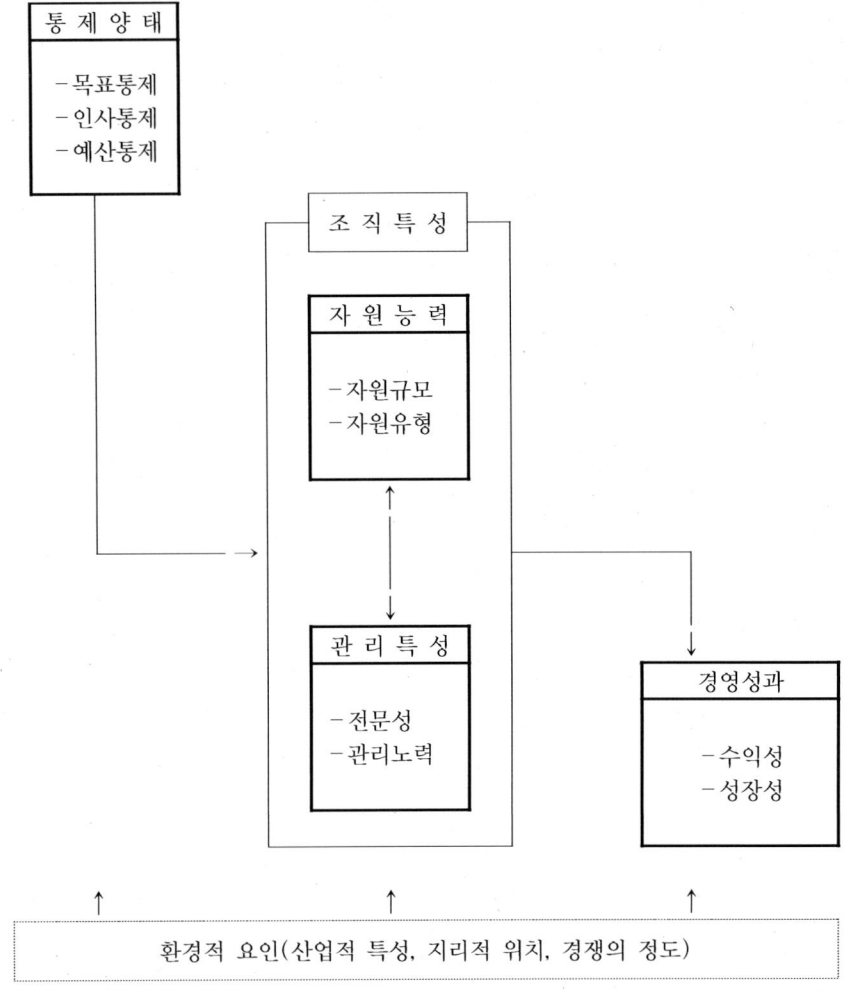

※ 환경적 요인은 주어진 조건으로 간주함.

이제까지는 병원조직의 형태에 따라서 정부개입의 방법이나 정도가 달라지며, 이로 인해서 각 병원조직의 전문기술성과 관리노력에도 많은 차이가 나타나게 된다는 점을 설명하였다. 이러한 관점에서 제3장에서는 먼저 서울시 산하병원에 대한 서울시의 통제양태, 자원능력과 관리특성 및 경영성과 등이 조직형태에 따라서 어떻게 다른지를 살펴보고자 하였다.

먼저 제3장의 제1절에서는 공공조직에 대한 정부의 통제가 주로 목표설정과 인사 및 예산과정을 중심으로 이루어지고 있음을 감안하여 연구대상 3개 병원에 대한 서울시의 통제양태를 경영목표, 인사와 예산 및 내부운영 등의 측면으로 나누어 살펴보았다. 제2절에서는 병원조직의 특성을 자원능력과 관리특성으로 구분한 다음, 각 병원조직의 차이점을 살펴보았다. 여기서는 선행연구의 결과를 활용하여 병상규모, 인력규모와 유형, 진료과목, 의료장비 보유도, 전문의 확보율, 의학연구실적, 이직률 및 관리농도 등을 비교함으로써 각 병원조직의 차이점을 살펴보았다. 아울러 제3절에서는 앞에서 설정한 지표에 따라서 각 병원조직의 경영성과를 비교하여 성과차이를 확인하였다. 나아가 각 병원조직의 수입구조와 지출구조를 분석하여 이러한 차이가 어디서 비롯된 것인지를 파악함으로써 정부통제와 경영성과 간의 관계를 분석하는 데 활용하고자 하였다.

본 연구의 궁극적인 목적은 조직형태를 달리하는 지방공공병원에 있어서 성과차이가 나타나게 된 원인과 경로를 파악하는 데 있다. 이를 위해서 제4장에서는 정부의 통제양태가 병원조직의 경영성과에 미치는 영향과 경로를 분석하였다.

기존의 이론에서는 정부의 통제가 강화될수록 관리적 유인(managerial incentives)이 감소하게 되며,[109] 다른 한편으로는 정부통제의 경직성 때문에 과도한 투자와 고용 및 임금 등으로 인한 비효율성을 효과적으로 통제하지 못한다는 점을 강조해 왔다.[110] 이러한 사실은 지방공공병원에 대한 정부통제의 방법과 강도에 따라서 각 병원조직의 자원능력과 관리특성에도 많은 차이가 존재할 것이라는 점을 시사한다. 이런 관점에 따라서 제1절에서는 먼저 각 병원조직의 자원능력과 관리특성은 정부의 통제양태에 의해

---

109) 김재홍, 공기업의 소유구조적 특성과 행동에 관한 연구, 한국경제연구원, 1991, 25면 ; Robert H. Floyd, *op. cit.*, p.6.
110) 이러한 문제점들은 특히 공공선택론에서 강조하는 사항이다.

서 영향을 받는 것으로 설정하고, 정부통제의 양태가 병원조직의 자원능력과 관리특성에 미치는 영향과 경로를 분석하였다.

한편 병원조직의 경영성과는 투입(inputs)으로서의 자원능력과 전환과정(conversion processes)에 해당되는 관리특성 간의 상호작용에 의해서 산출된다고 할 수 있다.[111] 이러한 관점에서 제2절에서는 병원조직의 자원능력과 관리특성 간의 상호작용을 파악하고자 하였다.

끝으로 제3절에서는 정부통제로 인해서 야기된 병원조직의 자원능력과 관리특성의 차이가 각 병원조직의 경영성과에 미치는 영향을 분석하였다. 여기서는 각 병원조직의 특성이 앞에서 경영성과의 차이를 가져온 요소들, 즉 진료비, 환자수, 인건비, 재료비 및 관리비 등에 미치는 영향을 분석함으로써 궁극적으로 병원조직에 대한 정부의 통제양태와 경영성과 간의 관계를 밝히고자 하였다.

---

111) 투입−산출모형(inputs-outputs model)의 관점에서 볼 때, 병원조직의 자원능력과 관리특성은 각각 투입물(inputs)과 전환과정(conversion processes)에 해당되며, 경영성과는 이러한 상호작용에 의해서 나타난 산출물(outputs)이라고 할 수 있다.

제Ⅲ장 서울시 병원조직의 일반적 특성

지방공공병원의 조직형태에 따른 성과차이를 분석하기 위해서는 지방자치단체에 의해서 다양한 형태로 운영되고 있는 지방공공병원이 전제되어야 한다. 우리나라의 경우 이러한 조건을 충족시키는 연구대상은 서울시 의료사업이 유일하다. 이 가운데 조직형태만을 달리하면서 업무의 내용이나 규모 등의 면에서 유사성을 가지고 있는 것은 동부병원과 강남병원 및 보라매 병원의 3개 병원이므로 본 연구에서는 이들 3개 병원을 대상사례로 선정하였다.

여기서는 먼저 각 병원조직에 대한 서울시의 통제양태를 목표체제와 인사제도 및 재정제도를 중심으로 살펴보고, 다음으로 각 병원조직의 자원능력과 관리특성이 어떻게 다른지를 비교하기로 한다. 이어서 병원조직의 경영성과를 수익성과 성장성의 두 가지 차원에서 살펴봄으로써 본 연구의 목적인 정부통제의 양태와 경영성과 간의 관계에 관한 실증적 분석을 위한 토대로 삼고자 한다.

제1절 대상병원의 통제양태

본 연구의 대상사례인 3개 병원은 모두 서울시가 소유하고 있지만, 이들 병원에 대한 서울시의 통제양태가 동일한 것은 아니다. 보라매병원은 서울특별시립병원 직제규칙에 의거하여 조직되고, 보라매병원 위탁운영계약서에 근거하여 계약방식으로 운영되고 있다.[1] 또한 동부병원은 서울시가 직

---

[1] 보라매병원의 운영주체인 서울대학교병원이 공공병원이라는 점에서 보라매 병원을 서울대학교병원에 위탁한 것을 계약방식으로 파악하는 것이 타당한

접 운영하는 사업소 조직이고, 강남병원은 지방공기업법에 의해 설립된 별
도의 법인체이다. 이러한 차이로 인해서 각각의 병원조직은 인사관리와 재
정관리 및 내부운영 등의 측면에서도 많은 차이가 있다.

　공적소유권에 토대를 두고 있는 병원조직에 있어서 정부의 통제는 주로
해당 조직의 목표설정, 인사권 및 예산권에 초점을 두고 이루어지는 경향
이 강하다. 이러한 관점에서 여기서는 서울시와 연구대상 3개 병원 간의
관계를 파악하기 위해서 이들 병원조직의 목표체제와 인사제도 및 예산·
회계제도를 중점적으로 살펴보기로 한다.

1. 목표통제

　공적소유권에 토대를 두고 있는 조직은 소유주인 정부가 해당 조직에

지에 관한 의문이 제기될 수 있다. 본 연구에서는 계약방식을 "계약을 통해
서 공공서비스의 공급권을 '보다 민영화된' 부문으로 이전시키는 것"으로 규
정하고 있으므로, 여기서의 문제는 서울대학교 병원이 시립병원보다 '민영화
된' 조직형태인지의 여부라고 할 수 있다. 서울대학교병원의 공공적 특성은
국가재정에 의해서 운영되고 있다는 점과 겸직교수의 경우 공무원의 신분을
가진다는 점 등인데, 이러한 특성에 비추어 보면 서울대학교 병원과 직영방
식으로 운영되는 시립병원은 별다른 차이가 없는 것으로 생각될 수 있다.
　그러나 서울대학교병원은 특별법에 의한 의료법인으로서 그 구성원은 공무
원의 신분을 갖지 않는 것이 원칙이며, 겸직교수에게 공무원의 신분을 부여
하는 것은 국립대학교인 서울대학교 의과대학의 교수직을 겸직하고 있기
때문이지 서울대학교병원의 구성원으로서 부여된 신분은 아니다. 또 서울대
학교병원이 국가재정에 의해서 운영됨으로써 그에 따르는 통제를 받는 것
은 사실이지만, 본 연구의 대상사례인 보라매병원의 인사와 예산 등에 관해
서는 서울시와 체결한 위탁계약서의 내용이 적용될 뿐이고, 감사의 주체도
서울시 의회로 되어 있기 때문에 국가의 통제가 작용할 여지는 거의 없다.
이러한 사실들은 서울대학교 병원이 순수한 민간조직은 아니라고 하더라도
적어도 시립병원보다 민영화된 조직형태라는 점을 보여준다고 하겠다. 이러
한 관점에서 서울시가 보라매병원의 운영을 서울대학교 병원에 위탁한 것
을 계약방식(Contracting-out)으로 파악하고자 하였다.

대해서 설정하고 있는 목표에 의해서 많은 영향을 받게 되는데, 소유주인 정부가 공공조직에게 제공하는 재원은 일반국민의 세금에 의해서 충당되기 때문에 정부는 국민 전체적인 입장에서 공공성을 추구하지 않을 수 없다. 다른 한편으로는 정부가 국민을 대신해서 이러한 공공병원의 운영에 관한 책임을 맡고 있기 때문에 너무 많은 손실이 발생되지 않도록 최소한의 효율성을 확보해야 한다.[2] 이러한 사실은 정부가 공공성과 수익성을 동시에 추구한다는 것을 의미하며, 이에 따라서 각 병원조직에 대한 통제의 양태도 달라지게 된다.

조직의 목표는 해당 조직이 표방하는 공식적인 목표를 통해서 확인할 수 있는데, 공공병원의 목표는 설치조례와 정관 등에 명시되어 있다. 동부병원의 공식목표는 「서울특별시립병원 설치조례」에 나타나 있는데, 동 조례에는 "시민의 보건향상과 질병의 진료에 관한 사무를 관장하기 위해서 서울특별시장 소속하에 일반병원과 특수병원을 둔다"고 되어 있다.[3] 또한 보라매병원의 공식목표는 「서울특별시립병원 설치조례」와 「서울특별시립보라매병원 위탁운영에 관한 조례」 및 「보라매병원 위탁운영 계약서」 등을 통해서 확인할 수 있다. 동 계약서에는 보라매병원의 운영목표로서 의료보호, 행려환자 등 저소득층 시민과 지역사회 주민에 대한 중점진료, 재난 시 응급활동, 지역사회 공중보건 활동, 학생 임상실습과 전공의 수련 및 임상연구 등으로 규정하고 있다.[4] 강남병원의 설립목적을 규정하고 있는 「지방공사 강남병원 설치조례」와 「지방공사 강남병원 정관」에 따르면, 강남병원은 "진료와 의학연구를 통하여 시민의 보건향상을 도모하고, 의학발전에 기여함"을 목적으로 한다.[5]

---

2) Deiter Bös and Wolfgang Peters, A Principal-Agent Approach on Manager Effort and Control in Privatized and Public Firms, in Attiat F. Ott and Keith Hartley, eds., *Privatization and Economic Efficiency*, (edward Elgar Publishing, 1991), p.26.
3) 서울특별시립병원 설치조례 제1조.
4) 보라매병원 위탁운영 계약서 제1조.
5) 지방공사 강남병원 설치조례 및 지방공사 강남병원 정관 제1조.

　이러한 규정들을 살펴보면, 연구대상 3개 병원의 목적규정은 민간병원의 설립목적과 유사하며, 공공병원으로서의 역할이나 위상 등이 구체적으로 제시되어 있지는 않다. 따라서 서울시 산하의 병원조직들이 공식목표로서 공공성과 수익성을 동시에 추구한다는 점은 동일하다고 할 수 있다.

　그러나 공공부문 내에서도 다양한 조직형태가 존재하며, 이는 소유주인 정부가 추구하는 목표가 다르기 때문이라고 할 수 있다. 이런 관점에 따르면, 서울시가 시산하의 병원들을 서로 다른 세 가지 조직형태로 운영하고 있다는 사실은 각 병원조직의 사업대상이나 운영방향 등에 대한 서울시의 방침이나 기대가 서로 다르다는 것을 추론케 해준다.[6]

　실제로 서울시가 각 병원조직에 대해서 설정하고 있는 목표에는 약간의 차이가 있는데, 이러한 사실은 지방자치제도가 실시된 이후에 서울시가 추진하기로 결정한 7대 시정과제를 통해서 확인할 수 있다.[7] 이 계획에 따르면, 서울시는 이제까지 동부병원을 비롯한 시립병원들의 의료시설과 장비의 노후화와 의료진의 질적 저하가 시민보건의 향상에 있어서 중요한 문제점 가운데 하나임을 지적하고 있다.

　이러한 문제점을 개선하기 위하여 서울시는 동부병원에 대해서 의료시설과 장비를 보강하는 동시에 이제까지의 행려환자를 진료하던 기능에다가 일반환자에 대한 진료기능을 추가하기로 결정하였다. 아울러 강남병원이나 보라매병원의 경우에는 이제까지 일반진료활동에 주력하던 데에서 나아가 노인전문병원이나 응급진료 기능을 보강할 것임을 밝히고 있다.

　이러한 사실은 서울시가 동부병원에 대해서는 행려환자나 의료보호환자 등 저소득층을 대상으로 한 공공진료 기능을 주로 강조해 온 데 반해서 강남병원이나 보라매병원은 민간병원과 동일한 일반진료를 주로 수행하도록

---

6) 따라서 만약 정부가 공공조직을 운영하는 데 필요한 제도들을 민간적 형태를 띤 다른 제도로 전환시키기로 결정하였다면, 그것은 곧 이들 조직에 대한 정부의 운영목표나 방침이 효율성을 중시하는 쪽으로 변화된 것으로 이해할 수 있다.
7) 서울시, 민선1년 백서 - 자치서울 1년 새로운 출발을 위하여, 210면.

해왔음을 반증하는 것이라고 할 수 있다.

이런 관점에서 볼 때, 3개 병원 모두 공공부문 내에 존재하기 때문에 공식적으로는 공공성과 수익성의 조화를 표방하고 있지만, 실제에 있어서 서울시가 동부병원에 대해서는 공공성을 강조하는 반면에 보라매병원과 강남병원에 대해서는 수익성을 더 많이 기대한다고 할 수 있다.

2. 인사통제

공공조직에 대한 정부통제의 양태는 인사권을 통해서 살펴볼 수도 있다. 시립동부병원(이하 동부병원으로 칭함)은 1977년 6월 1일 조례 제1169호 「서울특별시립병원 설치조례」에 의거하여 설치·운영되고 있다. 동부병원은 시산하의 일개 사업소로서 동부병원에 종사하는 사람들의 임용과 승진, 징계와 복무 및 급여 등에 관한 사항은 서울시 공무원들과 마찬가지로 일반적인 행정관례에 따르며, 동부병원의 구성원에 대한 인사권은 서울시장이 가진다.

병원업무를 총괄하는 원장은 서울시장이 임명하며, 그 직급은 지방의무부이사관으로 보하고 있다.[8] 원장은 시장의 명을 받아 원무를 관장하고, 소속 공무원을 지휘·감독할 권한을 가지며, 원장이 사고로 인하여 직무를 수행할 수 없을 때에는 서무과장이 그 직무를 대행한다.[9]

한편, 강남병원은 서울시가 운영해 오던 시립 남부병원과 시립 중부병원을 통합하여 1978년 7월 2일부터 시립 강남병원이라는 명칭으로 운영해 왔다. 그러나 시·도립 병원의 운영부실을 개선하기 위하여 1980년에 지방공기업법이 개정되자, 동법 제49조에 의거하여 1982년 9월 30일부터 지방공사로 전환하여 지금은 지방공기업법 제49조와 이에 근거한 「지방공사 강남병원 조례」에 의거하여 설치 운영되고 있다.[10]

---

8) 서울특별시립병원직제규칙(1997. 5. 15개정) 제2조.
9) 서울특별시립병원직제규칙 제5조.
10) 지방공사 강남병원 설치조례.

공사로 전환된 이후 지방공사강남병원 정관 제18조에 따라 강남병원의 최고의사결정기구로서 이사회를 설치하였다. 이사회는 병원장, 관리이사, 진료이사 및 당연직 비상임이사인 서울시 보사국장 등 4명의 이사와 이사회에 출석하여 의사진술권을 행사할 수 있는 상임감사 1명으로 구성된다.[11] 이사회는 정관변경, 조직기구 개편, 사업계획 및 예산과 결산에 관한 사항, 병원장의 추천 및 동의에 관한 사항, 중요재산의 취득과 처분, 중요 규정의 개폐, 기타 정관으로서 이사회의 의결을 요하는 사항 등 병원 경영의 전반에 걸친 모든 사항들을 심의·의결한다.[12]

병원장은 이사회의 추천을 받아 내무부장관의 승인을 얻어 서울시장이 임명하고, 그 임기는 3년으로 하며 연임할 수 있도록 되어 있다.[13] 병원장은 병원을 대표하여 일체의 병원업무를 통할하며, 이사회의 의장이 된다.

강남병원은 지방공기업법에 근거하여 별도의 법인격을 가지고 있다. 따라서 강남병원에 종사하는 구성원들은 공무원이 아니기 때문에 이들의 인사 및 보수 등에 대해서는 지방공사 강남병원의 인사규정 및 동 보수규정을 준용하고 있다. 이 규정에 따라 병원장은 직원의 임명이나 인사 등에 관한 사항에 대한 모든 권한을 행사할 수 있다. 그러나 강남병원은 서울시가 전액 투자하여 설립한 기관이기 때문에 서울시의 관료적 통제를 받지 않을 수 없는 실정이다. 예컨대 강남병원의 병원장은 서울시장이 임명하며, 상임이사와 감사를 임명할 때에도 서울시장의 승인을 받도록 되어 있다. 병원장이 유고됐을 경우에는 관리이사, 진료이사, 당연직 상임이사의 순으로 그 직무를 대행하도록 되어 있다.[14]

---

11) 지방공사 강남병원 정관 제6조 및 제18조.
12) 지방공사 강남병원 이사회 운영규정 제3조.
13) 병원장 임명을 내무부장관이 승인하게 된 것은 지방공기업법의 개정에 따른 것이며, 법개정 전에는 국무총리에게 승인을 받도록 되어 있었다. 그 이유는 지방자치제를 실시하기 전에는 총리실이 서울시 의회의 기능을 대신하였기 때문이다. 서울시 의회가 구성된 현재에는 그 승인권을 시의회로 이관해야 한다는 주장이 제기되고 있다.
14) 지방공사강남병원 정관 제8조.

통제장치(control mechanism)는 관리자의 책임성을 담보하기 위한 것인데, 공기업으로 운영되는 병원조직의 경우에 이러한 장치를 개발하고 집행할 법적인 책임은 이사회에게 있다. 이사회가 이러한 책임을 부담하는 것은 경영자에 대한 임면권을 가지고 있다는 것을 전제로 한 것이다. 그러나 강남병원의 경우에는 병원장에 대한 임명권을 서울시가 가지고 있기 때문에 병원장에 대한 이사회의 실질적인 통제권은 크게 제한되며, 반대로 서울시의 통제권은 상대적으로 크다고 할 수 있다.

보라매병원은 「서울특별시립영등포병원 설치조례」에 의거하여 1955년 6월 18일에 시립영등포병원으로 출범하였다. 설립 이후 보라매병원도 동부병원처럼 서울시 공무원들에 의해서 직접 운영되었으나, 당시 병상이용률과 재정자립도가 각각 34.7%와 54.2%에 그치는 등 병원경영이 극히 부진하였다. 이러한 병원 경영상태를 개선하고자 1987년 8월 20일에 「서울특별시립영등포병원 위탁운영에 관한 조례」를 설치하고, 동년 9월 29일에 서울대학교병원과 위·수탁 운영계약을 체결한 이후 3차 연장계약(1997년 12월 31일까지)을 하면서 서울대학교병원에 의해서 위탁 운영되고 있다.[15]

현재 보라매병원의 실질적인 최고의사결정기구는 보라매병원 운영위원회이다. 운영위원회는 당연직 이사인 서울대학교병원장과 보라매병원장을 포함한 7인 이내의 위원으로 구성되며, 운영위원은 서울시장이 지명하여 보라매병원이 임명하는 3인의 위원과 서울대학교병원장이 임명하는 2인의 위원으로 구성된다. 시장이 지명한 위원으로는 서울시 보사국장과 투자관리관 및 시립정신병원장이 있으며, 서울대학교병원장이 임명한 위원으로는 서울대학교병원 기획조정실정과 제1진료부장이 재직하고 있다.

운영위원장은 서울대학교 병원장이 맡고 있는데, 운영위원회에서는 병원

---

15) 보라매병원 이전에도 국가나 지방자치단체에서 관리 운영하던 병원을 전문 의료기관에게 위탁하여 운영하는 경우가 있었다. 예컨대, 1984년 7월에 철도청에서 공기업 형태로 운영하던 국립철도병원을 중앙대학교 재단 부속병원에 위탁 운영한 사례가 그것이다. 최근에는 진주의료원과 이천의료원이 경상대학교와 고려대학교와 위탁계약을 체결하였는데, 지방공사의료원의 경영부실이 악화됨에 따라 이러한 추세는 더욱 증가할 것으로 보인다.

의 사업계획과 예산, 결산에 관한 사항, 중요 재산의 취득과 처분에 관한 사항, 병원 운영규정의 제정과 개정 등 병원 운영 전반에 관한 사항을 심의 결정하고 있다. 정원 등에 관한 사항은 운영위원회의 심의를 받아야 하지만, 운영위원회의 실질적인 운영권을 서울대학교병원이 가지고 있기 때문에 서울시의 관료적 통제는 상대적으로 약화되어 있다.

병원장은 겸직교수로 임명하되, 이사회의 동의와 서울특별시장의 승인을 얻어서 서울대학교 병원의 원장이 임명한다. 원장은 서울대학교병원의 원장을 보좌하여 병원업무를 통괄하고 소속직원을 지휘 감독한다. 또 병원장이 유고됐을 때에는 진료부장이 우선적으로 원장의 직무를 대행을 할 수 있도록 되어 있다.[16) 진료부장은 겸직교수나 임상 교수요원 또는 전담의사로 보하며, 병원장의 명을 받아 진료, 교육, 연구 및 이에 수반되는 진료시설을 관장하고 그 소속직원의 업무를 지휘 감독한다.

보라매병원의 직원은 위탁 개시와 동시에 서울대학교병원 직원의 신분으로 전환되어 모든 면에서 본원의 직원과 동등한 대우를 받고 있다. 따라서 보라매병원의 정원에 관한 사항은 보라매병원 운영위원회의 승인을 거쳐서 서울대학교병원장이 자율적으로 결정하도록 되어 있다. 또한 보라매병원에 근무하는 모든 직원의 임용에 관한 권한도 서울대학교 병원의 원장에게 있다. 다만, 직원의 승진 및 승급의 제청, 직원의 징계 요구 및 상훈의 제청, 직원의 근무배치와 복무 감독 및 인사평정 등에 관한 권한은 보라매병원장이 가진다.

3. 예산통제

본 연구의 대상인 3개 병원은 모두 처음에 일반회계로 운영되었으나, 지

---

16) 보라매병원 운영규정에 따르면, 보라매병원장이 유고될 경우 진료부장이 그 직무를 대행하며, 진료부장도 유고되었을 때에는 서울대학교 병원의 원장이 지명하는 자가 병원장의 직무를 대행하도록 되어 있다. 서울특별시립보라매병원운영규정, 제15조.

금은 서로 다른 형태의 회계제도를 적용하고 있다. 먼저 동부병원은 일반
회계로 운영하다가 경영개선을 도모하기 위해 1978년 12월 22일에 조례 제
1293호로 「서울특별시립병원사업특별회계」를 설치하여 1993년까지 운영하
였다. 그러나 경상손실이 지속적으로 누증되어 독립회계를 설치한 의의가
희석됨에 따라 서울시는 1994년 이후부터 동부병원을 다시 일반회계로 편
입되었다.[17]

지방공사로 전환한 이후 강남병원은 지방공기업법 제64조의2에 따라 기
업회계기준을 적용하며, 매년도 사업의 사업계획서와 수지예산서를 작성하
여 사업년도 개시 전에 서울시장의 승인을 받고 있다. 또한 강남병원은 내
무부장관이 예산 및 결산에 관해서 정한 공통지침의 적용을 받으며,[18] 동
법 제66조의 규정에 따라서 서울시장이 지정하는 공인회계사로부터 회계감
사를 받아야 한다. 이 밖에 병원의 예산 및 회계에 관한 업무 가운데 관계
법령에서 특별히 정한 경우를 제외하고는 정부투자기관 표준회계규정의 적
용을 받고 있다.[19]

한편, 보라매병원은 서울대학교병원에 위탁 운영된 이후 서울대학교병원
회계규정에 의하여 독립회계로 운영되고 있으며, 예산 및 회계업무를 수행
하기 위하여 별도의 회계규칙을 적용하고 있다.[20] 동 회계규칙은 계산의
원칙으로 발생주의와 실현주의를 규정하고 있을 뿐 아니라, 손익계산서와
대차대조표를 작성하도록 함으로써 기업회계기준을 채택하고 있다.[21] 그러
나 보라매병원의 운영을 위해서 필요한 경우에는 서울시가 보조금을 교부
할 수 있도록 되어 있으며,[22] 시장이 지정하는 공인회계사의 결산감사를

---

17) 동부병원은 조직과 회계에 관하여 지방공기업법의 적용을 받지 않기 때문
　　에 엄격한 의미에서 볼 때 지방공기업은 아니다. 그러나 이것은 실제에 있
　　어서는 지방공기업으로 운영되고 있으므로 본 연구에서는 동부병원을 지
　　방직영기업의 형태에 속하는 것으로 다루었다.
18) 지방공기업법 제66조의 2 제1항.
19) 지방공사강남병원 회계규정 제2조.
20) 서울특별시립보라매병원 운영규정 제28조.
21) 서울특별시립 보라매병원 회계규칙 제18조 및 제20조.
22) 동 계약서 제13조.

받도록 되어 있다.[23)]

재정 및 회계제도에 관한 각 병원조직의 차이점은 다음과 같다. 먼저 일반회계를 적용하는 동부병원은 재정 및 회계와 관련된 모든 사항에 대해서 서울시 보건사회국의 지휘와 통제를 받도록 되어 있다. 따라서 동부병원은 예산의 편성에서부터 집행은 물론 결산에 이르기까지 서울시의 일반적인 통제를 받고 있다고 할 수 있다.

강남병원은 예산 및 결산 등에 관해서 정부투자기관 표준회계규정을 준용하고 있다.[24)] 이 규정에 따르면, 병원장이 편성한 예산은 이사회의 의결을 통하여 확정되며, 이사회의 의결만 얻으면 수정예산이나 준예산 및 계속비와 예비비 등도 병원장이 재량껏 운용할 수 있도록 되어 있다.

그러나 이러한 규정에도 불구하고 강남병원이 필요한 예산을 성립시키기 위해서는 이사회의 의결을 얻은 다음에 또다시 시장의 승인을 얻어야 한다.[25)] 매년도 사업계획의 확정이나 사업집행은 물론, 중요재산의 처분이나 초과수입금의 사용에 관해서도 시장의 승인을 받아야 한다.[26)] 이 밖에 결산에 관해서도 이사회의 의결을 거쳐서 시장의 승인을 얻도록 되어 있는 등 강남병원의 자율성은 매우 제약되어 있다고 할 수 있다. 그러나 강남병원은 시의회의 의결 없이 이사회의 의결과 서울시장의 승인만을 가지고 예산과 결산을 성립시킬 수 있다는 점에서 동부병원과는 다르다고 할 수 있다. 요컨대, 재무 및 회계제도 면에서도 강남병원이 동부병원과 구별되는 점은 지방의회의 정치적 통제를 받지 않는다는 점이라고 할 수 있다.

보라매병원의 경우에도 예산에 관해서 보라매병원 운영위원회의 심의와 서울시장의 승인은 받지만, 서울시 의회의 통제를 받지는 않는다. 예산의 배정과 재배정에 관해서는 서울대학교병원의 예산관리자가 담당하고 있으며, 예비비의 사용에 관한 권한은 보라매병원장에게 부여되어 있다.[27)] 또

---

23) 보라매병원위탁운영계약서 제2조 제3항.
24) 지방공사 강남병원 회계규정 제2조.
25) 지방공사 강남병원 조례 제16조와 17조 및 동 정관 제31조와 32조 등.
26) 지방공사 강남병원 정관 제25조 내지 제35조.
27) 서울특별시립보라매병원 회계규칙 제66조 및 제67조.

한 결산에 있어서도 동부병원은 시장의 승인을 얻도록 되어 있는 데 반해서 보라매병원은 서울대학교병원장의 승인을 얻은 다음 그 결과를 서울시에 제출하면 그만이다.[28]

　이와 같은 사실은 동부병원과는 달리 강남병원과 보라매병원은 정치적 과정에서 야기되는 비효율성을 감소시킴으로써 예산을 보다 탄력적이고 상업적으로 운영할 수 있을 것이라는 것을 예상케 해준다.

4. 내부운영통제

　연구대상 3개 병원에 대한 서울시의 통제양태의 차이는 병원조직 내부의 운영적 사안에 대해서도 찾아볼 수 있다. 동부병원의 운영에 관한 사항은 「서울특별시립병원운영규정」을 적용받는다. 동부병원은 시산하의 일개 사업소에 불과하기 때문에 인사와 재정상의 통제는 물론, 행정과 물자관리 등에 이르기는 모든 부문에 대해서 서울시 보건사회국 의약과의 통제를 받고 있다. 따라서 동부병원의 내부운영체제는 비권력적 행정작용과 다름없다고 하겠다.

　동부병원은 이사회나 운영위원회 등의 별도의 합의제 의사결정기구가 없이 원장이 모든 집행권을 가지고 있으나, 중요한 사항에 대해서는 서울시의 지휘, 통제를 받아 업무를 수행하도록 되어 있다.

　원장 밑에 하부조직으로서 서무과와 약제과 및 간호과가 있다. 각과별 업무분장 내역을 살펴보면, 서무과는 인사, 시설관리, 회계, 환자의 급량과 영양, 입퇴원과 진료비 수납업무 등 병원의 모든 관리업무를 처리하고 있다. 서무과장은 지방행정사무관으로 보하며, 원장이 사고로 인하여 직무를 수행할 수 없을 때에는 서무과장이 그 직무를 대행하도록 되어 있다.[29] 그 밖에 약품의 조제와 투약 및 약품과 의료장비에 대한 관리업무는 약제과가

---

28) 서울특별시립보라매병원 운영규정 제33조 및 동 회계규칙 제147조.
29) 서울특별시립병원직제규칙 제5조.

맡고 있고, 환자관리와 병실관리 업무는 간호과에서 담당하고 있다.

동부병원을 비롯한 서울시 산하의 각 시립병원에는 진료위원회를 설치하고, 동 위원회의 산하에 약사소위원회와 간호소위원회를 두도록 되어 있다.[30] 그러나 진료위원회는 진료업무를 효율적으로 수행하기 위한 심의기구에 불과할 뿐이고 병원경영에 관한 의사결정 기구는 아니다.

동부병원에 근무하는 구성원의 종류와 직급별 정원은 「서울특별시 지방공무원 정원규칙」의 적용을 받으며, 직제 및 정원에 관한 사항도 전적으로 시장의 권한에 속한다.

강남병원의 업무 및 운영에 관한 기본적인 사항은 조례로서 정하도록 되어 있다.[31] 따라서 강남병원의 내부운영에 관한 사항은 「지방공사 강남병원 조례」에 규정되어 있다.[32] 그러나 병원의 정원과 직제의 변경에 관한 사항에 대해서는 시장의 승인을 받도록 되어 있다.

상임이사인 관리이사와 진료이사 및 감사 등은 시장의 승인을 얻어 병원장이 임명하며 임기는 3년이고 연임할 수 있다. 다만, 당연직 비상임이사는 서울시 보건사회국장이 되며, 재직기간동안 임기가 지속된다. 관리이사는 병원장의 명을 받아 병원 경영계획의 수립과 그 실시에 관한 사항을 분장하고, 병원의 조직, 인사, 관재, 재무회계, 시설운영 및 안전관리 등 병원운영에 관한 전반적인 업무를 담당한다. 또한 진료이사는 임상연구와 진료업무를 담당하며, 이에 수반되는 시설을 사용 관리하고 그 소속직원의 업무를 지휘 감독한다. 병원장이 유고됐을 경우에는 관리이사, 진료이사, 당연직 상임이사의 순으로 그 직무를 대행한다.[33]

시장 승인하에 병원장이 임명하는 감사의 임기는 2년이며, 이사회에 출석하여 진술할 수 있는 권한을 가진다. 감사는 정관의 규정에 따라 병원 재정사항과 회계 등에 관한 업무를 담당하며, 감사 결과를 이사회와 시장

---

30) 서울특별시립병원운영규정 제16조.
31) 지방공기업법 제49조.
32) 지방공사 강남병원 설치조례.
33) 지방공사강남병원 정관 제8조.

에게 보고하도록 되어 있다. 강남병원은 감사실이라는 감시기구를 설치 운영함으로써 주요업무에 대한 내부통제 제도를 가지고 있다.

보라매병원은 서울대학교병원에게 위탁하여 운영하고 있기 때문에 「서울특별시립병원 직제규칙」에 의거하여 조직되고 있다는 점에서는 동부병원과 동일하지만, 병원운영에 있어서는 「서울특별시립병원 운영규정」이 아니라 「보라매병원 위탁운영계약서」에 근거한 별도의 규정들이 적용된다. 따라서 보라매병원은 위탁경영 이전의 조직체계에 서울대학교병원의 조직체계가 가미된 형태로 운영되고 있다고 할 수 있으며, 이것은 서울특별시립 영등포병원 위탁운영에 관한 조례와 동병원 위탁운영계획서 및 위탁운영후 새로이 제정된 병원운영 규정에 반영되어 있다.

병원장 아래의 하부조직으로는 진료부와 관리부가 있다. 진료부는 1의무장, 19개 진료과, 10실 3센터, 2과 4실 2계로 구성되며, 교육기능과 진료기획 기능을 충실히 수행하기 위해서 교육담당과 진료기획담당을 별도의 기구로 설치 운영하고 있다. 진료부장은 겸직교수나 임상 교수요원 또는 전담의사로 보하며, 병원장의 명을 받아 진료, 교육, 연구 및 이에 수반되는 진료시설을 관장하고 그 소속직원의 업무를 지휘 감독한다. 또 진료부장은 병원장 유고시 직무대행을 할 수 있는 1차적 지위에 있다.[34] 한편 관리부는 기획과, 서무과, 관리과의 3개과와 원무, 시설, 보험, 예산 등 4개계로 구성되어 병원행정의 전문성을 기할 수 있는 조직형태를 갖고 있다. 1급직원인 관리부장은 병원의 사업계획, 예산 및 병원의 인사, 관재, 회계, 시설운용 및 안전관리 등에 관한 업무 등을 담당한다.

---

34) 보라매병원 운영규정 제15조에 따르면, 보라매병원장의 유고시에는 진료부장이 그 직무를 대행하며, 진료부장도 유고될 경우에는 서울대학교 병원의 원장이 지명하는 자가 병원장의 직무를 대행하도록 되어 있다.

제2절 대상병원의 조직특성

앞서의 제1절에서는 연구대상 3개 병원에 대한 서울시의 통제양태가 다르다는 점을 살펴보았다. 이처럼 병원조직에 대한 정부의 통제양태가 달라지면 병원조직의 자원능력과 관리특성에도 차이가 나타나게 되는데, 이러한 요소들은 각 병원조직의 경영성과에 직접적인 영향을 미친다. 따라서 병원조직에 대한 정부의 통제양태가 성과차이에 미치는 영향을 분석하기 위해서는 각 병원조직의 자원능력과 관리특성을 살펴볼 필요가 있다.

1. 자원능력

병원조직의 자원은 각 병원조직이 보유한 병상수와 인력, 진료과목 및 의료장비 등이 주요한 것들이라고 할 수 있으므로 여기서는 이를 중심으로 살펴보기로 한다.

1) 병상규모와 유형

병원의 규모는 병상규모나 장비규모 또는 인력규모 등에 의해서 측정할 수 있는데, 병원의 규모를 측정하기 위해서 가장 일반적으로 사용되는 지표는 병상규모이다. 병상규모는 병원조직의 환자수용능력을 의미하기 때문에 병상규모에 따라서 진료과목이나 장비규모 및 해당 병원을 이용하는 환자수가 달라지며, 그 결과 경영성과에도 많은 차이가 나타날 수 있다.[35]

한편, 다인실 병상을 이용할 때보다 1인실 병상을 이용할 때 진료비가 더 높아지는 것이 일반적이기 때문에 병원조직은 수익성을 높이기 위해서

---

[35] 이러한 관점은 병원조직에 있어서 규모의 경제가 작용한다는 것을 전제로 하는 것이라고 할 수 있다.

다인실 병상을 최소화하려는 경향이 있다. 그러나 이런 경우에는 병상부족 현상으로 대기환자가 증가하게 되는데, 이런 문제점을 방지하기 위해서 보건복지부는 「의료보험요양급여기준」에서는 전체 병상수의 50% 이상을 기준병실(통상 6∼10인실)로 확보하도록 규정하고, 이러한 병실에 대해서는 기준병실료만을 청구할 수 있도록 하고 있다. 이러한 사실은 병상규모가 동일하다고 하더라도, 다인실 병상의 비중에 따라서 병원조직의 경영성과에 영향이 달라질 수 있다는 점을 설명해 준다.

그러나 이 규정은 환자의 이익을 보호하기 위해서 최소한의 요건만을 규정한 것이기 때문에 각 병원이 6인실 이하의 병실에 대해서 기준병실료를 적용하는 것은 아무런 문제가 없다. 본 연구의 대상사례인 각 병원이 기준병실료를 적용하는 기준도 모두 다르기 때문에 다인실 병상의 비중이 경영성과에 미치는 영향을 파악하기 위해서는 기준병실료가 적용되는 병실과 상급병실을 구분할 필요가 있다.

동부병원과 보라매병원은 모두 서울특별시립병원 수가조례의 적용을 받는데, 이 조례에서는 기준진료비 이외의 별도의 병실료를 부과할 수 있는 상급병실을 특실과 3인실 이하의 병실로 규정하고 있다. 이들 병원과 달리 강남병원은 별도의 수가규정을 두고 있으며, 이 규정에 따라서 특실과 1∼2인실에만을 상급병실료를 적용하고 있다. 이러한 기준에 따라 각 병원의 병상운영 현황을 살펴보면 다음과 같다.

동부병원의 대지면적은 5,364.4m^2(1,622.7평)이고, 건물면적은 8,263m^2(2,504평)로 현재 동부병원의 병상운영 현황은 다음의 〈표 3-1〉에 제시되어 있다.

〈표 3-1〉 동부병원의 연도별 병상운영 현황

(단위: 병실수)

구 분	1993	1994	1995	1996	1997현재
1인실	5(5)	5(5)	5(5)	5(5)	5(5)
2인실	3(6)	3(6)	3(6)	3(6)	3(6)
3인실	10(30)	10(30)	10(30)	10(30)	10(30)
4인실	2(8)	3(12)	3(12)	3(12)	3(12)
5인실	3(15)	3(15)	3(15)	3(15)	3(15)
6인실	10(60)	10(60)	10(60)	10(60)	10(60)
7인실	4(28)	4(28)	4(28)	4(28)	4(28)
8인실	6(48)	6(48)	6(48)	6(48)	6(48)
계	38(200)	39(204)	39(204)	39(204)	39(204)

주: 괄호 안의 숫자는 병상수
자료: 동부병원.

이 표를 살펴보면, 1996년 말 현재 동부병원의 병상수는 204병상이고, 1994년에 4개의 병상이 증가된 것을 제외하면 병상규모는 고정되어 있음을 알 수 있다. 병실의 유형별 구성을 살펴보면, 별도의 병실료를 적용하는 상급병실은 41개 병상으로 전체 병상의 20%이고, 나머지 80%인 163병상은 기준병실로 운영하고 있다.

동부병원이 시설이나 병상규모를 확충하여 장기적 발전을 기할 수 없었던 이유는 건물이 노후하고 협소하다는 점에 직접적인 원인이 있다. 이런 문제를 해결하기 위해서 동부병원은 현재의 위치에 새로운 건물을 신축하고 있으며, 이를 위해 1997년 9월부터 예전의 경찰병원이 위치해 있던 자리로 이전하여 진료업무를 수행하고 있다. 새로운 건물은 현재의 지하 1층 지상 3층 규모에서 지하 3층 지상 6층으로 확장하여 2000년 6월에 준공할 예정이다. 신축병원이 완공되면 병원의 연건평은 6,000평 정도로 확충될 예정이지만, 병상규모를 확대할 계획은 가지고 있지 않다.[36]

---

36) 서울시 보건사회국, 96주요업무계획.

강남병원의 대지면적은 6851.5평이고, 연건평은 7,642.9평 이다. 다음의 〈표 3-2〉에 나타난 것처럼 공사로 전환되기 이전인 1982년과 비교할 때 대지면적에는 아무런 변화가 없었지만, 시설면적은 연차별로 많이 확충되었음을 알 수 있다. 이러한 변화는 서울시와 경영진이 강남병원의 현대화를 위하여 많은 노력을 한 결과라고 할 수 있다.

〈표 3-2〉 강남병원 시설현황

(단위: 평)

구 분	1982	1993	1994	1995	1996	1997현재
대 지	6,851.5	6,851.5	6,851.5	6,851.5	6,851.5	6,851.5
건 물	3,620.5	6,171.5	6,382.7	6,615.3	7,094.8	7,642.9

자료: 강남병원.

시설확충이 활발하게 일어남에 따라서 병상규모에 있어서도 많은 진전이 이루어졌다. 공사로 전환되기 이전에 강남병원은 259병상에 불과하였으나, 1996년까지 420병상을 유지하다가 1997년에 40병상을 늘려서 현재의 460병상 규모를 유지하고 있다. 또한 병실의 유형에 있어서 상급병실료는 적용하는 2인실 이하의 병상은 모두 74병상으로 전체 병상수의 16.1%이며, 나머지 386병상에 대해서는 모두 기준병실료만을 적용하고 있다.

〈표 3-3〉 강남병원의 연도별 병상운영 현황

(단위: 병실수)

구 분	1993	1994	1995	1996	1997현재
1인실	28(28)	28(28)	28(28)	28(28)	32(32)
2인실	21(42)	21(42)	21(42)	21(42)	21(42)
3인실	-	-	-	-	-
5인실	-	-	-	-	-
6인실	49(294)	49(294)	49(294)	49(294)	55(330)
8인실	7(56)	7(56)	7(56)	7(56)	7(56)
계	105(420)	105(420)	105(420)	105(420)	115(460)

주1: 괄호 안은 병상수
주2: 중환자실 20병상은 제외
자료: 강남병원.

한편 보라매병원의 대지면적은 13,233m²이고, 연건평은 34,207m²이다. 91년에 현재의 건물을 신축·이전한 이후 병원의 현대화를 위해 지속적으로 노력해 왔으며, 특히 1996년에는 시설 면에서 많은 발전이 이루어졌다.

〈표 3-4〉 보라매병원 시설규모

(단위: m²)

구 분	1993	1994	1995	1996	1997현재
대 지	13,233	13,233	13,233	13,233	13,233
건 물	23,197	23,197	23,201	34,207	34,207

자료: 보라매병원.

보라매병원의 연차별 병상 운영상황은 다음의 〈표 3-5〉와 같다. 이 표를 살펴보면, 1996년 말 현재 보라매병원의 병상규모는 총 495병상이다.[37] 병상규모의 변화를 살펴보면, 1994년과 1996년에 각각 26병상과 70병상이 증가하였으며, 1997년에는 다시 39병상이 증가하여 1993년 이래 모두 135병상이 증가하였음을 알 수 있다. 병실의 유형을 보면, 상급병실료를 적용하는 3인 이하의 병상수는 66개로서 전체의 13.3%에 불과하고, 나머지 86.7%인 429병상은 기준병상으로 운영하고 있다.

〈표 3-5〉 보라매병원의 연도별 병상운영 현황

(단위: 병실수, 병상수)

구 분	1993	1994	1995	1996	1997 현재
1인실	3(3)	9(9)	9(9)	9(9)	11(11)
2인실	15(30)	25(50)	25(50)	25(50)	26(52)
3인실	1(3)	1(3)	1(3)	1(3)	1(3)
5인실	56(280)	56(280)	56(280)	70(350)	77(385)
6인실	2(12)	2(12)	2(12)	2(12)	2(12)
8인실	4(32)	4(32)	4(32)	4(32)	4(32)
계	81(360)	97(386)	97(386)	111(456)	121(495)

주1: 노인병동의 병상수 포함.
주2: 괄호 안은 병상수
자료: 보라매병원.

2) 인력규모와 유형

의료수요는 의사에 의해서 창출되기 때문에 병원조직이 보유한 의료인력은 병원조직의 경영성과를 높일 수 있는 핵심적인 요인이 된다고 할 수 있다.[38] 반면에 병원조직의 환자진료사업은 노동집약적인 특성을 갖고 있

---

37) 보라매병원의 허가병상수는 모두 515병상이지만, 본 연구에서는 일반병상을 기준으로 하였으므로 20병상의 신생아실은 제외하였다.
38) 시장에서의 수요는 소비자에 의해서 결정되는 것이 원칙이지만, 의료산업의 경우에는 의료서비스의 소비자인 환자가 아니라 공급자인 의사에 의해서 수요가 결정되는 특징을 갖는다. Rudolf Klein, Performance, Evaluation and The NHS: A Case Study in Conceptual Perplexity and Organizational Complexity, *Public Administration*, 1982, Vol., 60, p.386.

기 때문에 병원조직이 인력자원을 효율적으로 활용하지 못할 경우에는 병원의 경영성과에 치명적인 영향을 미칠 수도 있다. 이러한 관점에서 여기서는 각 병원조직의 인력규모와 유형에 대해서 살펴보고자 한다.

동부병원의 정원은 241명으로 100병상당 인력은 118.1명이다. 이를 직종별로 살펴보면, 100병상당 의료직 인력은 29.9명이고, 관리직 인원은 8.3명이다. 강남병원과 보라매병원의 정원은 각각 619명과 745명인데, 이를 동부병원의 경우와 동일한 방법으로 계산한 100병상 인력은 각각 134.6명과 150.0명이다. 이를 직종별로 살펴보면, 강남병원과 보라매병원의 100병상당 의료인력은 각각 33.5명과 30.5명이고, 관리직 인력은 각각 23.0명과 12.7명이다.

이와 같은 결과에 비추어 보면, 병상당 인력규모는 보라매병원이 동부병원이나 강남병원보다 상대적으로 더 많다고 할 수 있다. 또한 직종별 인력을 살펴보면, 의료직의 경우에는 강남병원이 33.5명으로 가장 많았고, 동부병원이 29.9명으로 가장 적었다. 관리직의 경우에는 동부병원이 8.3명으로 가장 적었고, 강남병원이 23.0명으로 가장 많다는 것을 알 수 있다.

〈표 3-6〉 병원별 인력규모 비교(1996년)

(단위: 명, 병상)

구 분	정 원			병상수	100병상당 인력		
	전 체	의료직	관리직		전 체	의료직	관리직
동부병원	241	61	17	204	118.1	29.9	8.3
강남병원	619	154	106	460	134.6	33.5	23.0
보라매병원	745	151	63	495	150.0	30.5	12.7

자료: 각 병원 내부자료에서 재구성.

병원조직의 핵심적인 인력이라고 할 수 있는 의료직과 관리직에 있어서 보라매병원이 강남병원보다 적으면서도 전체적인 인력에서는 더 많아진 이유는 강남병원과는 달리 고용직 인력을 포함하고 있기 때문이다. 이러한 문제점 때문에 보라매병원은 이러한 업무를 외부에 용역을 주어서 처리할 계획이다.

이러한 결과는 정원을 기준으로 한 것이기 때문에 실제로 각 병원의 의료서비스를 공급하는 데 소요된 인력을 나타낸 것은 아니다. 이런 관점에서 각 병원의 실제 인력규모를 살펴볼 필요가 있다. 동부병원의 정원은 241명이지만, 실제로 근무하고 있는 인원은 216명으로 충원율은 89.6%이다. 이를 직종별로 살펴보면, 전문의와 전공의를 합친 의료직의 정원은 61명이지만 실제로 재직하고 있는 인원은 41명에 불과하다.[39] 따라서 동부병원 의료직의 충원율은 67.2%로 전체 충원율인 89.6%를 훨씬 하회하는 것으로 나타나고 있으며, 이 밖에 약무직의 충원율이 87.5%에 불과한 실정이다. 이에 반해서 간호직과 의료기술직의 충원율은 각각 97.7%와 90.5%로 나타나고 있어 전체 충원율보다 훨씬 높은 것으로 나타나고 있다.

〈표 3-7〉 동부병원 인력현황(1996년)

(단위: 명, %)

구 분	전 체	의료직	간호직	약무직	의료기사	관리직	기타
정 원	241	61	84	8	21	17	50
현 원	216	41	82	7	19	15	52
비 율	89.6	67.2	97.7	87.5	90.5	88.2	104.0

주: 의료직에는 전공의 정원 33명은 포함하였으나, 기능직은 제외하였음.
자료: 동부병원 내부자료.

강남병원의 정원은 이사장을 포함하여 모두 619명이고 현원은 599명으로 충원율은 96.8%이다. 이를 직종별로 살펴보면, 의료직이 154명 정원에 142명이 재직하고 있어 92.2%의 높은 충원율을 나타내고 있다.[40] 이에 반해서 간호직의 경우에는 204명 정원에 201명이 근무하고 있어 98.5%의 충

---

39) 병원장은 전문의 자격을 가지고 있지만, 실제로 진료에 참여하고 있지 않을 뿐 아니라, 전문직 공무원이 아니기 때문에 관리직의 인원에 합산하였다.
40) 의료직 전체 인력 154명 가운데 전문의 정원은 52명이고, 나머지 102명은 전공의 정원이다.

원율을 나타내고 있으며, 의료기사와 관리직은 거의 완전하게 충원되어 있는 상태이다.

〈표 3-8〉 강남병원 인력현황(1996년)

(단위: 명)

구 분	전 체	임 원	의 료 직	간 호 직	약 무 직	의료기사	관 리 직	기 능 직
정 원	619	4	154	204	13	45	106	93
현 원	599	4	142	201	12	45	105	90
비 율	96.8	100.0	92.2	98.5	92.3	100.0	99.1	96.8

주: 의료직에는 전공의 정원 102명은 포함하였으나, 기능직 93명은 제외하였음.
자료: 강남병원 내부자료.

보라매병원은 745명의 정원 가운데 654명만이 근무하고 있어 충원율은 87.8%로 나타났다.[41] 이들의 직종별로 살펴보면, 전문의와 전공의를 합친 의료직이 151명 정원에 127명이 재직하고 있어 84.1%의 충원율을 보여주고 있다.[42] 간호직의 충원율은 98.3%로서 매우 높게 나타났으며, 사무기술직은 보라매병원의 평균 충원율인 87.8%보다도 훨씬 낮은 63.5%로 나타나고 있다.

---

41) 의사직 숫자는 병원장 등 겸직교수가 포함된 것이며, 강남병원과의 일관성을 확보하기 위하여 사무직에는 기술직과 전산직을 포함시켰다. 같은 논리에서 간호보조원 91을 강남병원과 같이 기능직에 포함시켰다.
42) 의료직 151명 가운데 전문의가 62명이고, 나머지 89명은 전공의다.

〈표 3-9〉 보라매병원 인력현황(1996년)[43]

(단위: 명)

구 분	전 체	의사직	간호직	약무직	보건직	사무직	기능직	고용직
정 원	745	151	235	20	75	63	130	71
현 원	654	127	220	14	62	40	115	76
비 율	87.8	84.1	93.6	70.0	82.7	63.5	88.5	107.0

자료: 서울특별시립 보라매병원.

　한편, 자원의 규모와 함께 자원유형이 경영성과에 영향을 미친다면, 이
것은 인적자원의 경우에도 타당하다고 할 수 있다. 특히 병원조직이 환자
에게 제공하는 의료서비스는 구성원들의 직접적인 노동력에 의해서 수행될
뿐 아니라, 사람의 생명과 건강을 다루는 병원업무는 긴급을 요하기 때문
에 병원조직이나 구성원의 사정에 따라서 업무를 지체시키기 어렵다. 또한
환자진료에 필요한 전문성을 유지·발전시켜 나가기 위해서는 첨단 의료기
기와 의학의 발달에 뒤쳐지지 않도록 지속적인 노력이 요구된다. 이러한
병원업무의 특성은 병원조직의 구성원들에게 많은 노동강도를 요구할 뿐
아니라, 업무스트레스를 유발시키는 원인으로 작용하기 때문에[44] 구성원들
의 연령 등이 중요한 요인이 된다.

　다음의 〈표 3-10〉은 연구대상 3개 병원에서 근무하고 있는 구성원들의
직종별 평균연령을 나타낸 것이다. 이 표를 보면 동부병원은 구성원들의
평균연령 면에서 39.3세로 강남병원과 보라매병원이 28.4세와 31.1세보다
높게 나타났는데, 이의 원인은 의료기사나 관리직보다 특히 전문의와 간호
사들의 평균연령이 높기 때문이라고 할 수 있다.

---

43) 다른 병원과의 일관성을 유지하기 위하여 의료직에는 전공의 정원 89명(현
　　원 69명)을, 사무직에는 기술직을, 의료지원직에는 보건직과 의공직을 각각
　　포함하였으며, 기능직과 고용직 110명과 간호조무사 91명은 제외하였다.
44) 박상용, 병원 인사관리자의 직무의식 및 인사제도 조사연구, 대한병원협회
　　지, 1994, 제23권 7·8호, 45면.

106

<표 3-10> 직종별 평균연령 비교(1996년)

(단위: 세)

구 분	전 체	전 문 의	간 호 사	의 료 기 사	관 리 직
동부병원	39.3	42.9	38.9	36.7	38.2
강남병원	32.0	37.5	28.6	34.5	36.0
보라매병원	31.1	38.7	28.1	31.8	35.9

자료: 각 병원 내부자료.

각 병원조직의 연령별 구성비를 직종별로 살펴보면, 이러한 차이가 어디서 비롯된 것인지를 쉽게 확인할 수 있다. 다음의 <표 3-11>은 각 병원조직 구성원들의 연령분포를 직종별로 구분해 놓은 것인데, 이 표를 보면 동부병원의 경우에는 50세 이상의 전문의가 전체의 41.2%에 달하고 있음을 알 수 있다. 이것은 강남병원과 보라매병원의 전문의 가운데 50대 이상의 비중이 3.9%와 5.1%에 불과하다는 점과 비교할 때 매우 높은 수치로서, 이 때문에 동부병원은 50대 이하의 전문의 비중에서는 강남병원과 보라매병원에 미치지 못하고 있다.

이러한 경향은 간호사의 경우에도 동일하게 나타나고 있다. 강남병원과 보라매병원의 경우 간호인력 가운데 20대 인력의 비중이 70% 수준에 달하고 있다. 이에 비해서 동부병원은 20대 간호인력이 17.2%에 불과한 반면에 30대~50대의 비중에서는 강남병원과 보라매병원보다 높게 나타나고 있는 것이다. 그러나 관리인력의 구성비 면에서 각 병원 간에 별다른 차이가 발견되지 않고 있다. 따라서 동부병원의 경우에 구성원들의 평균연령이 강남병원이나 보라매병원보다 높게 나타난 것은 전문의와 간호사 및 의료기사 때문이라고 할 수 있다.

〈표 3-11〉 직종별 년령분포 비교(1996년)

(단위: 세, %)

구 분		평균연령	연 령 별 분 포			
			20대	30대	40대	50대 이상
전체	동부	39.3	14.5	37.7	29.0	18.8
	강남	28.4	45.3	36.3	15.0	3.4
	보라매	31.1	55.1	32.6	9.7	2.6
전문의	동부	42.9	5.9	41.2	11.8	41.2
	강남	37.5	9.8	54.9	31.4	3.9
	보라매	38.7	0.0	71.2	23.7	5.1
간호사	동부	38.9	17.2	34.5	34.5	13.8
	강남	28.6	66.5	24.0	8.0	1.5
	보라매	28.1	75.3	18.5	5.3	0.9
의료기사	동부	36.7	18.2	54.5	18.2	9.1
	강남	34.5	24.4	55.6	15.6	4.4
	보라매	31.8	54.8	33.9	8.1	3.2
관리직	동부	38.2	16.7	25.0	50.0	8.3
	강남	36.0	27.4	44.0	21.4	7.1
	보라매	35.9	17.1	57.1	17.1	8.6

자료: 각 병원 내부자료.

3) 진료과목

진료과목도 병원조직의 경영성과에 영향을 미치는 요인이다. 병상규모나 인력규모가 규모의 경제 효과를 갖는다면, 진료과목은 범위의 경제효과 (economy of scope)를 갖는다고 할 수 있다. 시민의 보건향상이라는 점에서 진료과목별 우열이 있을 수는 없지만, 진료과목에 대한 구성원들의 선호도와 의료장비 등이 다르고, 의료서비스를 수혜 받는 시민들 사이에서도 일종의 인기진료과목이 존재하는 것이 엄연한 현실이다. 이와 같은 관점에서 여기서는 연구대상 3개 병원이 현재 운영하고 있는 진료과목을 비교해 보고자 한다.

　동부병원은 시립병원으로서 진료과목에 관한 사항에 대하여 서울시립병원직제규정의 적용을 받는다. 1993년 3월에 개정된 시립병원직제규정에 따르면, 동부병원은 내과를 비롯한 16개의 진료과목을 설치하도록 되어있었으며, 1997년 5월에 직제규정을 개정하여 일반내과 2개과를 신설·확충함으로써 동부병원이 운영할 수 있는 진료과목은 모두 18개 과목으로 늘어나게 되었다. 그러나 현재 동부병원이 실제로 운영하고 있는 진료과목은 신경외과와 피부과를 제외한 14개 과목에 불과하다. 동부병원의 경우에 직제규정상 진료과목을 18개 과목까지 증과하여 운영할 수 있도록 되어 있음에도 불구하고 실제로는 이러한 진료과목들을 모두 운영하지 못하고 있는 실정인 것이다.

　강남병원은 지방공기업법에 의거하여 설립되었기 때문에 동부병원과는 달리 진료과목이나 직제 등에 대해서 서울시립병원직제규정의 적용을 받지 않고, 자체의 직제규정을 적용하고 있다. 지방공사로 전환할 당시에 17개 진료과로 출발하였으나, 1984년 2월에 21개 진료과를 운영할 수 있도록 허가받았다. 1987년 6월에는 마취과와 재활의학과 및 고압산소치료실을 설치하여 24개 진료과목으로 확대되었고, 1990년 12월에 흉부외과를 증설하여 현재 강남병원의 진료과목은 모두 25개과에 달하고 있다.[45]

　보라매병원도 서울대학교에 위탁하기 이전에는 서울시립병원 직제규정의 적용을 받아왔으나, 1995년에 서울시립병원 직제규정이 개정됨에 따라 보라매병원은 이 규정의 적용대상에서 제외되어 있다. 위탁당시 보라매병원은 진료부 아래 18개 진료과목 이외에 예방의료실과 응급의학실을 두고 있었다. 위탁 이후 보라매병원은 진료부아래 19개 진료과를 운영하고 있다.

---

45) 강남병원의 성장세는 병상규모나 진료과목 이외에 자본금 규모를 통해서 살펴볼 수도 있다. 강남병원의 설립 당시 자본금은 150억 원에 불과하였으나, 낙후 시설과 의료장비의 보강 및 응급진료체계의 개선을 위하여 1990년 12월에 자본금을 200억 원으로 증액하였고, 1994년 10월에는 강남병원의 수준 향상에 필요한 시설과 장비를 보강하기 위하여 또 한번 자본금을 증액하여 현재 강남병원의 자본금은 300억 원에 달하고 있다. 지방공사 강남병원 설치조례 제2677호(90. 12. 29개정). 및 동조례 제3100호(94. 5. 20개정).

진료과목의 수적인 면에서 보라매병원이 강남병원보다 적은 것으로 생각할 수 있으나, 부속기관으로 응급의학실이나 인공심실 등의 10실 3센터가 사실상 진료과의 부족한 점을 보완하고 있어 실제에 있어서는 강남병원보다 더 다양한 진료활동을 하고 있다고 할 수 있다.

4) 의료장비 보유도

최근 들어 고가 의료장비의 보유 정도가 병원조직의 경영성과에 미치는 영향이 점차 증대되고 있다. 의료보험의 전국적 확대실시에 따라 의료수가가 낮아졌으며, 이는 병원조직의 재정적 어려움을 가중시키는 요인으로 작용하고 있다. 다른 한편으로 의료기술이 발달함에 따라서 과거에는 치료할 수 없었던 질병들도 CT(Computed Tomography Scanner), MRI(Magnetic Resonance Image), RI(Ratio Isotope), 초음파진단장치 등과 같은 최첨단 의료장비를 이용하여 치료율을 높일 수 있게 되었다. 또 소득과 지식수준이 향상됨에 따라 환자들도 질병의 완치를 위해서 고가의 의료장비를 활용하려는 경향이 증가하고 있다. 이와 같은 고가 의료장비는 의료보험수가를 적용받지 않기 때문에 의료보험제도의 수가통제로 재정적 어려움에 당면한 병원조직에게는 매우 커다란 매력이 될 수 있다.

이처럼 고급화된 의료수요에 부응하려는 경향으로 인해서 병원조직은 점차 대형화되는 경향이 있으며, 이에 따라서 병원조직들 사이에서도 첨단 의료장비를 확보하는 것이 병원경영의 관건이 되고 있다. 그러나 이러한 최첨단 의료장비는 고가일 뿐 아니라, 의료기술의 급속한 발전으로 장비의 수명이 매우 짧은 경향이 있다. 따라서 병원조직이 경쟁력을 유지하기 위해서는 최신 의료장비가 개발될 때마다 이를 도입하지 않을 수 없기 때문에 병원조직의 의료원가가 지속적으로 상승하게 된다. 이런 점을 고려할 때, 의료장비는 병원조직의 경영성과에 영향을 미치는 중요한 요인이 된다.

일반적으로 병원조직이 보유한 의료장비 가운데 고가의료장비로 분류되는 것은 구입가격이 5천만 원 이상인 의료장비를 지칭하는 것으로 알려져

110

있다. 이러한 기준에 따라 연구대상 3개 병원의 고가의료장비 보유현황을 살펴보면 다음과 같다.

먼저 동부병원이 보유하고 있는 5천만 원 이상의 고가의료장비는 엑스선 촬영기를 포함한 5종뿐이며, 이들 장비의 구입가격도 모두 4억6천만 원에 불과하다. 그 나마도 구입년도가 오래된 것뿐이며, 최근에 구입한 의료장비는 전무한 실정이다.[46]

이에 반해 강남병원이 보유하고 있는 5천만 원 이상의 고가의료장비는 감마카메라를 비롯하여 38종에 총구입가격은 47억 3천만 원에 달한다. 구입 시기별로 살펴보면, 지방공사로 전환된 이후인 1984년부터 1990년까지 10개 기종에 모두 14억 5천만 원 정도의 장비를 구입한 데 이어서 1991년부터 1996년까지 26개 기종에 31억여 원을 투자한 것으로 나타나고 있다.[47] 이러한 사실은 강남병원이 고가의료장비에 많은 투자를 하고 있음을 보여주는 것으로, 동부병원과는 상반되는 결과라고 할 수 있다.

한편 보라매병원이 보유하고 있는 5천만 원 이상의 고가의료장비는 MRI와 CT촬영기를 포함하여 모두 27종에 달하며, 구입가격의 총액도 무려 50억 원에 달하고 있다.[48] 따라서 장비규모에 있어서 보라매병원과 강남병원 간에는 별다른 차이를 발견하기 어렵다. 또한 이들 고가의료장비의 구입 시기를 살펴보면, 1990년 이전에 구입한 것은 3종류에 구입가격도 2억4천만 원에 불과하고, 대부분의 장비들은 보라매병원을 서울대학교 병원에 위탁 운영한 이후에 구입된 것으로 나타나고 있다. 1997년 한해에 구입한 장비만도 모두 16종에 구입가격도 31억 원을 상회하고 있으며, 그 나머지 장비들도 대부분 최근의 몇 년 사이에 구입한 것으로 나타나고 있다.[49] 이와 같은 사실은 강남병원이 1997년에 2개 종류에 단지 1억 3천만 원 정도만을 투자한 것과 대비되는 것이라고 할 수 있다.

---

46) 동부병원 내부자료.
47) 강남병원 고정자산 대장.
48) 보라매병원 고장자산 대장.
49) 보라매병원 내부자료.

동부병원과 달리 강남병원과 보라매병원이 이처럼 첨단 의료장비를 도입할 수 있었던 이유는 장비도입에 필요한 재원을 서울시가 보조해 주고 있기 때문이다. 보라매병원의 시설과 장비 등은 모두 서울시가 소유하고 있으며, 서울대학교에 위탁을 의뢰한 이후에도 의료장비 등 시설의 신규투자에 소요되는 경비는 서울시가 보조금을 교부하도록 되어 있다.[50]

이에 따라 서울시는 다음의 〈표 3-12〉에서 보는 것처럼 운영보조금 이외에 투자보조금을 매년 지급하고 있으며, 이러한 재원을 바탕으로 보라매병원은 첨단 의료장비를 도입할 수 있었다.

〈표 3-12〉 보라매병원의 연도별 재정보조금 내역

(단위: 백만 원)

구 분	1993	1994	1995	1996	1997
운영보조금	570	600	670	1,400	2,831
투자보조금	771	546	2,692	1,331	2,870
기 타	1,341	1,146	3,362	2,731	5,701

자료: 보라매병원 시의회 제출자료. 1997.

강남병원의 경우에는 지방공사로 전환된 1984년부터 1990년 사이에 의료장비에 대한 투자가 집중되었기 때문에 서울시의 보조금 규모에 있어서는 보라매병원에 미치지 못하고 있다. 보라매병원은 1993년에 5억8천만 원, 1994년에 6억4천만 원, 1995년에 6억8천만 원, 1996년에는 7억1천만 원, 그리고 1997년에는 54억 5천만 원의 보조금을 각각 수령한 것으로 나타났다.[51] 1997년에 대규모의 보조금이 지급된 이유는 강남병원의 지속적인 자본잠식을 보완하기 위한 것이라는 것이 관계자의 설명이다.[52] 이러한 사실

---

50) 이 밖에 환자진료를 위해서 불가피한 재료비와 인건비도 보조할 수 있도록 되어 있다. 서울특별시립보라매병원위탁운영계약서, 제13조.
51) 강남병원 시의회 제출자료, 1997.
52) 강남병원 관계자 면접내용, 1998. 5.

은 서울시가 명시적인 보조금 이외에 자본금 증식을 통해서 강남병원에 재
정지원을 하고 있으며, 강남병원은 이를 통해서 의료장비에 대한 투자와
운영을 기해왔다고 할 수 있다.

　최근 들어 모든 병원마다 경영성과를 개선하기 위해서 첨단 의료장비를
도입하는 것이 일반화되고 있음을 고려할 때, 이러한 차이가 동부병원과
강남병원 및 보라매병원의 성과차이에 많은 영향을 미쳤을 것으로 예상할
수 있다. 따라서 이러한 차이가 나타나게 된 궁극적인 원인과 경영성과에
미친 영향을 분석할 필요가 있다.

2. 관리특성

　조직의 경영성과에 영향을 미치는 또 다른 요인은 관리특성이다. 여기서
관리특성이란 환자진료에 투입되는 다양한 요소들이 어떻게 배합되어 있는
가에 관한 문제로서, 이는 경제학에서의 생산함수에 해당하는 것이라고 할
수 있다.

　이것은 각 병원조직의 전문성과 관리노력에 의해서 결정되는데, 여기서
는 병원조직에 있어서 핵심적 인자라고 할 수 있는 전문의 확보율, 학회참
가 및 의학연구실적, 업무연속성, 관리농도, 리직률 및 활용 정보의 유형
등을 통해서 각 병원의 관리특성을 살펴보고자 한다.

　전문의 확보율과 학회 참가 및 의학연구실적, 업무연속성 등은 각 병원
조직의 전문성 수준을 측정하기 위한 것이고,[53] 관리농도와 이직률 및 활
용 정보의 유형 등은 관리노력을 파악하기 위한 것이다.

---

53) 의료직의 전문성은 해당 의사의 전문의로서의 활동기간이나 임상경험 또
　는 논문발표실적 등에 의해서 측정하는 것이 일반적이다.

1) 전문성

가. 전문의 및 전공의 확보율

이 지표는 각 병원조직이 확보하고 있는 의료인력의 전문성 수준을 측정하기 위한 것이다. 현재 의료인력에 대한 공급이 제한되어 있는 상황에서 대형병원들이 폭발적으로 설립되고 있는 추세이기 때문에 각 병원마다 의료인력을 확보하는 것이 초미의 관심사가 되고 있다. 이처럼 전문 인력이 부족한 경우에는 수련과정에 있는 전공의로 하여금 진료를 하는 경우가 발생할 수도 있다. 따라서 각 병원조직이 각 진료과목별로 확보하고 있는 전문의 비율은 병원조직의 전문성을 측정할 수 있는 기준이 된다.[54]

〈표 3-13〉 전문의 확보율(1996년)

(단위: 명)

구 분	진 료 과 목	전 문 의	과목당 전문의
동부병원	14	27	1.9
강남병원	25	50	2
보라매병원	19	58	3.1

자료: 각 병원 내부자료.

앞에 제시된 〈표 3-13〉은 1996년 말 현재 각 병원조직의 진료과목별 전문의 확보율을 나타낸 것이다. 이 표에 따르면, 보라매병원은 진료과목당 평균 3.1명의 전문의를 확보하고 있는 것으로 나타나고 있다. 이에 반해서 동부병원과 강남병원은 각과별 전문의가 1.9명에서 2.0명에 불과해 전문의 확보율 면에서 보라매병원에 크게 미치지 못하고 있음을 알 수 있다.

한편, 진료과목별 전공의 확보율의 경우에는 다음의 〈표 3-14〉에서 보는

---

54) 여기서 각 병원조직이 보유하고 있는 의료직 가운데 전문의와 전공의 비율을 통해서 병원조직의 전문성을 측정하기로 한 것은 본 연구의 초점이 개인이 아니라, 조직에 있다는 점을 고려한 것이다.

것처럼 보라매병원과 강남병원이 과목당 각각 3.8명과 3.7명의 전공의를 보유하고 있는 데 반해서, 동부병원의 경우에는 진료과목당 전공의가 한명에 불과한 실정이다.

〈표 3-14〉 전공의 확보율(1996년)

(단위: 명)

구 분	진 료 과 목	전 공 의	과목당 전공의
동부병원	14	14	1.0
강남병원	25	92	3.7
보라매병원	19	69	3.8

자료: 각 병원 내부자료.

이러한 결과를 고려할 때, 전문 인력 확보율에 있어서 보라매병원이 가장 우수하다고 할 수 있다. 강남병원의 경우에는 진료과목별 전문의 확보율에서는 보라매병원과 많은 차이를 보였으나, 전공의 확보율은 비슷한 것으로 나타났다. 따라서 진료해야 할 환자수가 비슷하다고 가정할 때, 강남병원은 환자진료에 전문의보다 전공의가 투입되는 비율이 더 많다고 예상할 수 있으므로 병원조직의 전문기술성 면에서는 보라매병원에 미치지 못한다고 하겠다. 동부병원의 경우에는 진료과목당 전문의 숫자는 물론이고, 전공의 확보율에서도 매우 열악한 상황이기 때문에 진료의 전문성을 확보하기는 매우 어렵다고 할 수 있다.

나. 학회참가 및 연구실적

관리기능을 효과적으로 수행하기 위해서는 필요한 지식이나 기술을 갖추어야 하는데,[55] 경제학에서는 이를 정보획득의 문제로 다루는 경향이 있

---

55) Robert L. Katz, Skills of an Effective Administrator, *Harvard Business Review*, 1955, pp.33~42.

다.56) 이러한 관점에 따르면, 전문기술성은 필요한 지식과 기술의 확보가능성(availability)에 의해서 많은 영향을 받게 된다. 최근 들어 첨단 의료장비가 급속도로 보급되고 이에 따라 의학기술과 지식이 급변하고 있다는 점을 고려할 때, 의료활동에 필요한 지식과 기술의 확보 가능성은 전문성을 확보하고 증진시키는 데 있어서 매우 중요한 요인이라고 할 수 있다. 이러한 관점에서 여기서는 학술세미나 등의 참가실적이나 학술논문 게재실적을 통해서 각 병원조직의 전문성 차이를 살펴보고자 한다.

다음의 〈표 3-15〉는 연구대상 3개 병원의 구성원들이 1996년도 한 해 동안 각종 세미나와 학회 등에 참가한 실적을 나타낸 것이다. 이 표를 보면, 동부병원의 경우에 각종의 학회나 세미나에 참가한 구성원은 전문직 의사뿐인 데 반해서 강남병원과 보라매병원의 경우에는 의료직은 물론 관리직 구성원들도 학회나 세미나에 참석하고 있다.57)

각 병원조직의 학회 및 세미나 참가실적을 구체적으로 살펴보면, 보라매병원의 의료직들은 학회 및 세미나에 1인당 평균 0.57회 참석함으로써 평균 0.05회와 0.07회에 그친 동부병원과 강남병원의 의료직보다 훨씬 높은 실적을 나타내고 있다. 그러나 관리직의 경우에는 강남병원이 1인당 평균 0.1회로 보라매병원의 0.05회보다 높은 참석률을 나타내고 있다.58)

---

56) Brian J. Loasby, The Organization of Capabilities, *Journal of Economic and Organization*, Vol. 35, 1998, p.143.
57) 이러한 경향은 간호사와 의료기사 및 약사들에게서도 나타나고 있으나, 여기서는 논의의 단순화를 위해서 병원조직의 핵심적 인자라고 할 수 있는 의료직과 관리직을 중심으로 설명하기로 한다.
58) 동부병원의 경우에는 전문직 의사들만이 학회 등에 참석하고 있는 데 반해서, 강남병원과 보라매병원의 경우에는 전문직 의사는 물론 간호사와 약사 및 의료기사 등도 학회참석률이 높은 것으로 나타나고 있다. 여기서는 단지 논의의 편의를 위해서 병원조직의 핵심적 인력이라고 할 수 있는 전문의와 관리직의 실적만을 비교한 것이다.

〈표 3-15〉 각종 세미나 및 학회 참가실적(1996년)

(단위: 회, 명)

구 분	의 료 직			관 리 직		
	참가실적	인 원	1인당 평균	참가실적	인 원	1인당평균
동부병원	2	41	0.05	-	15	-
강남병원	10	142	0.07	11	105	0.10
보라매병원	72	127	0.57	2	40	0.05

자료: 각 병원 내부자료.

연구활동을 통한 지식 및 기술 획득가능성은 각 병원조직 구성원들의 논문게재실적을 통해서 살펴볼 수도 있다. 다음의 〈표 3-16〉은 1996년 한 해 동안 각 병원조직의 학술논문 게재실적을 나타낸 것이다. 이 표를 보면, 동부병원과 강남병원의 경우에는 의료직만이 학술논문을 게재하고 있는 데 반해서 보라매병원의 경우에는 의료직은 물론 관리직도 학술논문을 게재하고 있음을 알 수 있다.

또한 병원조직의 핵심인력이라고 할 수 있는 의료직의 논문게재실적에 있어서도 보라매병원의 경우에는 72건으로 1인당 평균 0.57건의 논문을 게재한 데 비해서 동부병원과 강남병원의 의료직들은 1인당 평균 각각 0.1건과 0.24건의 논문을 게재한 것으로 나타나고 있다.

〈표 3-16〉 병원별 학술논문 게재실적 비교(1996년)

(단위: 건)

구 분	의 료 직			관 리 직		
	게재실적	인 원	1인당평균	게재실적	인 원	1인당평균
동부병원	4	41	0.10	-		
강남병원	34	142	0.24	-		
보라매병원	72	127	0.57	2	40	0.05

자료: 각 병원 내부자료.

이상의 결과를 볼 때, 특히 병원조직의 핵심적 인력이라고 할 수 있는 의료직의 경우에 보라매병원의 구성원들이 의료활동에 필요한 지식과 기술을 확보하고 증진시키기 위해서 많은 노력을 기울이고 있으며, 그 결과 의료전문성을 제고시킬 가능성도 매우 높다고 할 수 있다. 그러나 강남병원과 보라매병원의 관리직에 있어서 학회 및 세미나 참가실적과 학술논문 게재실적이 서로 엇갈린 결과를 나타내고 있어 이들 간의 전문성 차이는 뚜렷하게 나타나지 않고 있다.

동부병원의 의료직과 관리직들은 학회참가 실적과 논문게재 실적에 있어서 보라매병원이나 강남병원에 크게 미치지 못하는 것으로 나타나고 있다. 따라서 동부병원의 경우에는 의료활동에 필요한 전문성의 확보와 증진이라는 면에서 많은 문제가 있다고 할 수 있다.

다. 업무연속성: 평균근속기간, 현부서 근무기간 및 인적교류 빈도

병원조직의 구성원들이 수행하는 진료업무는 일상적으로 반복되는 것이 아니라 불확실한 상황에서 예기치 않은 역할을 요구하는 경우가 많기 때문에 전문적 교육과 함께 실무적 경험이 요구되며,[59] 이러한 특성 때문에 근무지가 변화되면 새로운 작업환경에 적응해야 하는 문제가 발생하기도 한다. 이런 관점에서 볼 때, 병원조직의 경우에 구성원들의 근속기간 및 현부서 근무기간 등이 중요한 측면이라고 할 수 있다.

다음의 〈표 3-17〉은 각 병원조직 구성원들을 직종별로 구분한 다음, 이들의 평균 근속연수를 나타낸 것인데, 이 표를 보면 동부병원 구성원들의 평균 근속기간은 10.7년으로 강남병원과 보라매병원의 6.7년과 5.9년보다 매우 긴 것으로 나타나고 있다. 이를 직종별로 나누어 보면, 의료기사와 관리직의 경우에는 별다른 차이가 발견되지 않는 반면에 전문의와 간호사의 경우에는 많은 차이가 나타나고 있다.

---

59) 이러한 현장 위주의 관행은 병원경영의 전문화가 이루어지지 못하는 하나의 원인으로 지적되기도 하는데, 이러한 문제점을 개선하기 위해서는 병원경영을 의사가 직접 담당하기보다 전문경영인을 도입해야 한다는 주장이 있다.

〈표 3-17〉 직종별 평균근속기간 비교(1996년)

(단위: 년)

구 분	전 체	전문의	간호사	의료기사	관리직
동부병원	10.7	9.0	11.7	9.5	10.9
강남병원	6.7	4.8	5.5	9.3	9.6
보라매병원	5.9	4.7	5.2	6.5	11.2

자료: 각 병원 내부자료.

구성원의 실무적 경험이라는 측면에서 근속연수와 함께 고려해야 할 또 다른 사항은 현부서 근무기간인데, 다음의 〈표 3-18〉은 각 병원조직 구성원들의 현재의 부서에서 근무한 평균기간을 직종별로 나타낸 것이다.

〈표 3-18〉 직종별 현부서 근무기간 비교(1996년)

(단위: 년)

구 분	전 체	전 문 의	간 호 사	의료기사	관 리 직
동부병원	3.1	7.4	2.2	2.6	0.7
강남병원	2.7	4.8	0.8	8.6	2.9
보라매병원	2.7	4.3	1.8	3.3	4.7

자료: 각 병원 내부자료.

이를 각 병원조직별로 비교해 보면, 동부병원이 3.1년으로 강남병원과 보라매병원의 2.7년보다 길다는 것을 알 수 있다. 이의 원인은 동부병원의 전문의와 간호사의 수치가 높았기 때문이라고 할 수 있다.

앞에서 살펴본 재직기간과 현부서 근무기간이 일치하지 않는 주된 이유는 구성원들이 인사교류를 하고 있기 때문인데, 이것은 병원조직의 특성이나 직종에 따라서 다르다.

전문의들은 각각의 전공분야에 따라서 근무하기 때문에 병원조직 내부에서 부서 간 이동을 할 가능성은 거의 없다. 이러한 사실은 강남병원의 경우에 전문의들의 근속기간과 현부서 재직기간이 일치하고 있다는 점을 통해서 확인할 수 있다. 이에 반해서 동부병원과 보라매병원의 경우에는 평균 근속기간보다 현부서 근무기간이 짧았는데, 이는 강남병원과 달리 서울시 산하의 다른 병원이나 서울대학교 본원과 인사교류를 하고 있음을 의미하는 것이라고 할 수 있다.

동부병원과 보라매병원의 관계에서는 보라매병원의 인사교류가 더욱 빈번한 것으로 나타나고 있는데, 이는 보라매병원과 서울대학교 본원이 모두 일반병원으로서 서울대학교가 보라매병원을 위탁하게 된 근본적인 취지가 임상경험을 제고하려는 데 있었다는 점을 통해서 쉽게 이해할 수 있다. 이와는 달리 동부병원을 제외한 서울시 산하의 다른 병원들은 특수병원으로서 진료과목 등이 서로 다르기 때문에 동부병원과 인사교류를 하는 데 일정한 한계가 있다. 이런 점을 고려할 때, 평균 근속기간이 상대적으로 긴 동부병원 전문의들의 현부서 재직기간이 길게 나타난 것은 당연하다고 할 수 있다.

현부서 근무기간에 차이를 미친 또 다른 요인은 간호인력인데, 이들은 병원조직의 구성원들 가운데 가장 많은 비중을 차지하는 것이 일반적이다. 따라서 비록 직종별 평균치에 있어서는 전문의에 비해서 상대적으로 그 차이가 적었지만, 병원조직 전체에 미치는 영향은 크다고 할 수 있다.

연구대상 3개 병원의 간호사들은 순환보직에 따라서 근무하는데, 동부병원의 간호사들은 주로 서울시 산하의 특수병원이나 보건소를 순환하면서 근무하는 것이 일반적이며, 병원 내의 인사교류는 거의 이루어지지 않는 편이다.[60] 동부병원에 비해 이들 특수병원과 보건소는 병원의 규모나 진료과목 등에 있어서 소규모이기 때문에 상대적으로 동부병원에 근무하는 기

---

[60] 박상룡의 연구에 따르면, 병원규모가 클수록 병원 내부의 직무전환을 위한 이동배치 빈도가 높은 것으로 나타났다. 박상룡, 전계논문, 53면. 이러한 관점에서 보면, 동부병원이 내부적인 인사교류를 시행하지 않는 것은 병상 규모가 상대적으로 작기 때문이라고 생각된다.

간은 길어지게 된다.

보라매병원도 서울대학교 병원과 순환근무를 하고 있지만, 병원규모나 진료과목 면에서 서울대학교 본원이 상대적으로 우월하기 때문에 동부병원과 같은 제약은 적다고 할 수 있다. 이에 비해서 강남병원은 독립된 병원조직이기 때문에 간호사들의 인사교류는 병원조직 내부에서 이루어지는 것이 일반적이다. 따라서 강남병원의 경우에도 동부병원과 같은 문제점은 거의 존재하지 않는다고 할 수 있다.

이처럼 연구대상 3개 병원에 있어서 간호인력의 인사교류가 상이하게 이루어진다는 사실은 실무적 경험을 중시하는 병원조직에 있어서 적응의 문제를 제기하며, 이로 인해서 구성원들의 전문성은 물론 경영성과에도 차이가 나타날 것이라는 점을 시사한다.

2) 관리노력

가. 활용 정보의 유형

병원조직의 관리노력은 업무에 활용되는 정보의 유형을 통해서 살펴볼 수도 있다. 일반적으로 다른 조직과의 비교가능성(comparability)이나 시장정보 등을 활용하기 위해서는 관례적인 정보를 사용할 때보다 더 많은 시간이나 불편함 등과 같은 비금전적 비용을 감수해야 하는 것으로 알려져 있다. 따라서 정보의 유형을 통해서 병원조직의 관리노력을 측정하기 위해서는 시장정보의 활용도와 정보의 비교가능성, 획득의 용이성, 상대적 가치 등의 측면에서 살펴볼 필요가 있다.[61]

---

61) 구성원의 노력을 측정하기 위한 전형적인 지표는 야간 및 초과근무시간이라고 할 수 있는데, 공공조직의 경우에는 이와 관련된 수당을 '나눠먹기' 식으로 지급하기 위한 근거로 활용할 뿐이기 때문에 해당 자료의 신뢰성을 확보하기 어려운 문제가 있다. 기존의 연구에서는 의료미수금의 회수 정도를 통해서 병원조직 구성원들의 노력을 측정하고 있으나, 지급주체인 국가나 지방자치단체의 재정상황에 따라서 의료미수금이 좌우되기 때문에 이를 통해서 병원조직의 관리노력을 측정하기에는 부적절하다. 또한 기존

병원조직이 필요로 하는 정보는 투입요소의 가격에 관한 정보, 수진서비스나 진찰비용 등과 같은 소비자 행동에 관한 정보, 다른 병원에서 지급하는 임금과 봉급 등에 관한 정보 등 환자진료에서부터 병원관리에 이르는 모든 과정에 걸쳐 있다. 여기서는 의약품 선정과정과 보수결정과정에서 각 병원조직이 활용하는 정보의 유형을 살펴보고자 한다.

연구대상 3개 병원은 환자진료에 필요한 의약품을 입찰방식을 통해서 구매하고 있는데, 이의 구체적인 방식에는 약간의 차이가 있다. 즉, 동부병원과 강남병원은 복지부가 규정하고 있는 성분을 함유한 모든 약품을 대상으로 입찰을 실시하는 데 반해서, 보라매병원은 복지부 규정에 제시된 약품 가운데 서울대학교 병원에서 자체적으로 실시한 검사에서 일정한 수준을 통과한 약품만을 대상으로 제한입찰을 실시하고 있는 것이다.

이처럼 의약품의 구매과정에 차이가 나타나게 된 원인은 의약품마다 약간의 차이가 있기 때문이다. 현재 병원조직이 환자진료에 사용하는 의약품의 종류에 대해서는 보건복지부의 통제를 받아야 한다. 즉, 복지부가 환자진료에 사용되는 약품의 성분을 적시하고, 이러한 성분이 함유된 약품만을 사용하도록 규정하고 있는 것이다. 그러나 특정한 증상을 치료하는 데 사용되는 약품의 성분이 동일하다고 하더라도 각 성분별 배합비율까지 동일한 것은 아니기 때문에 효과 면에서는 차이가 나타나게 된다. 특히 의약품의 경우에는 연구개발에 많은 비용이 소요되기 때문에 제약회사의 입장에서는 새로운 약품을 개발하기보다는 특허기간이 지난 의약품을 모방하는 것이 훨씬 유리한 결과가 된다. 병원조직의 입장에서는 이러한 의약품을 보다 저렴한 가격에 구입할 수 있지만, 환자의 진료라는 측면에서는 바람직하지 않다고 할 수 있다.

따라서 보라매병원이 제한입찰을 실시하는 근본적인 이유는 배합률이 다

의 연구에서 활용하고 있는 의료미수금 회전기간이나 회전율과 같은 지표들은 의료수입 중에서 의료미수금이 차지하는 비중을 토대로 산정하고 있는데, 의료수입이 감소하는 경우에는 의료미수금 회전기간이 짧아지게 되어 관리노력을 많이 기울인 것으로 잘못 판단할 우려가 있다.

른 저급약품을 배제시키기 위한 것이라고 할 수 있다. 병원조직의 기본적인 가치는 환자를 진료하는 데 있으며, 최선의 환자진료를 위해서는 올바른 진단과 처방 및 정확한 투약이 이루어져야 한다. 이런 점에 비추어 볼 때, 보라매병원은 동부병원이나 강남병원에 비해서 병원조직의 기본적 가치를 증진시키는 데 필요한 정보를 더 많이 활용하고 있다고 할 수 있다.

병원조직이 활용하는 정보의 유형은 보수결정의 기준을 통해서 살펴볼 수도 있다. 특히 보수는 병원조직이 구성원들에게 제공하는 가장 전형적인 경제적 유인이기 때문에 보수를 결정하는 데 활용되는 기준 등은 구성원의 노력도 제고라는 점에서 매우 중요한 의미를 갖는다. 여기서의 관심사항은 구성원들의 보수가 계급과 같은 명시적인 기준에 의해서 자동적이고 관례적으로 결정되는지, 혹은 구성원의 생산성과 같은 시장정보나 기술이나 전문성과 같은 다른 조직과의 비교 가능성에 의해서 결정되는지의 여부이다.

일반적으로 우리나라의 급여체계는 직급과 호봉에 의해서 결정되고 있으며, 이 점에 있어서 본 연구의 대상사례인 3개 병원들도 큰 차이는 없다. 다만, 병원조직의 경우 해당 전문 인력의 경력이나 전문성 등을 고려하여 급여를 결정하는 것이 일반적이며, 이는 주로 호봉체계를 통해서 반영되는 경향이 있으므로 여기서는 전문직 의사의 호봉체계를 중심으로 각 병원의 보수 결정기준을 살펴보았다.

동부병원의 전담의는 지방전문직 공무원으로서 이들의 채용조건과 임용절차 등에 대해서는 「지방전문직공무원규정」을 적용하지만, 보수에 대해서는 국가공무원의 보수에 관한 규정을 원용하고 있다. 즉, 전문직 공무원 중 전임전문직 공무원의 봉급월액은 국가공무원 보수규정에 규정된 한도액 안에서 당해 지방자치단체장이 정하는 금액으로 정하되, 해당기관의 예산확보 상황, 해당 공무원의 직무의 특수성 및 다른 공무원과의 형평성 등을 고려하여 적정한 금액으로 정하도록 규정하고 있는 것이다.[62]

이들은 계약직 공무원으로서 규정된 봉급 이외에 이들이 가진 전문성이

---

62) 지방공무원보수규정 제4조 제11항.

나 성과 등을 급여에 반영하지 않고 있다. 다만, 전문직 공무원의 신분을 가진 의사들을 임용할 때 전문의 자격을 소지한 자와 의사자격을 소지한 사람을 "가"급 전문직 공무원과 "나"급 전문직 공무원으로 각각 임용함으로써 보수의 기준으로 삼고 있을 뿐이다.

보라매병원의 전담의사는 「보라매병원 전담의사 임용규정」에 의거하여 임용되며, 이들의 보수는 「서울대학교병원 보수규정」과 「보라매병원 보수규칙」에 따라 지급된다. 보수결정에 관해서 동부병원과 강남병원은 아무런 기준도 규정하지 않고 있는 데 반해서 보라매병원은 서울대학교병원의 규정을 준용하여 '일반의 표준생계비, 민간의 임금, 공무원의 봉급, 기타 사정을 고려하여 직무의 난이도와 책임의 정도에 따라' 정하고 있다.[63] 따라서 보라매병원은 다른 조직과의 비교가능성(comparability)에 의해서 보수를 결정하는 것으로 생각할 수 있으나, 사실상 이들의 보수는 호봉에 의해서 결정되며 호봉은 전담의사의 경력에 따라서 산정하도록 되어 있다.[64]

이 규정에 따르면, 의사자격 취득 후 전공의 수련기간, 전문의자격 취득 후 종합병원에서 근무한 경력, 의사자격 취득 후 의료직 공무원 또는 교육, 연구기관에서 당해 업종에 근무한 경력 및 의사자격 취득 후 병역법에 의한 군의무복무경력 등을 "갑" 경력으로 분류하고, 이러한 경력에 대해서는 모두 인정해 주고 있다. 또한 전문의자격 취득 후 종합병원이 아닌 일반병원이나 의원에서 근무한 경력에 대해서는 80%만을 인정하고 있으며, 의사자격 취득 후 종합병원이 아닌 일반병원이나 의원에서 근무한 경력은 50%만을 경력으로 인정해 주도록 하고 있다.

한편 강남병원의 전임의는 「강남병원 인사규정」에 의하여 임용되며, 그들의 보수는 「강남병원 보수규정」에 따라 지급된다. 이들의 급여는 호봉에 의해서 결정되며, 호봉의 산정은 보라매병원과 마찬가지로 전담의사의 경력에 따라서 산정된다.

이 규정에 따르면, 국가 및 지방공무원으로서의 경력, 정부투자기관이나

---

63) 서울대학교병원 인사규정 제52조.
64) 보라매병원 보수규칙 제6조.

서울시 투자기관의 당해 분야에서 근무한 경력, 법인체 종합병원의 당해 분야에서 근무한 경력, 전공의 수련기간의 경력 및 해외연수 경력 등에 대해서 완전히 인정해 주고 있다. 또 상장업체의 해당 분야 근무경력과 법인체 병원의 당해 분야 근무경력 및 교육법에 의한 교육기관의 당해 분야 근무경력에 대해서 80%의 경력을 인정해 주고, 개인 병의원이나 기업체 당해 분야에서 근무한 경력에 대해서는 50%의 경력을 인정해 주고 있다. 특히 박사학위 취득자에 대해서는 2호봉을 가산해주고, 전문의자격 취득자와 치과 전공의 수련과정을 3년 이상 수료한 사람에 대해서는 7호봉의 가산점을 제공하고 있는 점은 보라매병원과 다른 점이라고 할 수 있다.

이제까지의 논의에 따르면, 동부병원은 전문의들을 임용할 때 전문의 자격을 소지한 자와 의사자격을 소지한 사람을 "가"급과 "나"급 전문직 공무원으로 구분하여 보수의 기준으로 삼고 있을 뿐이며, 규정된 봉급 이외에 전문성이나 성과 등은 급여에 반영하지 않고 있어 전문성과 보수 간의 연계성은 매우 미약하다고 할 수 있다.

이에 비해서 보라매병원은 전담의사의 보수를 '일반의 표준생계비, 민간의 임금, 공무원의 봉급, 기타 사정을 고려하여 직무의 난이도와 책임의 정도에 따라' 정하도록 함으로써 다른 조직과의 비교가능성(comparability)을 고려하고 있다고 할 수 있다. 또한 의사자격 취득 후 전공의 수련기간, 전문의자격 취득 후 종합병원에서 근무한 경력, 의사자격 취득 후 의료직 공무원 또는 교육, 연구기관에서 당해 업종에 근무한 경력 및 의사자격 취득 후 병역법에 의한 의무복무 경력 등을 반영함으로써 환자진료에 관한 잠재적 가치를 고려하는 것으로 생각할 수 있다.

강남병원도 법인체 종합병원의 당해 분야에서 근무한 경력, 전공의 수련기간, 상장업체의 해당 분야 근무경력과 법인체 병원의 당해 분야 근무경력 및 교육법에 의한 교육기관의 당해 분야 근무경력 등과 같은 잠재적 가치를 가진 정보를 반영하고 있는 점은 보라매병원과 동일하다. 그러나 국가 및 지방공무원으로서의 경력이나 정부투자기관이나 서울시 투자기관에서 근무한 경력 등을 포함시키고 있는 점은 다른 병원조직과 구별된다고 하겠다.

이러한 사실은 연구대상 3개 병원이 의약품 선정과 보수결정과정에서 활용하는 정보의 유형이 다르다는 것을 보여주며, 그 결과 병원조직의 관리노력에도 차이가 있다고 할 수 있다.

나. 관리농도: 의료직 대 관리직 비율

관리농도(administrative intensity)란 조직의 생산활동에 직접적으로 종사하는 직접인력과 이들을 지원하고 감독하는 간접인력 사이의 비율을 말한다.[65] 병원조직의 환자진료 활동은 의사와 간호사는 물론 약사와 의료기사 등의 협동적인 노력에 의해서 이루어지기 때문에 이들은 모두 직접인력에 포함되어야 한다. 그러나 병원조직에서의 핵심적인 인자는 의사직이므로 여기서는 의사직과 관리직 간의 비율로 측정하고자 하였다.

1996년 말 현재 동부병원에서 근무하고 있는 인원 가운데 전문의와 전공의를 합친 의료직이 41명이고, 관리직은 16명으로 의료직 1인당 관리직의 인원은 약 0.4명이다. 강남병원은 의료직은 142명인 데 비해서 관리직은 105명에 달하고 있어 의료직 1인당 관리직 인원은 0.7명으로 동부병원보다 관리직의 비율이 더 높은 것으로 나타나고 있다.

〈표 3-19〉 의료직 대 관리직 비교(1996년)

(단위: 명)

구 분	의 료 직	관 리 직	의료직 1인당 관리직 인원
동부병원	41	16	0.4
강남병원	142	105	0.7
보라매병원	127	40	0.3

자료: 각 병원 내부자료에서 재구성.

---

65) 조석준, 조직론, (서울: 법문사), 1985, 156~157면.

이에 반해서 보라매병원은 의료직 인력은 139명인 데 비해서 관리직은 35명에 불과하여 의료직 1인당 관리직 인원은 0.3명에 불과한 것으로 나타났다.

따라서 의료직과 관리직의 비율로 측정된 관리농도에 있어서는 보라매병원이 가장 낮고 강남병원이 가장 높으며, 이로 인해서 경영성과에도 차이가 나타날 것으로 예상할 수 있다.

다. 이직률

조직의 구성원들이 자기가 담당한 업무에 만족할 뿐 아니라, 조직에 대한 일체감과 귀속감을 가질 때 최선의 노력을 기울일 것으로 기대할 수 있다. 이것은 병원조직의 경우에도 마찬가지인데, 구성원들의 직무만족을 측정하기 위해서 일반적으로 활용되는 지표는 종업원이직률이다.

다음의 〈표 3-20〉은 1993년부터 1996년까지 연구대상 3개 병원구성원들의 직종별 이직률을 나타낸 것이다. 이 표를 보면, 대체로 동부병원의 이직률이 낮고, 강남병원은 상대적으로 낮다는 것을 알 수 있다.

이를 직종별로 살펴보면, 먼저 전문의 경우에는 강남병원이 가장 높고 동부병원과 보라매병원은 상대적으로 낮게 나타나고 있다. 전문직 의사들은 자격증과 학력에 의해서 업무가 고정되어 있기 때문에 신분상승의 가능성은 매우 낮은 반면에, 전문성 향상과 개업에 대한 욕구가 높기 때문에 다른 직종에 비해서 비교적 이직률이 높은 것으로 알려져 있다.[66]

---

66) 김일권, 병원종사자의 근로의식 연구, 대한병원협회지, 1994, 제23권 제5호, 28면.

<표 3-20> 직종별 이직률 변화 추이

(단위: %)

구 분		1993	1994	1995	1996
동부병원	전문의	4.0	7.4	14.0	17.0
	간호사	0.0	3.1	2.1	5.3
	의료기사	0.0	0.0	0.0	0.0
	관리직	0.0	0.0	0.0	0.0
강남병원	전문의	19.1	15.3	19.2	15.3
	간호사	9.7	16.1	14.7	13.2
	의료기사	6.5	9.5	7.1	0.0
	관리직	4.1	3.3	8.5	2.8
보라매병원	전문의	3.0	8.9	2.6	3.8
	간호사	10.4	13.6	18.0	14.3
	의료기사	9.8	23.4	6.4	10.2
	관리직	6.8	8.9	4.5	0.0

자료: 각 병원 내부자료.

이런 관점에서 볼 때, 주목되는 점은 동부병원과 보라매병원에 있어서 전문직 의사들의 이직률이 상대적으로 낮은 이유가 무엇인가 하는 점이다. 특히 보라매병원과 달리 동부병원의 경우에는 전문직 의사들의 이직률이 매년 높아지는 특성을 발견할 수 있는데, 이는 동부병원 전문의들의 직무 불만족이 매년 증폭되고 있음을 보여주는 것이라고 할 수 있다.

의사와 달리 간호사와 의료기사 및 관리인력의 경우에는 동부병원의 이직률이 가장 낮고, 강남병원과 보라매병원 사이에는 별다른 차이를 발견하기 어렵다. 특히 동부병원의 경우 1993년부터 현재까지 의료기사와 관리인력의 이직이 전무한 것으로 나타나고 있다는 점은 매우 주목되는 점이라고 하겠다.

이와 같은 사실은 각 병원조직에 근무하는 구성원들의 직무만족도와 그 원인이 다르며, 이로 인해서 병원조직의 진료활동과 경영성과도 달라질 것이라는 점을 시사하는 것이라고 하겠다.

3. 소 결

이제까지 각 병원조직의 자원능력과 관리특성에 관한 앞에서의 설명을 통해서 다음과 같은 사실을 알 수 있다.

1) 병상규모와 수익성의 관계에 관한 기존의 연구에 따르면, 병원조직의 경우에도 규모의 경제가 작용하는 것으로 알려져 있다.[67] 이러한 관점에 따르면, 병상규모를 일정 수준 이상으로 유지하는 것이 병원조직의 수익성을 높이는 데 중요한 요인이 된다고 할 수 있다. 그럼에도 불구하고 동부병원의 경우에는 연차별 병상규모 면에서 별다른 변화가 이루어지지 않고 있는데, 이것은 같은 기간동안 강남병원과 보라매병원의 병상규모가 꾸준히 증가한 것과 다른 점이라고 할 수 있다.[68]

이러한 사실은 동일한 서울시 산하의 병원이면서도 동부병원이 강남병원이나 보라매병원과 달리 병상규모와 그 증가율의 차이가 나타나게 된 이유와 이로 인해서 경영성과에 어떤 영향을 미치게 되었는가 하는 의문을 제기한다. 이러한 문제는 각 병원조직에 대한 서울시의 투자결정과 실제적 운영에 관하여 보다 면밀하게 분석해야 할 필요가 있음을 보여주는 것이라고 할 수 있다.

2) 인력규모에 있어서 강남병원과 보라매병원의 100병상당 정원이 각각 134.5명과 150.0명에 달하는 데 반해서 동부병원의 정원은 100병상당 118.1

---

67) 김원중 등의 연구에 따르면, 병원조직의 수익성은 755병상 정도에서 극대화를 이루는 것으로 나타나고 있다. 김원중 등, 1994. 그러나 본 연구의 인터뷰과정에서 만난 각 병원의 담당자들은 300병상, 400병상 또는 500병상 등으로 서로 다른 견해를 나타내고 있었다. 병원운영에 관한 최적규모가 정확하게 몇 병상인지에 대해서는 견해차가 있지만, 규모의 경제가 작용한다는 점에 대해서는 모두 인정하고 있음을 알 수 있다.

68) 강남병원의 경우에는 지방공사로 전환한 이후부터 1993년까지도 병상규모를 꾸준히 증가시켜 왔다. 지방공사로 전환할 당시에 300병상 규모로 출발하였으나, 1983년 11월에 360병상으로 규모를 확장하였고, 1984년 2월 21일에는 다시 400병상을 운영할 수 있도록 허가받았다. 또한 1989년에는 제1별관과 제2별관을 증축하여 96병상을 확장하였던 것이다.

명으로 낮았다. 직종별 충원율에 있어서도 동부병원은 간호사와 관리직의 충원율은 매우 높고 의료직의 충원율은 낮은 데 반해, 보라매병원의 경우에는 의료직이 관리직 보다 더 높은 충원율을 나타내고 있다는 점에 대해서 주목할 필요가 있다. 그 결과 병상당 인력규모에 있어서 의료직의 경우 강남병원이 30.9명으로 가장 많았고, 동부병원은 20.1명으로 가장 적었다. 관리직의 경우에는 보라매병원이 7.8명으로 가장 적었고, 강남병원이 22.8명으로 가장 많았다.

또 구성원들의 평균연령에 있어서도 동부병원이 39.3세로 강남병원과 보라매병원의 32.0세와 31.1세보다 높은 것으로 나타났는데, 이의 원인은 전문의와 간호사들의 평균연령이 높았기 때문이었다. 동부병원은 50세 이상의 전문의가 전체의 41.2%에 달하고 있어 강남병원과 보라매병원의 3.9%와 5.1%보다 매우 높았으며, 간호사의 경우에도 강남병원과 보라매병원은 20대 인력이 전체의 70% 수준에 달하고 있는 데 비해서 동부병원은 20대 간호인력이 17.2%에 불과한 반면에 30대~50대의 비중은 강남병원과 보라매병원보다 높게 나타났다.

이러한 사실은 연구대상 3개 병원의 구성원들이 서울시 병원조직에 대하여 차별적인 선호를 가지고 있다는 것을 보여주는 것이다. 병원조직의 진료활동은 노동집약적인 특징을 갖고 있으며, 이에 따라서 경영성과가 달라지게 된다. 따라서 이러한 인력규모와 인적구성의 차이가 나타나게 된 근본적인 원인이 무엇이며, 이처럼 상이한 인력운영으로 인해서 경영성과에 어떠한 영향을 미치게 되는지를 면밀하게 분석할 필요가 있다.

3) 진료과목에 있어서 보라매병원은 19개 진료과 이외에 응급의학실이나 인공심실과 같은 부속기관을 두어 사실상 진료과의 부족한 점을 보완하고 있다. 이에 반해서 동부병원은 직제상으로는 16개 과목에서 18개 과목으로 증과되었음에도 불구하고, 실제의 운영에 있어서는 기왕에 개설되어 있는 진료과목조차도 유지하지 못하고 있는 실정이어서 대상사례 간에 극명한 차이를 나타내고 있었다. 따라서 이러한 차이가 나타나게 된 원인이 무엇인지를 탐색할 필요가 있다.

4) 의료장비에 있어서 동부병원은 의료장비의 규모나 종류 등에 있어서 매우 열악한 상태에 있었는데, 이는 보라매병원이 최신의 의료장비를 대규모로 도입하고 있는 것과는 아주 다른 현상이라고 할 수 있다. 강남병원과 보라매병원도 고가의료장비를 도입하기 위해서는 서울시의 예산지원을 받아야 한다는 점에서 동부병원과 동일한 처지에 있음에도 불구하고, 이들이 이처럼 상반된 현상을 나타내고 있다는 점은 매우 흥미로운 사실이라고 하겠다.

5) 각 병원조직의 전공의 확보율에 있어서 보라매병원과 강남병원은 과목당 각각 3.8명과 3.7명의 전공의를 보유함으로써 별다른 차이가 없었으나, 전문의 확보율에 있어서 보라매병원은 진료과목당 평균 3.1명의 전문의를 확보하고 있는 데 반해서 강남병원은 과목당 2.0명으로 보라매병원에 크게 미치지 못하는 것으로 나타났다. 그 결과 더 많은 인력을 배정받고 있는 강남병원이 전문성 면에서 보라매병원에 미치지 못하는 것으로 나타났다. 병원조직의 환자진료활동이 궁극적으로 전문적 인력에 의해서 수행된다는 점을 고려할 때, 이처럼 각 병원조직들이 전문 인력 면에서 차이가 나타나게 된 원인과 그로 인해서 병원조직의 경영성과에 미치는 영향을 면밀하게 검토할 필요가 있다고 하겠다.

6) 연구대상 3개 병원은 학회참가 및 연구실적에서도 많은 차이가 있었으며, 이로 인해서 전문성을 확보할 수 있는 가능성(availability)도 다른 것으로 나타났다. 동부병원의 경우에 각종의 학회나 세미나에 참가한 구성원은 전문직 의사뿐이었으며, 참가실적도 전문의 1인당 0.05회에 불과하였다. 이에 반해서 강남병원과 보라매병원의 경우에는 의료직은 물론 관리직 구성원들도 학회나 세미나에 참석하고 있었으며, 특히 보라매병원의 전문직들은 1인당 0.57회의 참석률을 기록함으로써 강남병원의 0.07회보다 월등하게 높았다. 또한 학술논문 게재실적에 있어서도 동부병원과 강남병원은 의료직만이 학술논문을 게재하고 있는 데 반해서 보라매병원의 경우에는 의료직은 물론 관리직도 학술논문을 게재하고 있었으며, 의료직 1인당 평균 0.57건을 게재하여 동부병원과 강남병원에 비해서 많은 차이를 나타내고 있었다. 따라서 각 병원조직에 있어서 이러한 차이가 나타나게 된 원인과 그로

인해서 의료활동과 경영성과에 미칠 영향을 분석할 필요가 있다.

7) 각 병원조직의 구성원들은 평균근속기간과 현부서 근무기간에서도 차이가 나타났다. 동부병원 구성원들은 평균 10.7년을 근속함으로써 강남병원과 보라매병원의 6.7년과 5.9년보다 매우 긴 것으로 나타났다. 또한 현부서 근무기간 면에서도 동부병원이 3.1년으로 강남병원과 보라매병원의 2.7년보다 길었는데, 이의 원인은 전문의와 간호사 때문인 것으로 밝혀졌다.

이런 차이가 발생한 원인은 이들 인력에 대한 인사교류의 방법이 다르기 때문인데, 이러한 차이로 인해서 구성원들의 전문성과 경영성과에 미칠 영향을 분석할 필요가 있다.

8) 각 병원조직이 의약품 구입과 보수결정에 활용하는 정보의 유형에도 차이가 있었다. 동부병원과 강남병원은 보건복지부가 규정한 모든 의약품을 대상으로 성분별 입찰방식을 채택하고 있는 데 반해서 보라매병원은 이러한 대상약품 가운데 서울대학교 병원의 실험을 통과한 약품만을 대상으로 제한입찰을 실시하고 있었다. 보라매병원이 제한입찰을 실시하는 근본적인 이유는 실험을 통해서 배합률이 다른 저급약품을 배제시키기 위한 것이었는데, 이것은 보라매병원이 환자진료라는 병원조직의 기본적 가치를 증진시키는 데 필요한 정보를 더 많이 고려하고 있다는 것을 보여주는 것이라고 할 수 있다.

보수결정에 있어서 동부병원은 전문성과 보수와의 연계성이 매우 미약한 반면에 보라매병원은 '일반의 표준생계비, 민간의 임금, 공무원의 봉급, 기타 사정을 고려하여 직무의 난이도와 책임의 정도'에 따르도록 하고 있어 다른 조직과의 비교가능성(comparability)에 의해서 보수를 결정하고 있었으며, 전공의 수련기간이나 종합병원에서의 근무경력 등과 같이 환자진료에 관한 잠재적 가치를 가진 정보들을 반영하는 것으로 생각할 수 있다.

이처럼 활용 정보의 유형이 다르다는 사실은 구성원들의 관리노력에 차이가 있으며, 그 결과 경영성과에도 차이가 나타날 것이라는 점을 시사한다. 왜냐하면 다른 조직과의 비교가능성이나 시장정보 등을 활용하기 위해서는 관례적인 정보를 사용할 때보다 더 많은 시간이나 불편함 등과 같은 비금전

132

적 비용을 감수해야 하며, 그 결과 비효율성은 증가할 것이기 때문이다.

9) 의료직 대 관리직 비율로 측정된 관리농도에 있어서는 강남병원이 100병상당 23.0명의 관리직 인력을 보유함으로써 동부병원과 보라매병원의 8.3명과 12.7명에 비해서 현격하게 높은 것으로 나타났다. 그 결과 의료직 대 관리직 비율에 있어서 보라매병원은 의료직 1인당 관리직은 0.3명에 불과한 데 반해서 강남병원의 경우에는 의료직 1인당 0.7명의 관리직을 두고 있어 보라매병원의 두 배를 넘어서고 있었으며, 관리농도라는 점에서는 동부병원보다도 훨씬 높은 것으로 나타났다. 이러한 결과는 이들 세 병원의 인력관리가 상이하게 이루어지고 있다는 점을 시사한다.

공공조직에 있어서 과잉고용 여부가 비효율성의 주된 원인 가운데 하나라면, 이것은 특히 노동집약적인 특징을 가지고 있는 병원조직에 있어서 특히 그러하다. 이런 점에 비추어 볼 때, 이들 병원에 있어서 이러한 차이가 나타나게 된 원인이 무엇이고, 이로 인해서 경영성과에 어떤 영향을 미치게 될 것인지 등에 대해서 면밀한 검토가 필요하다고 하겠다.

10) 이직률로 측정된 직무만족도에 있어서도 각 병원조직에는 많은 차이가 있었다. 1993년부터 1996년까지 연구대상 3개 병원구성원들의 직종별 이직률을 살펴본 결과, 전문직 의사의 경우 동부병원과 보라매병원의 이직률이 상대적으로 낮게 나타났다. 그러나 보라매병원과 달리 동부병원의 경우에는 전문직 의사들의 이직률이 매년 높아지는 특성을 발견되었다. 간호사와 의료기사 및 관리인력의 경우에는 동부병원의 이직률이 가장 낮았고, 강남병원과 보라매병원 사이에는 별다른 차이를 발견할 수 없었다. 특히 동부병원은 1993년부터 1996년까지 의료기사와 관리인력의 이직이 전무한 것으로 나타나고 있어 주목되었다. 따라서 각 병원조직에 근무하는 구성원들의 직무만족도가 달라진 원인이 무엇이며, 이로 인해서 구성원들의 근무활동과 경영성과에 미치는 영향을 분석할 필요성이 제기되었다.

제3절 대상병원의 경영성과 비교

본 연구에서는 각 병원조직의 경영성과를 재무적 성과에 국한시키고, 이를 수익성과 성장성의 두 가지 측면에서 측정하고자 하였다. 여기서는 기존의 연구에 따라서 병원조직의 수익성을 측정하기 위한 지표로 의업수지비율과 의료수입 의료이익률을 채택하였고, 성장성을 측정하기 위한 지표로서는 의료수입 증가율과 환자수 증가율을 선정하였다. 본 절에서는 이러한 성과지표에 따라 각 병원조직의 재무적 성과를 수익성과 성장성의 두 가지 측면에서 살펴보기로 한다.

이때, 의업수지비율은 병원조직의 의료수입 가운데 의료비용에 충당되는 비율을 의미하고, 의료수입 의료이익률은 의료수입에서 의료비용을 제외한 경상이익을 의미한다. 따라서 궁극적으로 이러한 지표들의 크기를 결정하는 것은 각 병원조직의 의료수입과 의료비용이라고 할 수 있다. 따라서 이러한 성과차이가 어디서 비롯되는지를 파악하기 위해서 각 병원조직의 수입구조와 지출구조를 분석하고자 한다.

1. 수익성

1) 의업수지비율

이 지표는 의료활동에 따른 수지비율을 평가함으로써 재정자립도를 높이기 위한 것으로, 의료수입을 증대시키거나 의업비용을 절감함으로써 수익성을 향상시키고자 하는 것이다.

다음의 〈표 3-21〉에는 1993년부터 1996년까지 동부병원의 연도별 의업수지비율이 제시되어 있다. 이 표를 보면, 동부병원은 1993년에 51.4%의 수지비율을 기록한 이래 매년 수지가 악화되어 1996년에는 34.4%에 불과하다는 것을 알 수 있다. 이처럼 동부병원의 수지비율이 악화된 원인은 의료수입은 지속적으로 감소되는 반면에 의료비용은 꾸준히 증가하였기 때문이라고 할 수 있다.

강남병원도 1993년부터 1995년까지는 의업수지비율이 지속적으로 악화되어 왔으나, 동부병원과 달리 의업수입은 꾸준히 증가해 온 점에서 약간의 차이가 있다. 그 결과 강남병원은 1996년에는 81.9%의 수지비율을 기록하여 전년도보다 약간 향상된 실적을 거둔 것으로 나타나고 있다.

동부병원이나 강남병원과 달리 보라매병원은 1993년 이후 매년 의업수지비율이 90%를 상회하고 있으며, 1996년에도 91.2%의 수지비율을 기록하고 있다. 다만, 1994년 이후 매년 수지비율이 낮아지고 있어 문제점으로 지적될 수 있다. 같은 기간동안 보라매병원의 의업수입이 지속적으로 증가하고 있다는 점을 고려할 때, 비용 측면에 원인이 있다고 할 수 있다.

<표 3-21> 연도별 의업수지비율 비교

(단위: 백만 원, %)

구 분		1993	1994	1995	1996
동부병원	의료수입	3,377	3,578	3,341	2,735
	의료비용	6,564	7,222	7,359	7,594
	의업수지비율	51.4	49.6	45.4	34.4
강남병원	의료수입	18,914	20,301	21,642	25,670
	의료비용	20,313	23,672	27,764	31,349
	의업수지비율	93.1	85.8	77.9	81.9
보라매병원	의료수입	20,234	23,057	27,126	31,082
	의료비용	21,487	24,245	29,236	34,067
	의업수지비율	94.2	95.1	92.8	91.2

자료: 각 병원 회계감사보고서, 각 년도 및 내부자료.

이제까지의 논의를 토대로 각 병원조직의 의업수지비율을 비교해 놓은 것이 다음의 <표 3-22>이다.

〈표 3-22〉 연도별 의료수지비율 비교

(단위: %)

구 분	1993	1994	1995	1996
동부병원	51.4	49.6	45.4	34.4
강남병원	93.1	85.8	77.9	81.9
보라매병원	94.2	95.1	92.8	91.2

자료: 각 병원 회계감사보고서, 각 년도 및 내부자료.

이 표를 보면, 의업수지비율로 측정된 수익성 면은 보라매병원이 가장 우수하고, 강남병원과 동부병원이 그 다음의 순서라고 할 수 있다. 특히 지방공사 의료원의 의업수지비율이 평균 88.6%라는 점에 비추어 볼 때, 강남병원의 의업수지비율은 81.9%에 불과하여 지방공사 의료원의 평균 수준에 미치지 못하고 있는 반면에 보라매병원의 수익성은 매우 우수한 편이라고 할 수 있다.

2) 의료수입 의료이익률

이 지표는 일정한 회계기간 동안 각 병원조직이 획득한 의료수입 가운데 의료이익이 차지하는 비율을 측정하기 위한 것으로, 일반기업의 매출액순이익률(net profit)과 동일한 개념이라고 할 수 있기 때문에 병원조직의 수익성을 측정하기 위한 또 다른 지표가 된다. 이 지표는 각 병원조직의 경영개선 노력을 파악하는 데 가장 적합한 것으로 생각되며, 이 비율이 높을수록 수익성이 좋은 것으로 평가된다.[69]

---

69) 흔히 기업회계기준을 적용하는 조직의 수익성은 경상이익률이라는 개념을 통해서 측정하는 것이 일반적이다. 그러나 동부병원은 물론이고 독립채산제를 채택하고 있는 보라매병원이나 강남병원조차도 실제로 서울시의 재정보조금을 교부받고 있는 실정인데, 경상이익률 개념에는 이러한 보조금까지 포함된다. 따라서 경상이익률 지표를 이용할 경우에는 각 병원의 경

136

다음의 〈표 3-23〉은 1993년부터 1996년까지 연구대상 3개 병원의 의료수
입 의료이익률을 연도별로 나타낸 것이다. 이 표를 보면, 동부병원은 1993
년에 94.4%의 의료손실률을 기록한 이래 수익성이 지속적으로 악화되고 있
음을 알 수 있다. 특히 1996년의 경우에는 2,735백만 원의 의료수입을 올린
반면에 의료비용으로 7,745백만 원을 지출함으로써 5,210백만 원의 당기순
손실을 나타내었다. 그 결과 동부병원은 -190.5%의 당기 의료수입 의료이
익률을 기록하였는데, 의료비용은 지속적으로 증가하는 반면에 의료수입은
감소하고 있어 이처럼 수익성이 악화되는 것은 당연하다고 할 수 있다.

〈표 3-23〉 연도별 의료수입 의료이익률 변화

(단위: 백만 원, %)

구 분		1993	1994	1995	1996
동부병원	의 료 수 입	3,377	3,578	3,341	2,735
	의 료 비 용	6,564	7,222	7,359	7,594
	의 료 손 익	-3,187	-3,642	-4,018	-5,210
	의업수입 의료이익률	-94.4	-101.8	-120.3	-190.5
강남병원	의 료 수 입	18,914	20,301	21,642	25,670
	의 료 비 용	20,313	23,672	27,764	31,349
	의 료 손 익	-1,399	-3,371	-6,122	-5,678
	의료수입 의료이익률	-7.4	-16.6	-28.3	-22.1
보라매병원	의 료 수 입	20,234	23,057	27,126	31,082
	의 료 비 용	21,487	24,245	29,236	34,067
	의 료 손 익	-1,253	-1,187	-2,110	-2,984
	의료수입 의료이익률	-6.2	-5.1	-7.8	-9.6

자료: 동부병원 회계감사보고서 1993 및 내부자료.

영개선 노력 이외에 이러한 보조금의 크기에 따라서 경영성과가 달리 나타
날 수 있다. 이러한 문제점을 제거하기 위해서 본 연구에서는 경상이익률
대신에 순이익률 개념인 의료수익 의료이익률 지표를 활용하고자 하였다.

강남병원의 경우 1993년부터 1995년까지 의료수입 의료이익률이 지속적으로 악화되었으나, 1996년에는 전년도에 비해서 약간 개선된 양상을 나타내고 있다. 즉, 1996년에 25,670백만 원의 의료수입을 실현하고 의료비용으로 31,348백만 원을 지출함으로써 -22.1%의 이익률을 기록하였으나, 전년도의 -28.3%에 비해서 6.2%의 개선율을 나타낸 것이다. 이처럼 강남병원의 의료수익률이 개선될 수 있었던 원인은 전년도에 비해서 의료비용은 3,585백만 원이 증가하였으나, 의료수입은 4,028백만 원이 증가됨으로써 수입증가분이 지출증가분을 초과하였기 때문이다.

보라매병원은 1993년에 -6.2%이던 의료수입 의료이익률이 1994년에는 -5.1%로 약간 개선되었으나, 이후 지속적으로 이익률이 악화되고 있어 문제점으로 지적될 수 있다. 1996년의 경우에도 31,082백만 원의 의료수입을 실현하였으나, 의료비용으로 34,067백만 원을 지출함으로써 -9.6%의 의료손실률을 기록하였다.

한편, 각 병원조직의 상대적 우월성을 알아보기 위해서 유사한 규모를 가진 공공 및 민간병원과 비교해 놓은 것이 다음의 〈표 3-24〉이다. 이 표를 보면, 동부병원의 의료수입 의료이익률은 1993년에 -94.9%, 1994년에 -191.8%, 그리고 1995년에 -120.3%를 나타내고 있다. 이러한 결과는 동부병원과 유사한 규모를 가진 공공병원의 -8.9%와 -12.1% 및 1995년의 -9.1%에 비해서 의료손실률이 훨씬 크며, 그 결과 동부병원의 경영을 개선해야 할 필요성도 그만큼 크다는 것을 의미한다고 하겠다.[70]

강남병원은 1993년에 -9.3%, 1994년에 -16.6%, 및 1995년에 28.3%의 의료수입 의료이익률을 각각 기록함으로써 강남병원과 유사한 규모를 가진 공공병원의 의료수입 의료이익률에 훨씬 못 미치는 결과를 보여주고 있다.

[70] 한국보건연구원에서는 일반병원의 경영성과를 병상규모별로 구분하여 분석하고 있다. 병원경영분석지표 해설, 한국보건의료관리연구원, 1996. 여기서도 이러한 기준에 따라 동부병원의 경우에는 160병상~299병상을 가진 병원조직을, 그리고 강남병원과 보라매병원의 경우에는 300병상 이상의 규모를 가진 병원조직을 유사한 규모를 가진 병원조직으로 선정하였다.

138

이러한 결과는 독립채산제를 채택하고 있는 강남병원의 입장에서 볼 때, 많은 문제점을 보여주는 것이라고 할 수 있다. 강남병원이 의업수지율 면에서 공공병원의 평균수준에 미치지 못하고 있다는 사실은 앞서의 의업수지율 분석에서 살펴본 바 있다. 이러한 상황에서 순이익을 나타내는 의료수입 의료이익률 마저도 공공병원의 평균치에 미달하고 있다는 사실은 강남병원의 재정상황이 지속적으로 악화될 가능성이 높으며, 이로 인해서 서울시의 재정통제가 강화될 것이라는 점을 암시해 준다고 하겠다.

<표 3-24> 연도별 의료수입 의료이익률 변화 추이

(단위: %)

구 분	1993	1994	1995	1996
동부병원	-94.4	-101.8	-120.3	-190.5
유사공공병원	-8.9	-12.1	-9.1	
유사민간병원	4.5	1.0	0.4	
강남병원	-7.4	-16.6	-28.3	-22.1
보라매병원	-6.2	-5.1	-7.8	-9.6
유사공공병원	-3.6	-5.5	-7.2	
유사민간병원	4.6	1.2	1.9	

자료: 각 병원 내부자료 및 '95병원경영분석, 한국보건의료관리연구원, 1996.

보라매병원의 경우에는 1993년에 -6.1%, 1994년에는 -5.8%, 그리고 1995년에는 -8.2%로서 의료순이익을 실현하지는 못하고 있으며, 유사한 규모를 가진 다른 공공병원보다도 약간 미달하고 있어 수익성 제고를 위한 노력이 좀 더 필요하다고 할 수 있다. 그럼에도 불구하고 보라매병원은 의료수입 의료이익률 면에서 다른 공공병원의 수준에 거의 근접하고 있어 연구대상 3개 병원 가운데 가장 양호한 것으로 나타나고 있다.

이제까지의 논의를 살펴보면, 의료수지비율과 의료이익률로 측정된 수익

성 면에서 보라매병원이 가장 양호하고, 강남병원과 동부병원은 보라매병
원에 미치지 못하고 있다고 할 수 있다.

2. 성장성

병원조직의 성장성은 환자수나 의료수입이 증가하고 있는지의 여부를
파악하기 위한 것이다. 이는 의료수입 증가율이나 환자수 증가율과 같은
지표를 통해서 파악할 수 있으며, 이러한 지표의 값이 클수록 병원조직의
성장성이 양호한 것으로 이해할 수 있다.

1) 의료수입 증가율

의료수입 증가율은 병원조직의 성장성을 파악할 수 있는 대표적인 지표
라고 할 수 있다.[71] 1996년도의 각 병원의 의료수입 증가율을 살펴보면 다
음의 〈표 3-25〉와 같다. 이 표를 살펴보면, 동부병원은 1994년에 의료수입
이 6.0% 증가한 이래 의료수입 증가율이 지속적으로 감소되고 있으며, 그
결과 1996년에는 전년도에 3,341백만 원에 달하던 의료수입이 2,735백만 원
으로 18.1%가 감소한 것으로 나타나고 있다.

〈표 3-25〉 연도별 의료수입 증가율 비교

(단위: 백만 원, %)

구 분	1992	1993		1994		1995		1996	
	의료수입	의료수입	증가율	의료수입	증가율	의료수입	증가율	의료수입	증가율
동부병원	-	3,377	-	3,578	6.0	3,341	-6.6	2,735	-18.1
강남병원	16,101	18,914	17.5	20,301	7.3	21,642	6.6	25,670	18.6
보라매병원	15,689	20,234	29.0	23,057	14.0	27,126	17.6	31,082	14.6

주: 의료수입증가율＝(당기의료수입－전기의료수입)/(전기의료수입)×100
　자료: 강남병원 및 보라매병원 회계감사보고서, 각 년도 및 동부병원 내부자료.

---

71) 병원경영분석지표 해설, 한국보건의료관리연구원, 1995. 12, 17면.

　강남병원과 보라매병원의 관계를 보면, 보라매병원은 96년도에 31,082백만 원의 의료수입을 시현하여 전년도의 27,126백만 원에 비하여 14.6%의 증가율을 기록하였으나, 강남병원의 18.6%에는 미치지 못한 것으로 나타났다. 그러나 1993년 이후의 의료수입 증가율 변화를 살펴보면, 보라매병원은 1993년에 최고의 증가율을 나타낸 이후에 대체로 일정한 추세를 유지하고 있는 데 반해서, 강남병원의 경우에는 1993년에 최고의 증가율을 기록한 이후 매년 증가율이 낮아지다가 1996년에 다시 급격하게 증가하였다는 점에서 보라매병원과 차이가 있다.

　따라서 비록 1996년의 경우에는 강남병원의 의료수입 증가율이 가장 우수하였지만, 전체적으로는 보라매병원에 미치지 못한다고 할 수 있다. 동부병원은 1994년 이후 매년 의료수입이 감소하고 있어 경영상태가 지속적으로 악화되고 있음을 알 수 있다.

2) 환자수 증가율

　병원조직의 성장성을 측정할 수 있는 또 다른 지표는 환자수 증가율이다. 다음의 〈표 3-26〉은 각 병원조직의 환자수 증가율을 나타낸 것이다. 이 표를 살펴보면, 동부병원의 경우 1993년에 114,504명에 달하던 환자수가 1994년에는 79,216명으로 30.8%나 급감한 데 이어서 1995년과 1996년에도 각각 15.5%와 16.2%씩 환자수가 지속적으로 감소하고 있음을 알 수 있다.

　보라매병원도 1993년에 241,717명이던 환자수가 1994년에는 210,696명으로 12.8%가 감소하였으나, 1995년과 1996년에 각각 214,005명과 227,949명으로 증가하여 1.6%와 1.8%의 증가율을 나타내고 있다. 강남병원은 208,414명이던 환자수가 1994년도에 200,218명으로 3.9% 감소했으나, 1995년과 1996년에는 217,425명과 232,737명으로 증가하여 각각 8.6%와 7.0%의 환자가 증가함으로써 전체적으로 가장 많이 증가하였음을 알 수 있다.

〈표 3-26〉 연도별 진료환자 증감률 비교

(단위: 명, %)

구 분	1993	1994		1995		1996	
	환자수	환자수	증감률	환자수	증감률	환자수	증감률
동부병원	114,504	79,216	-30.8	66,963	-15.5	56,112	-16.2
강남병원	208,414	200,218	-3.9	217,425	8.6	232,737	7.0
보라매병원	241,717	210,696	-12.8	214,005	1.6	227,949	1.8

주: 조정환자 기준
자료: 보라매병원 진료통계, 강남병원 연감 및 동부병원 내부자료에서 재구성.

　이러한 관점에서 볼 때, 환자수 증가율로 측정된 성장성 면에서 강남병원이 가장 우수하고, 동부병원은 열악성을 면치 못하고 있다고 하겠다.

3. 성과차이의 원인: 수입구조와 지출구조 분석

　앞에서는 각 병원조직의 경영성과를 수익성과 성장성으로 나누고, 이를 변수별 측정지표를 이용하여 살펴보았다. 분석결과, 의업수지비율과 의료수입 의료이익률로 측정된 면에서는 보라매병원이 가장 우수한 것으로 나타났다. 또한 성장성을 측정하는 의료수입 증가율에서는 보라매병원이 가장 우수했던 반면에 환자수 증가율에서는 강남병원이 보라매병원보다 상대적으로 우수한 것으로 나타났다. 따라서 연구대상 3개 병원은 모두 서울시의 공적 소유권에 토대를 두고 있음에도 불구하고 경영성과가 이처럼 차이가 나타나게 된 원인이 무엇인지를 분석할 필요가 있다.

　병원조직의 수익성과 성장성에 차이가 나타나게 된 원인은 여러 가지 측면에서 살펴볼 수 있다. 수익성은 의업수지비율과 의료수입 의료이익률에 의해서 측정되는데, 의업수지비율은 병원조직의 의료수입 가운데 의료비용에 충당되는 비율을 의미하고, 의료수입 의료이익률은 의료수입에서 의료비용을 제외한 경상이익을 의미한다. 따라서 궁극적으로 이러한 지표들의 크기를 결정하는 것은 각 병원조직의 의료수입과 의료비용이라고 할 수 있다. 이러한 관점에서 여기서는 각 병원조직의 성과차이가 어디서 비롯되는지를 파악하기 위해서 수입구조와 지출구조를 분석하고자 한다.[72]

1) 수입구조 분석

기업의 경영성과가 판매량과 가격에 의해 결정된다고 할 때, 병원조직의 성과는 각 병원조직이 진료한 환자수와 이들이 지불한 진료비에 의해서 결정된다.[73] 따라서 연구대상 3개 병원의 성과차이는 환자진료실적과 진료비 수준을 통해서 살펴볼 수 있다.

가. 진료환자의 수

병원조직이 진료한 환자수는 기업의 매출량에 해당하는 것으로, 이는 해당 병원조직의 수익성과 성장성 등에 영향을 미치는 가장 결정적인 요인이라고 할 수 있다. 여기서는 먼저 각 병원조직이 진료한 환자의 수를 비교해 본 다음에, 이러한 차이가 나타나게 된 원인을 외래환자와 입원환자로 구분해서 살펴보고자 한다.

다음의 〈표 3-27〉은 연구대상 3개 병원의 환자진료실적과 병원별 비중을 나타낸 것이다. 이 표를 보면, 1996년에 서울시 산하의 동부병원과 보라매병원 및 강남병원이 진료한 환자수는 외래환자와 입원환자는 700,677명과 321,420명으로 연인원은 1,022,097명이고, 이를 조정환자수로 환산하면

---

72) 병원조직의 경영성과는 해당 병원이 1차 의료기관인지 또는 2차 의료기관인지의 여부 등에 따라서 보정수입의 차이가 있을 수 있으나, 본 연구사례들은 모두 2차 의료기관에 해당되므로 보정수입으로 인한 차이는 동일한 것으로 간주한다.

73) 이 밖에도 해당 병원조직이 1차 의료기관인지 또는 2차 의료기관인지의 여부 등에 따라서 보정수입의 차이가 있을 수 있으나, 본 연구사례들은 모두 2차 의료기관에 해당되므로 보정수입은 동일한 것으로 간주한다.

516,798명이다.[74)]

<표 3-27> 병원별 환자진료실적 비교(1996년)

(단위: 명, %)

구 분	외 래 환 자		입 원 환 자		조 정 환 자	
	연인원	비 율	연인원	비 율	연인원	비 율
동 부 병 원	77,167	11.0	25,355	7.9	56,112	10.9
강 남 병 원	268,388	38.3	157,487	49.0	232,737	45.0
보라매병원	355,122	50.7	138,578	43.1	227,949	44.1
계	700,677	100.0	321,420	100.0	516,798	100.0

자료: 동부병원 내부자료, 보라매병원 진료통계 및 강남병원 연보.

이를 병원별로 살펴보면, 외래환자의 경우에는 보라매병원이 355,122명으로 전체 진료실적의 50.7%를 차지하고 있어 동부병원은 물론 강남병원보다도 높은 실적을 나타내고 있다. 그러나 입원환자의 경우에는 강남병원이 157,487명으로 3개 병원의 진료연인원 가운데 49% 정도를 차지하고 있어 보라매병원의 138,578명보다 약 6% 정도 많은 것으로 나타나고 있다. 그 결과 조정환자수에 있어서도 강남병원이 232,737명으로 보라매병원의 227,949명보다 약간 높은 실적을 나타내고 있다. 동부병원의 경우에는 입원환자와 외래환자 및 조정환자 등 모든 면에서 다른 병원에 훨씬 미치지 못하고 있었다.

연구대상 3개 병원의 환자진료실적에 있어서 이러한 차이가 어디서 비롯된 것인지를 알아보기 위해서 병원조직이 진료하는 환자의 유형을 입원환자와 외래환자로 구분해서 살펴보았다.

---

74) 조정환자란 해당 병원에서 진료한 모든 환자들을 입원환자를 기준으로 환산하기 위한 것으로서, 조정환자수는 「입원환자 연인원 + 외래환자 연인원 $\times \frac{외래환자\ 1인\ 1일당\ 평균진료비}{입원환자\ 1인\ 1일당\ 평균진료비}$」의 산식에 의해서 산출한다.

먼저, 다음의 〈표 3-28〉은 1993년부터 1996년까지 연구대상 3개 병원의 외래환자 진료실적과 증가율을 나타낸 것이다. 이 표를 보면, 동부병원은 1993년에 109,881명의 외래환자를 진료하였으나, 1994년에는 98,979명으로 9.9%가 감소한 것으로 나타났다. 또한 1995년과 1996년에도 각각 14.3%와 9.0%의 감소율을 나타내고 있어 동부병원의 환자유인력이 지속적으로 악화되고 있음을 알 수 있다.

〈표 3-28〉 연도별 외래환자진료실적 비교

(단위: 명, %)

구 분		1993	1994	1995	1996
동부 병원	연인원	109,881	98,979	84,811	77,167
	증가율	-	-9.9	-14.3	-9.0
강남 병원	연인원	278,014	276,073	272,739	268,388
	증가율	-	-0.7	-1.2	-1.6
보라매 병원	연인원	298,559	301,515	321,941	355,122
	증가율	-	1.0	6.8	10.3

자료: 동부병원 내부자료, 보라매병원 진료통계 및 강남병원 연보.

강남병원의 경우에도 약간씩이나마 외래환자수가 감소하고 있는 것으로 나타났다. 즉, 1993년에 278,014명이던 외래환자수가 1994년에는 276,073명으로 0.7%가 감소하였고, 1995년에는 272,739명으로 1.2%, 그리고 1996년에는 268,388명으로 1.6%가 각각 감소한 것으로 나타난 것이다.

이와는 달리 보라매병원의 경우에는 1993년에 외래환자수가 298,559이었으나, 1994년에는 301,515명으로 1.0% 정도 증가하였으며, 1995년과 1996년에도 각각 6.8%와 10.3%의 높은 증가율을 기록하였다.

이와 동일한 방법으로 1993년부터 1996년까지 연구대상 3개 병원의 입원환자 진료실적을 나타낸 것이 다음의 〈표 3-29〉이다. 이 표를 보면, 동부

병원은 1993년에 56,446명의 입원환자를 진료하였으나, 94년에는 40,156명
으로 무려 28.9%나 감소하였음을 알 수 있다. 또한 1995년과 1996년에도
입원환자수가 각각 19.5%와 21.6%씩 감소하고 있어 동부병원의 경우 환자
진료에 많은 문제가 있음을 보여주고 있다.

<표 3-29> 연도별 입원환자진료실적 비교

(단위: 명, %)

구 분		1993	1994	1995	1996
동부 병원	연인원	56,446	40,156	32,320	25,355
	증가율	-	-28.9	-19.5	-21.6
강남 병원	연인원	142,341	136,427	147,740	157,487
	증가율	-	-4.2	8.3	6.6
보라매 병원	연인원	148,810	131,092	133,431	138,578
	증가율	-	-11.9	1.8	3.9

자료: 동부병원 내부자료, 보라매병원 진료통계 및 강남병원 연보.

입원환자 진료실적에 있어서 강남병원과 보라매병원은 외래환자의 경우
와 약간의 차이를 나타내고 있다. 즉, 앞에서 살펴본 것처럼 강남병원은 외
래환자 진료실적이 약간씩이나마 매년 감소하였으나, 입원환자의 경우에는
1994년에 136,427명으로 4.2%가 감소한 이후 1995년과 1996년에는 각각
8.3%와 6.6%의 증가율을 나타내고 있는 것이다. 보라매병원의 경우에도
외래환자수는 매년 지속적으로 증가하였으나, 입원환자의 경우에는 1994년
에 11.9%의 감소율을 나타낸 것이다. 그 후 입원환자 진료실적이 꾸준히
증가하고는 있으나, 그 증가율이 강남병원에는 미치지 못하고 있었다.

병원조직에 있어서 진료환자의 숫자가 기업의 매출량에 해당된다는 점
을 고려할 때, 이처럼 동부병원의 환자진료실적이 현격하게 작을 뿐 아니
라 지속적으로 감소되어 왔다는 사실은 동부병원의 경영성과가 다른 병원

보다 악화된 주요 원인이었다고 할 수 있다.

또한 강남병원과 보라매병원의 관계에 있어서 강남병원은 외래환자수는 지속적으로 감소되고 있는 데 비해서 입원환자수는 증가하고 있음을 알 수 있다. 반면에 보라매병원의 경우에는 입원환자수 증가율에서는 강남병원에 미치지 못하지만, 외래환자수에 있어서는 강남병원보다 훨씬 높은 증가율을 나타내고 있는 것이다. 이러한 사실은 조정환자수로 환산된 환자증가율에서 강남병원이 보라매병원보다 우수했던 원인이 입원환자의 증가 때문이라는 것을 보여준다.

나. 진료비

병원조직이 환자에게 부과하는 진료비는 진료활동에 대한 가격(price)이라고 할 수 있다. 다른 조건이 동일하다고 가정할 때, 만일 어떤 병원의 진료비 수준이 다른 병원보다 높다면 해당 병원의 수익성은 높아질 것으로 예상할 수 있다.[75]

다음의 〈표 3-30〉에는 1993년부터 1996년까지 연구대상 3개 병원의 입원진료 실적과 입원수입 및 입원환자 1인당 평균진료비가 나타나 있다.

[75) 그러나 이들 3개 병원이 서울시의 공적소유권에 토대를 두고 운영되고 있다는 점을 감안할 때, 진료비가 높아질수록 서울시가 추구하는 공공성은 낮아진다고 할 수 있다.

〈표 3-30〉 연도별 1인당 평균 입원진료비 비교

(단위: 명, 원)

구 분		1993	1994	1995	1996
동부 병원	입원환자 연인원	56,446	40,156	32,320	25,355
	입원수입(천 원)	1,506,000	1,649,000	1,475,000	1,089,000
	1인당 평균진료비	26,680	41,065	45,637	42,950
강남 병원	입원환자 연인원	142,341	136,427	147,740	157,487
	입원수입(천 원)	12,060,762	12,904,952	13,627,440	15,861,750
	1인당 평균진료비	84,731	94,592	92,239	100,718
보라매 병원	입원환자 연인원	148,810	131,092	133,431	138,578
	입원수입(천 원)	12,254,707	14,043,468	16,572,935	18,594,563
	1인당 평균진료비	82,351	107,127	124,206	134,181

자료: 동부병원 내부자료, 보라매병원 진료통계 및 강남병원 연보.

이 표를 보면, 동부병원이 강남병원과 보라매병원에 비해서 입원진료비가 가장 저렴하다는 것을 알 수 있다. 또한 강남병원과 보라매병원의 관계에서는 1993년에는 강남병원이 입원환자 1인당 평균 84,731원의 진료비를 획득하여 보라매병원의 82,351원보다 높은 것으로 나타났으나, 1994년 이후로는 보라매병원의 입원진료비가 강남병원보다 높았다.

그 결과 1996년도 입원환자의 1인당 1일 평균진료비는 보라매병원이 134,181원으로 가장 높고, 강남병원과 동부병원은 각각 100,718원과 42,950원으로 낮았는데, 이러한 현상은 외래환자의 경우에도 동일하게 나타나고 있다. 이러한 사실은 다음의 〈표 3-31〉을 통해서 살펴볼 수 있다.

〈표 3-31〉 연도별 1인당 평균 외래진료비 비교

(단위: 명, 원)

구 분		1993	1994	1995	1996
동부 병원	외래환자연인원	109,881	98,979	84,811	77,167
	외래수입(천 원)	1,549,000	1,604,000	1,581,000	1,321,000
	1인당 평균진료비	14,097	16,205	18,641	17,119
강남 병원	외래환자연인원	278,014	276,073	272,739	268,388
	외래수입(천 원)	5,598,488	6,034,183	6,427,665	7,578,968
	1인당 평균진료비	20,137	21,857	23,567	28,239
보라매 병원	외래환자 연인원	298,559	301,515	321,941	355,122
	외래수입(천 원)	,7,650,992	8,527,757	10,007,798	11,991,972
	1인당 평균진료비	25,626	28,283	31,086	33,769

자료: 동부병원 내부자료, 보라매병원 진료통계 및 강남병원 연보.

〈표 3-31〉에는 1993년부터 1996년까지 각 병원조직의 외래환자 진료실적과 외래수입 및 외래환자 1인당 평균진료비가 나타나 있는데, 외래환자 1인당 평균진료비에 있어서 보라매병원이 가장 높게 나타나고 있음을 알 수 있다. 예컨대, 1996년의 경우 보라매병원은 외래환자 1인당 평균 33,769원의 진료비를 수령하였는데, 이것은 강남병원의 28,239원보다 훨씬 높은 수준이며, 동부병원의 평균진료비인 17,119원에는 거의 두 배에 육박하는 수준이다. 이와 같은 사실들은 각 병원조직의 진료비 차이가 비교적 지속적이며, 그 결과 경영성과에도 차이가 나타났다는 점을 보여준다고 하겠다.

병원조직에 있어서 이처럼 진료비가 달라지는 이유는 의료수가와 진료량 및 진료방법의 차이에서 찾아볼 수 있다.

의료수가에 관해서 연구대상 3개 병원은 다른 병원조직과 마찬가지로 의료보험법과 의료보호진료수가 기준 및 산정방법의 적용을 받도록 되어 있다. 또 이들 3개 병원은 모두 서울시 산하의 병원조직으로서 이러한 관계법령에 규정되어 있지 않은 진료수가 등에 대해서는 서울시장의 통제를 받도록 되어 있다. 따라서 의료수가의 차이가 각 병원조직의 진료비 수준에 미친 영향은 동일하거나 아주 작을 것으로 가정할 수 있다.

전국의료보험이 실시된 이후 진료비에 가장 큰 영향을 미치는 요인은 진료방법이다. 현재 각 병원의 진료수가는 의료보험관리공단에서 규정하고 있는 행위별 진료수가방식에 의거하여 결정되고 있다. 즉, 각각의 진료행위들을 급여항목과 비급여항목으로 구분한 다음, 급여항목에 대해서만 의료보험관리공단이 진료비를 지급하고 비급여항목에 대해서는 환자가 개인적으로 부담하도록 하고 있는 것이다. 따라서 환자를 진료하는 의사가 어떤 진료방법을 선택하느냐에 따라서 급여항목과 비급여항목의 차이가 나타나게 되며, 그 결과 진료비도 달라지게 된다. 이러한 비급여대상에는 흔히 알려져 있는 특진비는 물론, 환자를 진료하는 데 소요되는 각종의 시험과 처치 및 약품과 의료재료 등 모든 행위가 포함되어 있다.

이와 같은 진료방법의 차이가 진료비에 미친 영향은 보라매병원과 강남병원이 환자진료에 사용하는 약제비와 각종의 검사와 촬영실적을 통해서 살펴볼 수 있다.

다음의 〈표 3-32〉는 보라매병원과 강남병원의 1996년도 경영실적을 토대로 각 병원의 환자 1인당 약품비를 산정해 놓은 것이다.

이 표를 살펴보면, 강남병원이 1996년에 진료한 조정환자수는 모두 254,874명이며, 이들을 진료하는 데 사용된 재료비는 모두 8,155백만 원으로 조정환자 1인당 강남병원이 사용한 약품비는 31,996원이다. 이와 동일한 방법으로 산정된 보라매병원의 조정환자 1인당 약품비는 32,346원으로 보라매병원이 강남병원보다 환자진료에 더 많은 약품비를 사용하고 있음을 알 수 있다.

<표 3-32> 조정환자 1인당 재료비 비교(1996년)

(단위: 백만 원, 명, 원)

구 분	약 품 구 입 비	조정환자 연인원	조정환자 1인당 약품비
강남병원	8,155	254,874	31,996
보라매병원	7,497	231,646	32,364

자료: 각 병원 내부자료에서 재구성.

이러한 결과는 각종의 검사와 촬영실적에서도 나타나고 있다. 다음의 <표 3-33>에는 1996년 한 해 동안 강남병원과 보라매병원이 환자를 진료하는 과정에서 실시한 각종의 검사와 촬영횟수를 나타낸 것이다. 이 표를 보면, 보라매병원이 강남병원에 비해서 MRI를 제외한 모든 검사 및 촬영실적이 더 많은 것을 확인할 수 있다.

<표 3-33> 검사 및 촬영실적 비교(1996년)

(단위: 회)

구 분	임상병리검사	CT	MRI	핵의학 검사	특수검사
강남병원	1,822,379	3,360	1,864	1,218	5,830
보라매병원	2,164,346	5,129	1,773	4,285	31,735

주: 보라매병원이 경우 MRI를 운영한 실적이 4개월에 불과하여 이를 연간통계로 단순합계한 것임
자료: 강남병원 연감 및 보라매병원 진료통계, 1996.

한국보건의료관리연구원이 전국 5백84개 병원의 의료기기 대당 진료건수와 수익을 분석한 결과에 따르면, 병원들의 CT 대당 월평균 진료건수는 1백93.6건, 수익은 6천2백16만여 원으로 1회 진료 시 평균 32만1천1백7원의 수익이 보장되는 것으로 분석됐으며, 자기공명영상촬영장치(MRI)의 경우에는 1회에 40만1백41원의 수익을 거두는 것으로 발표하였다.[76]
이런 사실은 고가의료장비의 활용도와 수익성 간에 밀접한 관계가 있으

며, 본 연구의 대상사례에 있어서도 환자진료에 소요되는 각종의 시험과 처치 등과 같은 진료방법 등이 강남병원과 보라매병원의 진료비는 물론 경영성과에도 차이를 가져왔다는 것을 보여준다.

병원조직의 진료비 수준은 환자에게 제공하는 의료서비스의 양이나 환자가 수혜하는 진료량에 따라서 달라지기도 하는데, 연구대상 3개 병원의 진료량은 입원환자 재원일수를 통해서 살펴볼 수 있다. 평균재원일수는 일정 기간동안 입원하고 있는 환자가 평균 며칠간을 재원하고 있는가를 설명하는 지표이다. 평균재원일수가 길수록 진료의 집중도가 떨어지기 때문에 입원환자 1인당 1일 평균진료비는 감소하며, 반대로 재원일수가 짧아질수록 진료의 집중도가 높아지기 때문에 평균진료비는 증가하게 된다.[77]

다음의 〈표 3-34〉에는 각 병원의 평균재원일수가 나타나 있다. 이 표를 보면, 1996년에 보라매병원에 입원한 환자들의 총재원일수는 138,578명이고, 입원환자 실인원과 퇴원환자 실인원은 각각 9,438명과 10,958명으로 나타나고 있다.[78]

이를 산식에 따라서 계산해 보면 보라매병원의 평균재원일수는 13.6일이고, 강남병원의 평균재원일수는 14.6일이다. 이러한 결과는 보라매병원이 강남병원보다 진료집중도가 높다는 점을 보여주는데, 그 결과 보라매병원의 평균진료비가 강남병원보다 더 높은 이유를 부분적으로 설명해 준다고 하겠다.

---

76) 중앙일보, 97. 3. 31.
77) 한국의료관리연구원, 병원경영분석지표해설, 1995, 37면~38면. 많은 비용이 소모되는 각종 진찰과 수술이 입원 초기의 며칠 동안에 집중적으로 이루어지며, 장기 입원환자가 지불하는 진료비는 병상료와 투약비에 불과한 것이 일반적이라는 점을 통해서 쉽게 이해할 수 있다.
78) 동부병원의 경우에는 진료통계가 정리되어 있지 않아 정확한 수치를 산출할 수 없었다.

152

<표 3-34> 병원별 평균재원일수 비교(1996년)

(단위: 일)

구 분	총재원일수	입원실인원	퇴원실인원	평균재원일수
강남병원	157,487	18,889	10,674	14.6
보라매병원	138,578	9,438	10,958	13.6

자료: 각 병원 내부자료에서 재구성.

2) 비용구조 분석

병원조직의 경영성과는 의료수입 이외에 원가절감을 통한 비용최소화 여부에 의해서 영향을 받기도 한다. 병원조직이 지출하는 의업비용은 인건비와 관리비 및 재료비로 구성되지만, 공공조직의 비효율성이 주로 과잉인력과 고임금에서 비롯된다는 기존의 주장을 감안하여 여기서는 인건비와 관리비 및 인력효율성을 중심으로 살펴보기로 한다.

가. 인력규모

병원조직이 고용하고 있는 인력규모의 적정성은 경영성과에 많은 영향을 미치는데, 이는 해당 병원이 고용하고 있는 인력의 절대규모보다 각 병원의 업무량에 비추어서 논의하는 것이 타당하다고 할 수 있다. 이러한 관점에서 병원조직의 인력규모를 파악하기 위한 가장 적합한 지표는 조정환자 100명당 인력이다. 이 지표는 환자의 진료량을 고려하여 인력규모의 적정성을 판단하기 위한 것으로, 이 지표의 값이 높을수록 환자진료량에 비해서 인력이 과도하게 고용되어 있다고 할 수 있다.[79]

다음의 <표 3-35>에는 1996년에 각 병원에서 진료한 조정환자의 숫자와 함께 각 병원의 조정환자 100명당 인력이 직종별로 나타나 있다. 이 표에

---

[79] 한국보건의료관리연구원, 병원경영분석지표해설, 1995, 46면. 이 지표의 산식은 (직종별 인력×입원진료일수)÷(조정환자수÷100명)으로 계산된다.

따르면, 동부병원은 1996년 한 해 동안 216명의 인력을 투입하여 56,112명
의 조정환자를 진료함으로써 조정환자 100명당 140.5명이 투입된 것으로
나타나고 있다. 동일한 방법으로 산정된 강남병원과 보라매병원의 조정환
자 100명당 인력규모는 각각 93.9명과 104.7명이었다. 따라서 연구대상 3개
병원의 인력규모를 업무량에 비추어 보면, 동부병원의 인력효율성이 가장
낮다고 할 수 있다. 이에 반해서 강남병원은 동부병원은 물론 보라매병원
보다도 인력을 효율적으로 운영하고 있다고 할 수 있다.

〈표 3-35〉 조정환자 100명당 인력 비교(1996년)

(단위: 명)

구 분	동 부 병 원	강 남 병 원	보라매병원
조정환자수	56,112	232,737	227,949
인 력 규 모	216	599	654
조 정 환 자 100명당인력	140.5	93.9	104.7

자료: 각 병원 내부자료.

그러나 이러한 사실만을 가지고는 각 병원의 비효율성이 어디서 유래하
는 것인지를 파악하기 어렵다. 이러한 문제점을 보완하기 위해서는 각 병
원조직이 고용하고 있는 인력을 유형별로 살펴볼 필요가 있다. 왜냐하면
병원조직이 다양한 전문성을 가진 사람들이 모여서 환자를 진료하는 곳이
기 때문에 인력규모의 적정성이나 인력효율성도 직종별로 살펴볼 필요가
있기 때문이다.
다음의 〈표 3-36〉은 앞에서 제시된 것과 동일한 방식으로 각 병원조직
의 인력규모를 직종별로 살펴본 것이다. 이 표에 따르면, 동부병원의 인력
효율은 거의 모든 직종에서 상대적으로 떨어지는 것으로 나타났으나, 관리
직의 경우에는 강남병원보다 적은 인력으로 운영되는 특징을 나타내고 있
음을 알 수 있다. 앞에서의 분석에서는 강남병원이 인력효율성이 보라매병

원보다 높은 것으로 나타났는데, 직종별 인력효율에 있어서는 강남병원이 조정환자 100명당 의료직과 관리직을 각각 22.3명과 16.5명을 고용하고 있는 것으로 나타나 보라매병원의 20.3명과 6.4명에 못 미치는 것이다.

〈표 3-36〉직종별 조정환자 100명당 인력 비교(1996년)

(단위: 명)

구 분	조 정 환 자	조정환자 100명당 인력						
		전체	의료직	간호직	약무직	의료기사	관리직	기타
동부병원	56,112	140.5	26.7	53.3	4.6	12.4	11.1	32.5
강남병원	254,874	93.3	22.3	31.5	1.9	7.1	16.5	14.1
보라매병원	231,646	104.7	20.3	35.2	2.2	9.3	6.4	30.6

주: 보라매병원의 기타 직에는 기능직과 고용직을 합산함
자료: 각 병원 내부자료를 이용하여 재구성.

이러한 사실은 동부병원은 물론이고, 강남병원과 보라매병원과의 관계에 있어서도 인력효율성의 차이가 경영성과에 영향을 미친 또 다른 요인이라는 것을 보여준다.

나. 인건비

공공조직의 관리에 있어서 또 다른 논란은 과잉임금에 관한 것인데, 이 것은 다른 병원조직의 임금수준을 비교함으로써 파악할 수 있다. 이런 관점에서 여기서는 각 병원조직의 1인당 평균인건비를 살펴보았다.

다음의 〈표 3-37〉은 연구대상 3개 병원의 평균인건비를 나타낸 것이다. 이 표를 보면, 동부병원의 1996년도 1인당 인건비는 19,093천 원으로 다른 병원에 비해서 가장 적은 것으로 나타났으며, 강남병원은 23,599천 원으로 보라매병원의 21,064천 원보다 더 높은 것으로 나타났다.

〈표 3-37〉 병원별 1인당 인건비 비교(1996년)

(단위: 백만 원, 명, 천 원)

구 분	동부병원	강남병원	보라매병원
인 건 비	4,124	14,136	14,129
직 원 수	216	599	654
1인당 인건비	19,093	23,599	21,064

자료: 동부병원 내부자료 및 각 병원 회계감사보고서.

그러나 이러한 사실만을 가지고 강남병원이 보라매병원에 비해서 임금
수준이 더 높다고 주장하기에는 충분하지 않다. 왜냐하면 독립채산제에 의
해서 상업적으로 운영하는 것을 원칙으로 하고 있는 강남병원과 보라매병
원의 입장에서는 높은 임금을 지불하더라도 그것을 상쇄시키고도 남을 만
큼 높은 경영성과를 거둔다면 다른 병원보다 높은 임금을 지불하는 것이
특별한 문제라고 말하기는 어렵기 때문이다.

이와 같은 사실은 각 병원조직의 과잉임금 여부를 확인하기 위해서는
임금수준과 경영성과를 동시에 확인할 필요가 있음을 보여준다. 각 병원조
직의 상대적 임금수준을 확인하기 위한 방법은 의료수입 증가율과 임금증
가율을 비교해 보는 것이다.

다음의 〈표 3-38〉에는 각 병원조직의 의료수입 증가율과 1인당 인건비
증가율이 제시되어 있다. 이 표를 보면, 동부병원의 의료수입은 1995년도에
비해서 18.1%나 감소된 데 반해서 1인당 인건비는 3.3% 증가하였다. 또한
강남병원과 보라매병원의 의료수입 증가율은 각각 18.6%와 15.0%이며, 1
인당 인건비 비율은 9.6%와 6.6%이다.

동부병원의 의료수입이 감소하였음에도 불구하고 인건비는 증가한 것으
로 나타나고 있다. 또 강남병원과 보라매병원의 의료수입 증가율과 인건비
증가율을 비교해 보면, 보라매병원의 의료수입 증가율을 기준으로 할 때,
강남병원의 의료수입 증가율은 124%에 해당되며, 동일한 방식으로 산정된

강남병원의 1인당 인건비 증가율은 145%에 달하고 있다.

〈표 3-38〉 의료수입 증가율 대 인건비 증가율 비교(1996년)

구 분	동부병원	강남병원	보라매병원
전기 의료수입(백만 원)	3,341	21,642	27,024
당기 의료수입(백만 원)	2,735	25,670	31,082
의료수입증가율(%)	-18.1	18.6	15.0
전기 1인당 인건비(천 원)	18,486	21,540	20,271
당기 1인당 인건비	19,093	23,599	21,604
1인당 인건비 증가율(%)	3.3	9.6	6.6

자료: 동부병원 내부자료 및 각 병원 회계감사보고서.

이러한 사실은 동부병원의 보수체계가 시장과는 유리되어 운영되며, 이로 인해서 경영성과가 더욱 나빠졌다는 것을 보여준다. 아울러 보라매병원에 비해서 강남병원이 의료수입 증가율에 비해서 인건비 증가율이 더 높다는 사실은 상대적으로 과잉임금을 추구하고 있다는 것을 의미한다.

이러한 비용효율성의 차이가 경영성과에 미치는 영향은 각 병원조직의 요소별 원가구성비를 통해서 확인할 수 있다. 다음의 〈표 3-39〉에는 각 병원조직의 연도별 인건비 비율이 제시되어 있다. 이 표를 보면, 동부병원은 1993년 이후 인건비 비율이 매년 100%를 상회하고 있는데, 이는 동부병원이 의료수입만으로 인건비조차도 충당하지 못하고 있다는 것을 보여준다.

〈표 3-39〉 연도별 인건비 구성비율 추이

(단위: %)

구 분	1993	1994	1995	1996
동부병원	118.1	108.2	119.5	150.8
유사공공병원	43.8	46.2	45.7	
유사민간병원	37.9	40.2	40.5	
강남병원	46.0	48.7	57.5	55.1
보라매병원	38.5	40.2	43.5	45.5
유사공공병원	41.4	44.7	47.1	
유사민간병원	37.8	39.9	40.6	

자료: 강남병원 및 보라매병원 회계감사보고서, 각 년도 및 동부병원 내부자료.

강남병원이 보라매병원보다 경영성과가 악화된 요인 가운데 하나가 과잉인력과 고임금 때문이라는 점은 유사한 규모를 가진 공공병원이나 민간병원과 비교해 봄으로써 쉽게 이해할 수 있다. 보라매병원이 인건비 구성비 면에서 유사 규모의 공공병원보다 양호하고 민간병원에 거의 근접하고 있는 데 비해서 강남병원은 유사한 규모를 가진 민간병원은 물론이고 공공병원보다도 인건비 비율이 높게 나타나고 있다. 이러한 사실은 강남병원이 인력규모나 인건비 지출 등에 있어서 보라매병원보다 비효율적이며, 그 결과 보라매병원보다 수익성이 낮아졌다는 것을 보여준다고 하겠다.

다. 관리비

병원조직의 경영성과에 영향을 미치는 비용효율성은 관리비 수준을 통해서 살펴볼 수도 있다. 다음의 〈표 3-40〉은 각 병원조직이 1993년부터 1996년에 진료한 조정환자를 기준으로 병원별 관리비를 산정한 것이다.

158

<표 3-40> 연도별 환자1인당 관리비 비교

(단위: 명, 백만 원, 원)

구 분		1993	1994	1995	1996
동부병원	조정환자수	114,504	79,216	66,963	56,112
	관리비	1,124	1,252	1,532	1,797
	환자1인당 평균관리비	9,816	15,805	22,878	32,026
강남병원	조정환자수	208,414	200,218	217,425	232,737
	관리비	5,005	5,705	6,517	7,215
	환자1인당평균관리비	24,014	28,494	29,975	30,999
보라매병원	조정환자수	241,717	210,696	214,005	227,949
	관리비	4,847	5,238	6,080	6,926
	환자1인당평균관리비	20,053	24,860	28,412	30,384

자료: 각 병원 회계감사보고서, 각 년도 및 동부병원 내부자료에서 재구성.

이 표를 보면, 동부병원은 1993년에 114,504명의 환자를 진료하는데 총 1,124백만 원의 관리비를 지출하여 환자1인당 관리비는 9,816원으로 가장 적게 나타났으나, 1996년의 경우에는 56,112명의 환자를 진료하는 데 모두 1,797백만 원의 관리비를 지출하여 환자 1인당 32,026원의 관리비를 지출한 것으로 나타나고 있다. 이처럼 동부병원이 관리비 지출 면에서 강남병원이나 보라매병원보다 비효율적인 원인은 환자수는 대폭적으로 감소하였음에도 불구하고 관리비는 매년 지속적으로 증가하였기 때문이다.

한편, 1994년에 강남병원과 보라매병원의 차이가 매우 컸던데 반해서 그 후 강남병원과 보라매병원의 차이가 지속적으로 완화되고 있으나, 어떤 경우에 있어서나 강남병원의 환자 1인당 관리비가 보라매병원보다 높은 것으로 나타나고 있다. 따라서 환자 1인당 관리비 지출에 있어서 동부병원이 가장 높고, 강남병원보다는 보라매병원이 효율적이라고 할 수 있다.

이러한 관리의 비효율성이 경영성과를 악화시킨 요인 가운데 하나라는 사실은 연구대상 3개 병원의 관리비 구성비 추이를 유사한 규모를 가진 공공병원이나 민간병원과 비교해 봄으로써 쉽게 확인할 수 있다.

〈표 3-41〉 연도별 관리비 구성비율 추이

(단위: %)

구 분	1993	1994	1995	1996
동부병원	33.3	35.0	45.9	65.7
유사공공병원	21.9	22.3	21.6	-
유사민간병원	18.8	20.9	23.1	-
강남병원	26.5	28.1	30.1	28.1
보라매병원	24.0	22.7	22.4	22.3
유사공공병원	24.4	26.2	25.2	-
유사민간병원	18.4	19.2	19.8	-

자료: 각 병원 내부자료 및 '95병원경영분석, 한국보건의료관리연구원, 1996.

앞에 제시된 〈표 3-41〉를 살펴보면, 동부병원은 유사한 규모를 가진 민간병원은 물론 공공병원보다도 관리비 구성비율은 물론 연도별 증가율도 매우 높은 것으로 나타나고 있다. 강남병원과 보라매병원의 관계에 있어서는 인건비 비율과 마찬가지로 보라매병원은 유사한 규모를 가진 공공병원보다 효율적이고, 민간병원에 거의 근접하고 있음을 알 수 있다. 이에 비해서 강남병원은 유사한 규모를 가진 민간병원은 물론, 공공병원보다도 관리비 비율이 더 많이 지출되고 있어 수익성을 악화시키고 있음을 확인할 수 있다.

이러한 사실은 인건비와 함께 관리비가 강남병원의 수익성을 낮춘 원인 가운데 하나이며, 경영성과를 개선하기 위해서는 원가절감의 필요성이 높다는 것을 보여준다고 하겠다.

4. 소 결

여기서는 각 병원조직의 경영성과를 수입측면과 비용 측면으로 구분하고, 의업수입과 의업비용을 구성하는 각각의 요소들을 통해서 병원조직에 있어서 성과차이가 나타나는 원인을 살펴보았는데, 이제까지 살펴본 내용을 요약하면 다음과 같다.

첫째, 다른 병원에 비해서 동부병원의 경영성과가 낮은 직접적인 원인은 환자수가 적고 진료비도 낮았으며, 그 결과 인건비와 관리비 등의 지출비율도 매우 높았기 때문이라고 할 수 있다. 병원조직의 의료수입은 각 병원조직이 진료한 환자수와 진료비 수준에 의해서 결정되는데, 조정환자수로 환산된 진료실적에 있어서 동부병원은 강남병원과 보라매병원에 크게 미치지 못하고 있었다. 또 진료비에 있어서도 동부병원의 평균 진료비는 보라매병원과 강남병원의 절반 수준에 불과하였는데, 이처럼 진료환자수와 진료비가 낮다면 동부병원의 경영상태가 다른 병원보다 부실해지는 것은 당연하다고 할 수 있다.

둘째, 앞 절에서는 강남병원이 환자수 증가율 면에서 보라매병원보다 우수하였음에도 불구하고, 의료수입 증가율과 의료수입 의료이익률 면에서는 보라매병원에 미치지 못한 것으로 나타났다. 각 병원조직의 수입구조와 지출구조를 분석한 결과에 따르면, 이의 원인은 강남병원의 진료비가 보라매병원보다 낮아서 의료수입을 보라매병원만큼 획득하지 못하면서도 인력효율성과 평균인건비 및 관리비 등은 훨씬 비효율적으로 운영되었기 때문이라고 할 수 있는데, 1996년도의 실적을 중심으로 이를 살펴보면 다음과 같다.

먼저 강남병원이 1996년 한 해 동안 진료한 조정환자수는 232,737명으로 보라매병원의 227,949명보다 많았으나, 환자 1인당 평균진료비는 100,718원으로 보라매병원의 134,181원보다 낮았다. 그 결과 보라매병원은 환자진료를 통해서 31,082백만 원의 의료수입을 획득한 반면에 강남병원이 획득한 의료수입은 25,670백만 원으로 보라매병원보다 훨씬 적었다.

또 진료량을 고려한 인력규모에 있어서는 강남병원이 조정환자 100명당 93.3명을 고용하여 보라매병원의 104.7명과 동부병원의 140.5명에 비해서 훨씬 효율적인 것으로 나타났지만, 병원조직의 핵심인자라고 할 수 있는 의료직과 관리직의 인력효율성에 있어서는 보라매병원이 각각 20.3명과 6.4명으로 가장 효율적이었다.[80] 특히 강남병원은 조정환자 100명당 16.5명의 관리직을 고용함으로써 동부병원의 11.1명보다도 비효율적이었다.

직원 1인당 인건비 면에서는 강남병원이 23,599원으로 가장 많은 인건비를 지출하고 있었으며, 동부병원은 19,093원으로 가장 낮았다. 또한 전년대비 인건비 증가율에서도 강남병원은 9.6%로 보라매병원의 6.6%와 동부병원의 3.3%에 비해서 훨씬 많은 인건비를 지출하였다. 특히 이러한 인건비 수준을 의업수입 증가율과 비교한 결과, 동부병원은 전년도에 비해서 의료수입은 18.1%가 감소하였는데도 불구하고, 1인당 인건비는 3.3%가 증가하였다. 또 강남병원과 보라매병원의 관계에서 강남병원의 의료수입 증가율은 18.6%로 보라매병원의 15.0%보다 3.6%정도 높았으나, 1인당 인건비 증가율에서는 강남병원이 9.6%로 보라매병원의 6.6%보다 높은 것으로 나타났다. 이를 보라매병원을 기준으로 환산한 결과, 강남병원의 의료수입 증가율은 124%인에 반해서 1인당 인건비 증가율은 145%로서 의료수입 증가율보다 1인당 인건비 증가율이 더 높게 나타났다.

끝으로 조정환자 1인당 평균관리비에 있어서는 동부병원이 32,026원으로 가장 높았으며, 보라매병원의 1인당 평균관리비는 30,384원으로 강남병원의 30,999원보다도 적은 것으로 나타났다.

요컨대, 동부병원이 다른 병원보다 경영성과가 낮은 이유는 환자수, 진료비, 인력효율성, 의료비용 등의 모든 측면에서 발견되고 있었다. 또 강남병원과 보라매병원의 관계에 있어서 강남병원이 환자수 증가율과 의료수입 증가율 면에서 보라매병원보다 우수하였음에도 불구하고 수익성이 낮은 원

---

80) 이러한 차이가 나타나게 된 것은 보라매병원이 고용직 인력으로 76명을 고용하고 있기 때문이다. 이런 문제점 때문에 보라매병원은 이들을 해고하고, 현재 이들이 담당하는 업무를 민간에 대행하여 처리할 계획이다.

인은 상대적으로 낮은 진료비, 고임금, 과잉고용 및 관리의 방만성 때문이라고 할 수 있다.

그러나 이제까지의 설명은 문제의 소재(locus)를 제시한 것일 뿐이고, 그 근본적인 원인과 경로를 밝힌 것은 아니다. 이러한 관점에서 제기되는 문제는 다음과 같다.

첫째, 동부병원은 다른 병원에 비해서 환자수가 적고 진료비도 낮은 것으로 나타났다. 따라서 동부병원이 다른 병원보다 이처럼 열악할 수밖에 없는 근본적인 원인이 무엇인지를 밝혀야 한다. 병원조직의 성과분석에 관한 기존의 연구에서는 병상규모나 인력규모와 같은 병원조직의 자원능력이 경영성과에 영향을 미친다고 주장해 왔다. 이러한 관점에서 동부병원의 경영부실이 어디서 비롯된 것인지를 확인하고, 이러한 결과가 나타나게 된 원인을 병원조직의 자원능력과 관리특성 면에서 살펴볼 필요가 있다.

둘째, 동부병원과 강남병원의 경우 보라매병원에 비해서 관리의 비효율성이 상대적으로 높았으며, 그 결과 경영성과에도 부정적인 영향을 미치는 것으로 나타났다. 따라서 이러한 상이성이 나타나게 된 원인과 그로 인해서 경영성과에 미치는 영향을 실증적으로 분석할 필요가 있다.

제IV장 조직형태별 성과차이에 관한 분석

본 연구는 서울시 산하의 3개 병원을 대상으로 조직형태에 따라서 경영성과가 달라지는지의 여부를 확인하고, 그러한 차이가 나타나게 된 원인과 경로가 무엇인지를 밝히는 데 기본적인 목적이 있다. 여기서는 병원조직을 하나의 생산체(productive entity)로 인식하고, 병원조직의 경영성과는 생산요소에 해당되는 자원과 이러한 자원의 얼마나 효율적으로 활용하는지의 여부에 의해서 결정되는 것으로 파악하고 있다.

여기서는 먼저 정부통제의 차이가 병원조직의 자원능력과 관리노력에 어떤 영향을 미쳤는지를 살펴본 다음 이와 같은 차이로 인해서 병원조직의 성과차이가 나타나게 된 경로(paths)를 살펴보고자 한다. 여기서의 주된 관심은 병원조직의 투자결정이나 보상체계에 대한 정부통제가 차이가 병원조직의 조직특성이나 성과차이에 영향을 미치는 체계적인 차이(systematic differences)가 무엇인가 하는 점이다.

제1절 정부통제가 조직특성에 미치는 영향

앞서의 조직특성에 관한 분석에서는 연구대상 3개 병원의 자원능력과 관리특성이 서로 다르다는 점을 살펴보았다. 민간병원의 경우에는 이러한 요소들에 대한 궁극적인 결정권을 소유자가 행사하지만, 공적소유권에 토대를 두고 있는 지방공공병원의 경우에는 정부의 통제가 핵심적인 요인이 된다.

이와 같은 관점에서 여기서는 특히 제도적 측면을 중심으로 서울시의 통제양태가 병원조직의 자원능력과 관리특성에 미치는 영향을 살펴보고자 한다.

1. 통제의 양태와 자원능력

동부병원은 강남병원이나 보라매병원에 비해서 의료장비와 인력규모 및 진료과목 등과 같은 자원능력은 물론 전문성 면에서도 매우 열악한 실정이라는 점은 이미 살펴본 바와 같다. 연구대상 3개 병원에 있어서 이러한 차이가 나타나게 된 원인은 각 병원조직에 대한 서울시의 목표설정 과정과 예산 및 인력결정 과정 등을 통해서 살펴볼 수 있다.

1) 목표의 차이

병원조직의 시설과 의료장비 등은 병원조직의 목표를 달성하기 위한 수단에 해당되는 것이기 때문에 이러한 자원능력은 서울시와 서울시 의회가 설정하는 목표에 의해서 영향을 받을 수밖에 없다. 따라서 서울시의 통제양태가 병원조직의 자원능력에 미치는 영향은 시의회의 투자결정 과정을 통해서 살펴볼 수 있다.

동부병원이 병원운영에 필요한 예산을 성립시키기 위해서는 시의회의 의결을 얻어야 하며, 보라매병원과 강남병원의 경우에도 의료활동에 필요한 시설이나 장비 등은 모두 서울시가 제공하도록 되어 있기 때문에 이러한 보조금에 대해서는 보라매병원이나 강남병원도 서울시 의회의 의결을 받아야 한다는 점은 이미 살펴본 바 있다. 따라서 이러한 재원에 관한 한, 시의회의 의결을 받아야 한다는 점에서 연구대상 3개 병원은 모두 동일하다고 할 수 있다.

보라매병원이나 강남병원이 시의회의 의결을 받는 보조금은 병원의 기본적인 시설이나 고가의료장비를 구입하는 데 해당되는 것이 대부분이다. 따라서 이러한 재원에 관한 시의회의 의결과정에 어떤 차이가 있다면, 그것은 곧 각 병원조직의 자원능력에 영향을 미칠 수밖에 없다.

앞서의 분석에서는 강남병원이나 보라매병원이 병원시설을 끊임없기 확장하고 개수해 온 데 반해서 동부병원의 경우에는 이러한 개선이 전혀 이

루어지지 않았다는 점을 살펴보았다. 이런 근본적인 문제 때문에 동부병원
이 의료장비나 병상규모 면에서 다른 병원보다 열악할 수밖에 없다는 것이
동부병원 관계자의 설명이다.

> 첨단의료장비를 구입하는 것보다 이런 장비를 설치하려면 여러 가지
> 부대시설이 뒤따라야 되는데, 현재의 시설은 너무 낡고 협소하기 때문
> 에 이런 장비를 설치할 여력이 없으니까 그런 요구는 아예 꺼내지도
> 않습니다.[1]

이러한 문제점을 개선하기 위해서 동부병원은 2000년 6월의 개원을 목
표로 현재 새로운 병원을 신축중이다. 그러나 병원건물을 신축하더라도 병
상규모는 하나도 변화시키지 않을 계획이다.[2] 이처럼 병상규모를 예전의
수준으로 유지한다면, 진료과목을 확대하거나 최신 의료장비를 구입하는
데 일정한 한계가 있을 수밖에 없다. 병상규모가 확대되지 않는다면, 병원
을 신축하더라도 의료수요가 증가되지는 않을 것이므로 장비도입에 따른
채산성을 확보하기가 어려워지기 때문이다. 이 점에 대해서 동부병원의 관
계자는 "병상규모가 작으면 수용할 수 있는 환자수에 한계가 있기 때문에
MRI와 같은 고가의 장비를 도입하기는 어려울 것"이라고 설명한다.

따라서 병상규모를 현재의 수준으로 유지시키는 한 동부병원이 강남병
원이나 보라매병원과 같은 수준의 경쟁력을 갖추기는 힘들게 된다. 현재
의료산업이 매우 경쟁적인 상황이라는 점을 고려할 때, 동부병원이 병원건
물을 신축하더라도 장기적으로는 오늘날과 같은 열악한 상황에 처하게 될
것으로 예상할 수 있다. 이러한 사정에도 감안할 때, 신축중인 동부병원의
병상규모를 현재의 수준으로 유지하기로 한 이유가 무엇인지를 알아볼 필
요가 있다.

서울시 관계자에 따르면, 병상규모를 확대하기 위해서는 병원부지를 더
많이 확보해야 하는데, 기존의 부지가 한정되어 있기 때문에 병상규모를

---

1) 동부병원 관계자 면접내용, 1998. 5.
2) 서울시 보건사회국 '96주요업무계획.

늘리기 어려웠다고 한다. 그러나 동부병원보다 부지가 좁은 성바오로병원이 600병상규모라는 점을 고려할 때, 이러한 설명은 설득력이 약하다고 할 수 있다.[3]

따라서 동부병원이 기존의 병상규모를 유지하기로 한 실질적인 이유를 파악하기 위해서는 서울시와 시의회의 태도를 참고할 필요가 있다.

> 시의원들은 동부병원을 저소득층 진료를 전문으로 하는 행려병원으로 인식합니다. 예컨대 첨단장비를 이용할 사람들은 나름대로 수준이 있는 사람들이고, 이런 사람들은 보라매병원이나 강남병원같이 좋은 시설을 갖춘 병원에서 진료를 받으면 되니까 동부병원처럼 저소득층을 진료하는 병원에는 첨단장비가 필요 없다는 식이죠.[4]

요컨대, 일반진료기능을 수행하는 강남병원이나 보라매병원과는 달리 행려환자나 의료보호환자를 주로 진료하는 동부병원에 대해서 다른 병원과 유사한 수준의 병상규모를 확보하여 첨단의료장비를 투입할 필요가 없다는 것이 서울시 의회의 인식인 것이다. 이와 같은 사실은 각 병원조직에 대한 투자결정을 담당하는 시의회가 동부병원이 수행하는 공공기능을 강남병원이나 보라매병원의 기능과 다른 것으로 인식함으로써 동부병원이 자원능력 면에서 강남병원과 보라매병원보다 열악하게 되었다는 것을 보여준다.

서울시가 각 병원조직의 목표를 전환시킨 이후에도 이러한 차이는 개선되지 않고 있다. 행려환자나 의료보호환자에 대한 진료비는 매우 저렴할 뿐 아니라, 이를 온전히 확보하기도 매우 어렵기 때문에 이들만을 대상으로 병원경영을 개선하기란 불가능하다.

---

3) 연구과정에서 만난 동부병원 관계자는 부지의 면적만을 고려한다면 현재의 기존의 동부병원 부지만 활용하더라도 400병상 정도는 충분히 건축할 수 있다고 확인해 주었다.
4) 동부병원 관계자 면접내용, 1998. 5.

　　의료보험제도를 실시하기 전에는 의료장비나 전문 인력이 부족하더
라도 진료비가 워낙 저렴했기 때문에 그럭저럭 유지해 나갈 수 있었습
니다. 그런데 의료보험을 실시한 이후에는 싼값에 이용할 수 있는 좋은
병원들이 많이 생겨서 아무도 동부병원에는 오지 않으려고 합니다.5)

　이런 경우라면 동부병원이 예전과 같이 진료비의 저렴성만을 가지고 운
영되기에는 한계가 있을 수밖에 없다. 특히 서울시의 의료보호대상자 자체
가 1993년에 182,983명, 1994년에 146,733명, 1995년에 126,187명 및 1996년
에 119,335명으로 지속적으로 감소하는 추세에 있다는 점을 감안할 때,6)
동부병원으로 하여금 현재와 같은 기능만을 수행하도록 하면서 동시에 경
영상태도 개선되기를 기대하는 것은 현실성이 부족하다고 할 수 있다.

　이러한 문제점 때문에 서울시는 동부병원의 신축과 함께 동부병원의 기
능을 전환하기로 하였다. 이런 사실은 서울시가 동부병원을 신축한 이후에
동부병원의 기능을 이제까지의 행려환자나 의료보호환자에 대한 진료 이외
에 일반진료기능을 추가할 것이라는 점을 명백하게 밝히고 있는데서 확인
할 수 있다.7)

　서울시가 동부병원의 경영개선을 도모하기 위하여 강남병원이나 보라매
병원과 근접하도록 동부병원의 목적과 기능을 전환하였다면, 이제까지 투
자결정과정에서 나타났던 차별적인 태도는 완화될 것으로 기대하는 것이
합리적일 것이다. 그러나 동부병원에 대한 서울시의 정책목표가 변화되었
음에도 불구하고 실제로는 이러한 변화가 반영되지 않고 있다.

　　처음에 병원을 신축할 때는 400병상규모로 건축하되, 예산압박을 덜
기 위해서 200병상씩 두 차례로 나누어서 건축할 계획이었죠. 그런데
시의회에서는 보라매병원과 강남병원에서 일반환자를 진료하고 있는

5) 동부병원 관계자 면접내용, 1998, 5.
6) 그 결과 1997년에는 서울시 전체 인구의 약 1.4%인 112,421명만이 의료보
　호대상에 해당되고 있다. 서울시 보건사회국, 의료보호대상자는 1종, 2종 및
　의료부조로 구분되는데, 이 가운데 의료보조는 1994년부터 폐지되었다.
7) 서울시 자치1년 백서, 1996, 210면.

상황에서 노인병동이나 저소득층과 같은 특수진료기능 위주로 운영되는 동부병원에 그렇게 많은 예산을 사용하는 것은 낭비라는 것이죠. 그 결과 병상규모를 하나도 늘리지 않은 채 병원건물만을 신축하기로 결정된 겁니다.[8]

이러한 사실은 서울시가 기존의 동부병원의 기능에 일반진료 활동을 추가해 놓고서도 동부병원을 과거와 같이 저소득층만이 이용하는 병원으로 역할을 지우거나, 정책목표의 변화에 따라 합리적으로 행동하지 않음으로써 병원조직의 자원능력에 차별적인 영향을 미치고 있다는 것을 보여준다.

병원조직의 목표에 대한 시의회의 인식은 서울시 공무원들을 통해서 병원조직에 영향을 미치기도 한다. 왜냐하면 시의회의 견제를 받아야 하는 서울시의 입장에서는 시의회의 입장을 감안하지 않을 수 없기 때문이다.

동부병원에 관한 것은 모두 서울시 의약과에서 시키는 대로 하게 되어있습니다. 서울시의 입장에서 보면 시의원들이 어떻게 생각할지를 고려하지 않을 수 없죠. 그러다 보면 동부병원에서 요구하는 것을 서울시 의약과에서 미리 삭감하거나 승인하지 않는 경우도 많죠.[9]

말하자면, 서울시 산하병원에 대한 감독권을 가지고 있는 서울시 의약과가 시의회의 입장을 고려해서 미리 각 병원의 요구사항을 삭감하기도 한다는 것이다. 이러한 사실은 정책결정에 있어서 서울시 공무원들이 정치적 이해관계를 미리 고려함으로써 병원조직에 영향을 미치고 있다는 것을 보여준다.

---

8) 동부병원 관계자 면접. 실제로 동부병원의 신축공사를 하기 위한 전단계로서 시장과 시의회는 동부병원을 축소운영하기로 결정하고, 이에 따른 인력 감축을 내용으로 하는 '병원경영개선지침'을 시달한 바 있다. 동부병원, '95 행정사무감사 보고업무 자료.
9) 동부병원 관계자 면접내용.

2) 예산의 편성 및 집행과정의 차이

병원조직의 자원능력은 예산과정에 의해서도 영향을 받는다. 각 병원조직의 예산과정에 대한 통제의 양과 방법이 다르면, 예산에 대한 접근성 (access to resources)도 달라지게 마련이다.[10] 병원조직의 자원능력은 해당 병원이 확보할 수 있는 예산의 규모에 좌우되기 때문에 이러한 차이는 각 병원조직의 자원능력에 영향을 미치는 원인으로 작용하게 된다. 서울시 산하의 공공병원에 대한 예산통제는 주로 서울시와 시의회에 의해서 이루어지고 있으므로 여기서는 이를 중심으로 자원능력에 미치는 영향을 살펴보기로 한다.

본 연구의 대상인 3개 병원은 모두 처음에 서울시 산하의 시립병원으로 출발하여 그 재원도 일반회계로 충당하였으나, 지금은 모두 서로 다른 형태의 회계제도를 적용하고 있다. 즉, 동부병원은 일반회계를 적용하고 있는 반면에 강남병원과 보라매병원은 기업회계기준에 의한 독립채산제를 채택하고 있는 것이다.

그 결과 강남병원과 보라매병원은 보조금을 제외한 일반예산에 관해서 시의회의 의결을 받지 않는다. 이에 반해서 동부병원은 사업소 형태로 운영되기 때문에 병원운영에 필요한 예산을 확보하기 위해서는 서울시장의 승인은 물론이고 시의회의 의결도 받아야 한다. 이러한 사실은 동부병원의 예산과정이 강남병원이나 보라매병원보다 경직적이라는 것을 의미하는데, 이러한 경직성은 각 병원조직의 자원능력에 영향을 미친다.

의회의 승인을 받지 않고 자기의 수입 내에서 지출을 할 수 있다면 사소한 물품 등을 필요에 따라서 구입할 수 있지만, 의회의 승인을 받아야 하는 동부병원의 경우에는 예산편성 당시에 예측하지 못했던 지

---

10) Peffer와 Salancik에 따르면, 자원에 대한 접근성은 소유권(possession)과 함께 통제의 토대가 되는 중요한 요인이라고 한다. Peffer, J. & Salancik, G. R., *The External Control of Organization: A Resource Dependence Perspective*, Harper & Row, 1978, pp.47~48.

출항목이 발생하더라도 예산에 반영되어 있지 않으니까 결국 예산을 편성하고 나서 1년이 지난 다음에야 비로소 필요한 물품을 구입할 수 있게 되죠.11)

말하자면, 동부병원의 경우에 강남병원과 보라매병원과 달리 시의회의 정치적 통제를 받고 있기 때문에 필요한 예산을 적기에 확보하기 어려우며, 이로 인해서 필요한 자원이 부족한 경우가 발생한다는 것이다.

예산과정의 경직성이 자원능력에 미치는 영향은 서울시 본청과의 관계에서도 찾아볼 수 있다. 동부병원은 일반회계를 적용하고 있기 때문에 다른 일반부처와 마찬가지로 예산 및 결산 등에 관해서 서울특별시재무회계규칙의 적용을 받는다. 동부병원은 서울시의 지침에 따라 작성된 예산요구서를 본청의 예산담당관에게 제출할 뿐이고, 실질적인 예산편성은 본청의 사정에 따라 시장이 전적으로 결정하도록 되어 있다.

병원운영에 필요한 예산을 성립시키기 위해서 서울시장의 승인을 받아야 한다는 점은 강남병원과 보라매병원도 동일하다. 그러나 이들은 독립채산제로 운영되고 있기 때문에 동부병원보다 비교적 용이하게 예산승인을 받을 수 있다. 왜냐하면 공공조직에 있어서 특별회계를 적용하는 이유는 자기의 수입을 가지고 필요한 지출을 할 수 있도록 함으로써 예산운영에 관한 관료적 통제를 완화하려는 데 있기 때문이다.12) 이는 병원관계자들과의 면접과정을 통해서도 확인할 수 있었다.

예전에 특별회계를 적용할 때에는 동부병원도 서울시로부터
예산을 승인 받는 것이 비교적 용이했어요.13)

---

11) 동부병원 관계자 면접내용, 1998. 5.
12) Dunsire 등은 별도의 회계를 적용할 경우에는 어느 정도 독립적으로 지출을 할 수 있기 때문에 일반예산으로 운영되는 정부부처보다 재량적이고 상업적으로 운영될 가능성이 높아진다고 주장한다. Andrew Dunsire, Keith Hartley, David Parker and Basil Dimitrioiu, Organizational Status and Performance: A Conceptual Framework for Testing Public Choice Theories, *Public Administration*, Vol. 66(Winter, 1988), p.367.

　　예산 및 회계제도로서 독립채산제를 채택하고 있다는 것은 자기의
수입으로 자기가 지출하는 것이니까 크게 통제할 필요가 없는 거죠. 그
렇지만 동부병원의 경우에는 자기 수입이 아니라 서울시의 예산에 의
존해서 생활하는 것이니까 쉽게 승인을 해주지 않을 겁니다.14)

　이러한 사실은 연구대상 3개 병원이 예산의 편성에 관한 서울시의 승인
을 받아야 하는 것은 동일하지만, 그 실질적인 내용에는 많은 차이가 있다
는 것을 보여준다. 즉, 강남병원과 보라매병원의 경우에는 독립채산제를 채
택하고 있기 때문에 서울시의 승인은 형식적인 것일 뿐이고, 예산을 삭감
당하는 일도 적고 승인을 받기도 쉬워서 사실상 보고하는 것과 다름없다는
것이 관계자의 설명이다.15) 이와는 달리 동부병원은 자기의 수입으로 지출
을 하는 것이 아니라, 시의 일반예산에 의존하기 때문에 예산을 삭감당하
는 일도 많고, 승인을 받는 것도 훨씬 까다롭다고 한다. 병원조직이 확보할
수 있는 예산규모에 의해서 자원능력이 좌우된다는 점을 고려할 때, 이처
럼 예산확보의 용이성에 차이가 있다면 각 병원의 자원능력에도 차이가 나
타나는 것은 당연하다고 할 수 있다.
　예산과정의 차이가 각 병원조직의 자원능력에 미치는 영향은 예산의 집
행과정에서도 찾아볼 수 있다. 예산의 배정에 있어서 동부병원은 시본청의
기획관리실장을 거친 다음에 예산의 재배정에 관하여 다시 서울시 보건사
회국장의 결재를 받아야 한다. 이와 같이 본청의 국장과 기획관리실장의
결재를 받아야 하는 것은 예비비를 사용할 경우에도 동일하다. 따라서 동
부병원의 경우에는 예비비 등을 구성원들에 대한 유인으로 활용할 수 없으
며, 이러한 경직성 때문에 필요한 물품을 제때에 구입하지 못하는 경우도
많다는 것이 동부병원 관계자의 설명이다.16)
　이에 반해서 강남병원과 보라매병원은 일단 서울시장의 승인을 받은 예

---

13) 동부병원 관계자 면접내용, 1998. 5.
14) 강남병원 관계자 면접내용, 1998. 5.
15) 동부병원 관계자 면접내용, 1998. 5.
16) 동부병원 관계자 면접내용, 1998. 5.

산에 대해서는 별도의 승인이 없이 자율적으로 활용할 수 있는 여지가 크다. 예컨대 예비비를 신규사업에 활용하고자 할 때에는 강남병원도 서울시장의 승인을 받아야 하지만, 경영평가에 따른 성과급과 같이 연례적으로 지출되는 사항에 대해서는 별도의 승인이 없이 자유롭게 활용할 수 있기 때문에 동부병원과 같은 문제점은 많이 완화되어 있다고 할 수 있다.

> 강남병원과 동부병원을 비교해 보면, 명시적으로 나타나는 봉급차이는 적습니다. 그러나 강남병원은 자기가 수입을 가지고 보수를 지급하기 때문에 각종 학회보조비 같은 부수적인 것이 많습니다. 그런데 동부병원의 경우에는 예산서에 명확하게 기재된 보수만을 지급하도록 되어 있기 때문에 그런데서 많은 차이가 있죠.[17]

이러한 차이는 진료과목을 조정할 때에도 동일하게 나타나고 있다. 동부병원과 보라매병원은 시립병원이기 때문에 진료과목을 변경하기 위해서는 서울시립병원직제규정을 개정해야 한다. 그러나 1995년에 개정된 직제규정에서는 보라매병원은 동 규정의 적용대상에서 제외되었기 때문에 보라매병원의 진료과목에 관한 사항은 서울대학교병원의 판단에 따라서 자율적으로 변경시킬 수 있게 되었다.[18]

이에 반해서 동부병원이 진료과목을 증가시키거나 변경하기 위해서는 서울시립병원직제규정을 개정해야 한다. 강남병원은 자체적인 직제규정을 가지고 있지만, 진료과목을 증감시키기 위해서는 서울시로부터 강남병원직제규정의 변경에 관한 승인을 받아야 하는 것은 마찬가지이다. 따라서 진료과목을 변경하기 위해서 서울시의 승인을 받아야 한다는 점에서 양자는 동일하다고 할 수 있다.

그러나 서울시의 승인을 받는 데 있어서 강남병원과 동부병원 사이에는

---

17) 동부병원 관계자 면접내용, 1998. 8.
18) 직제개정은 1995년 3월에 이루어졌지만, 보라매병원은 위탁계약 체결 이후부터 사실상 이 규정의 적용을 받지 않고 위탁계약서에 따라 자율적으로 진료과목을 설정해 오고 있다.

약간의 차이가 있다. 진료과목을 변경하기 위해서는 병상수의 증감, 의료진의 충원 여부, 의료의 질과 의료서비스의 다양성 및 사회적 환경의 변화 등을 고려해야 하는데, 이런 요인들은 모두 예산을 수반하기 마련이다. 따라서 자체 재원이 없이 일반회계에 크게 의존하고 있는 동부병원은 여러 가지 제약을 받을 수밖에 없으며, 서울시도 예산제약을 고려해야 하기 때문에 엄격한 태도를 취하지 않을 수 없다. 이에 반해서 독립채산제로 운영되는 강남병원의 경우에는 진료과목을 변경하는 데 대해서 서울시가 비교적 관대한 입장을 취하게 된다.

　　진료과목의 변경에 관해서는 이사회의 의결을 얻은 다음에 서울시로부터 직제규정 변경에 관한 승인을 받아야 하는데, 일단 결정된 사항에 대해서는 대부분 승인을 해주고 있습니다.19)

3) 정원의 조정 및 충원과정의 차이

앞에서는 동부병원의 인력규모가 강남병원과 보라매병원보다 매우 열악한 데 반해서 강남병원은 비교적 넉넉한 인력을 보유함으로써 인력효율성이 저조한 것으로 나타났다. 이러한 차이를 이해하기 위해서는 각 병원조직의 인적자원에 대한 서울시의 통제양태를 살펴볼 필요가 있다. 연구대상 3개 병원은 조직형태가 다르기 때문에 구성원의 신분에도 근본적인 차이가 존재하는데, 이 때문에 각 병원조직에 대한 서울시의 통제양태에도 많은 차이가 있다.

특히 병원조직의 구성원들은 의료수요를 스스로 창출하기도 하지만, 이들의 임금은 매우 높은 특성을 갖는다. 따라서 병원조직이 경영성과를 높이기 위해서는 병원의 필요에 따라서 탄력적으로 인력을 운영할 수 있어야 하는데, 이 점에 관해서 동부병원과 강남병원 및 보라매병원은 근본적으로 다르다.

---

19) 강남병원 관계자 면접내용, 1998. 5.

이러한 차이가 각 병원조직에 미치는 영향은 자원능력 가운데 특히 인적자원에 관한 것이므로 여기서는 정원의 조정과 임용방식을 포함한 충원과정을 중심으로 살펴보기로 한다.

먼저 보라매병원은 그 운영권을 서울대학교 병원에 위탁한 것이기 때문에 구성원들은 서울대학교 병원의 직원의 신분을 갖는다. 따라서 보라매병원의 인력에 관한 사항은 전적으로 서울대학교 병원장이 행사하며, 서울시의 통제는 전혀 받을 필요가 없다.

> 정원이든 뭐든 병원을 운영하는 것은 서울대학교병원에서 전적으로 알아서 할 일이지, 그런 문제에 대해서 일일이 간섭을 받아야 한다면 우리가 이 병원을 맡아서 운영할 이유가 없죠.[20]

따라서 보라매병원이 필요한 인원을 충원하기 위해서는 보라매병원운영위원회의 심의를 거쳐서 서울대학교병원 원장의 승인을 얻은 다음 이사회에 보고하는 것으로 충분하며, 병원 스스로의 필요에 따라 인원을 충원하고 있기 때문에 증원을 하는 것은 언제든지 가능하다. 또 인력을 줄여야 할 경우도 있을 수 있는데, 이때는 정원의 범위 내에서 실인원을 줄이면 그만이므로 별도의 절차를 밟아야 할 필요는 없다.

강남병원은 지방공기업법에 의거하여 설립 운영되고 있는데, 동 법에서는 정원에 관한 사항을 정관기재사항으로 규정하고 있다. 따라서 정원을 조정하기 위해서는 서울시장을 거쳐서 지방공기업법 제56조 3항에 따라 행정자치부 장관의 인가를 받아야 한다. 서울시와 행정자치부의 통제를 받아야 한다는 점에서 동부병원과 강남병원은 동일하다고 할 수 있다. 그러나 지방공사의 정원조정에 대해서는 해당 지방공사가 부단위를 신설하거나 규정 제정 당시 정원의 5% 범위를 넘어설 경우에만 행정자치부의 인가를 얻고, 그 나머지의 경우에는 서울시가 자체적으로 결정할 수 있도록 경과규정을 두고 있다. 강남병원의 경우에 아직까지 부단위를 신설하거나 정원의

---

20) 보라매병원 관계자 면접내용, 1998. 5.

5% 이상을 증원한 경우가 없으므로 정원에 관해서는 서울시장이 전권을 행사한다고 할 수 있다.[21] 그런데 강남병원의 경우 새로운 진료과가 개설되거나, 질병을 특화시킬 경우, 불임클리닉과 같은 의료서비스를 확대할 경우나 새로운 장비가 보강된 경우와 같이 정원을 늘려야 할 필요성이 있을 때는 서울시에서 거의 승인을 해주고 있어 이에 관해 특별한 문제는 없다는 것이 관계자의 설명이다.[22]

정원에 관해서 서울시장의 승인을 받아야 하는 것은 동부병원도 동일하지만, 강남병원과 동부병원 사이에는 근본적인 차이가 있다. 강남병원의 정원에 관해서는 서울시장이 스스로의 판단에 따라 승인 여부를 결정할 수 있지만, 동부병원의 구성원들은 공무원이기 때문에 이들의 정원은 행정자치부가 정한 총정원에 관한 규정을 적용받아야 한다. 따라서 서울시장이 동부병원의 인력을 증원하고자 한다면, 서울시 내부의 다른 부서의 인력을 줄이거나 행정자치부의 승인을 받아서 총정원을 늘리는 수밖에 없다. 이러한 사실은 정원조정에 있어서 동부병원이 가장 경직적이라는 것을 의미하며, 동부병원의 진료과목별 전문의 정원이 강남병원과 보라매병원보다 훨씬 적게 배정되어 있는 이유를 설명해 준다고 하겠다.

연구대상 3개 병원은 구성원의 충원과정도 다르며, 이로 인해서 자원능력에도 차이가 나타나고 있다. 보라매병원의 경우 모든 인력은 완전히 공개채용방식으로 충원하도록 되어 있다. 전문의를 임용할 때에는 지원자의 임상실적이나 연구실적 등을 검토한 다음 보라매병원이 서울대학교 본원에 임용을 요청하면 서울대학교 본원 원장의 승인을 거쳐서 서울대학교 총장이 임명을 하도록 되어 있다.[23] 그러나 보라매병원장은 필요한 임용절차를

---

21) 사실 지방공사의 정원에 관한 사항은 행정자치부 장관의 인가를 받도록 되어 있지만, 그러한 제약은 그렇게 강하지 않다고 할 수 있다. 특히 지방공기업법이 개정되어 지방공단 및 지방공사의 설립 등에 관한 모든 권한을 자치단체로 이관할 예정으로 있기 때문에 이런 문제에 대해서는 서울시가 전권을 행사하게 될 것으로 예상된다.
22) 강남병원 관계자 면접내용, 1998. 5.
23) 서울대학교 총장이 임명을 하는 것은 전문의 가운데 서울대학교 의과대학

176

밟는 데 불과하고, 실질적인 임용처리는 모두 서울대학교병원 본원에서 이루어진다고 할 수 있다. 왜냐하면 보라매병원장이 서울대학교병원 본원에 추천하는 후보자들은 사실상 서울대학교병원 본원의 각과 주임교수들이 미리 추천한 사람들을 단지 보라매병원장이 추천하는 형식을 밟기 때문이다.

강남병원의 구성원에 대한 임명권은 병원장에게 있다. 관리직의 경우에 사실상 면접만을 실시하고, 간호사의 경우에는 학교성적과 면접시험을 통해 선발하지만, 어떠한 경우든지 외형상으로는 공개채용의 형태를 띠고 있다. 전공의의 경우에는 다른 병원과 마찬가지로 공개모집을 통해서 지원자를 신청 받은 다음에 병원협회에서 주관하는 시험에 합격한 사람을 채용하고 있다.24) 전문의의 경우에는 적절한 인력을 구하기 어려운 실정이기 때문에 새로운 전문의가 필요한 때에는 미리 대학병원에 필요한 인력을 추천해 주도록 요청한 다음, 대학병원에서 추천한 사람을 전문의로 임용하고 있다. 요컨대 보라매병원과 강남병원은 정원의 한도 내에서 필요한 인력을 자기의 재량껏 선발할 수 있는 것이다.

이에 비해서 동부병원의 구성원들은 공무원의 신분을 가지고 있기 때문에 스스로 필요한 인력을 충원할 수 있는 방법은 없다. 간호사와 약사 및 의료기사들도 모두 일반공무원의 신분이기 때문에 이들은 서울시의 공무원 시험과 임용절차를 거친 다음 동부병원에 발령을 받아서 근무할 뿐이다. 따라서 동부병원의 입장에서는 병원실정에 필요한 적격자를 선발할 수 있는 과정이 원천적으로 봉쇄되어 있다. 다만, 전문의의 경우에는 병원의 요청에 의해서 필요한 인력이 충원되기 때문에 병원 측이 관여할 수 있는 여

겸임교수의 신분을 가진 경우에만 해당되기 때문에 서울대학교병원의 의사라고 하더라도 겸직교수가 아닌 경우에는 공무원의 신분을 갖지 않는다. 이러한 사실은 구성원의 신분이라는 면에서 동부병원과 보라매병원을 구별시켜 주는 중요한 요소라고 할 수 있다.

24) 전공의의 경우에는 공개모집을 통해서 지원자를 받은 다음에 병원협회에서 주관하는 시험에 합격한 사람을 채용하는데, 전공의의 정원이나 선발 등에 관해서는 병원협회에서 공동관리하기 때문에 공개채용에 관해서는 모든 병원이 동일하다고 할 수 있다.

지가 있을 뿐이다.

동부병원에서 전문의를 충원할 때는 공고를 하여 지원을 받은 다음에 각과의 과장들이 자체적으로 면접을 한다. 그러나 이러한 과정을 통해서 적격자를 선발하더라도 임명이 확정되는 것은 아니다. 동부병원의 전문의들은 전문직 공무원의 신분이기 때문에 병원장은 선발된 후보자를 서울시 의약과를 통해서 추천할 뿐이고, 서울시의 인사위원회를 거쳐서 시장이 최종적으로 임명을 하도록 되어 있기 때문에 전문직 의사를 충원하는 데 있어서 동부병원의 재량권은 제약될 수밖에 없다.

서울시 인사위원회에서 전문직 의사를 심사할 때에는 주로 정원과 현원과의 관계나 예산관계 또는 지원자 개인의 자격기준과 같은 점들을 검토하게 된다. 그러나 이와 같은 사항들은 병원 측이 서울시에 추천을 할 때, 충분히 고려하지 않을 수 없기 때문에 실질적인 심사는 이루어지지 않는다고 할 수 있다. 그럼에도 불구하고 이들은 전문직 공무원의 신분을 갖기 때문에 인사위원회의 심사와 시장의 임명절차를 생략할 수 없는 실정이다.

> 신규인원을 충원할 때 우리 병원에서 스스로 결정하면 1주일이면 충분한 것을 서울시의 여러 단계를 거치다 보면 발령이 날 때까지 보통 2개월이나 3개월씩 걸리는 경우도 있습니다. 이런 식으로 절차를 밟으면서 임용날짜를 기다리다가 다른 병원으로 가버리는 경우도 있죠.[25]

이와 같은 사실은 동부병원에 있어서 충원과정의 경직성이 인적자원을 확보하는 데 또 다른 장애요소로 작용한다는 것을 시사한다.

2. 통제의 양태와 관리특성

앞서의 분석에서는 각 병원조직의 전문성과 관리노력에 차이가 있음을 살펴보았다. 정부의 통제양태는 이러한 병원조직의 관리특성에도 영향을

---

25) 동부병원 관계자 면접내용, 1998. 5.

미치는데, 이것은 주로 구성원의 신분에 따르는 근무행태와 보상체계 등을 통해서 살펴볼 수 있다.

1) 인사교류 방법의 차이

각 병원조직에서 근무하는 의료직들의 근속기간과 현부서 근무기간에 차이가 있으며, 이는 인사교류 방법 때문이라는 것은 이미 살펴본 바와 같다. 특히 동부병원의 전문의들은 다른 병원의 전문의들보다 현부서 근무기간이 긴 것으로 나타났는데, 실무적 경험을 중시하는 병원조직의 특성을 고려할 때 다른 조건이 동일하다면 재직기간과 현부서 근무기간이 길수록 업무능력은 높아질 것으로 예상할 수 있다.

그러나 동부병원의 경우에는 이러한 요소들이 전문성을 제고하는 데 긍정적인 영향을 미치지 못하고 있다.

> 전문의들 가운데 나이든 사람들은 다른 병원으로 옮길 형편도 안 되고, 설사 옮긴다고 해도 여기 같은 대우를 받기도 어렵습니다. 또 여기보다 대우가 좋은 민간병원에서 요구하는 노동강도나 스트레스를 감당하기도 어렵기 때문에 환자수도 적고 첨단기술도 필요 없는 동부병원에 남아있다고 봐야죠.26)

말하자면, 동부병원의 구성원들은 높은 전문성이나 노동강도를 감당하기 어려울 뿐 아니라 그럴 필요성도 없기 때문에 전문성을 향상시키려는 동기가 약하다는 것이다. 더욱이 동부병원과 인사교류를 하는 다른 병원조직이 동부병원보다 전문성이 높다고 보기 어렵기 때문에 다른 병원과의 인사교류를 통해서 전문성이 향상되기를 기대하기는 어렵다는 것이 관계자의 설명이다.

이에 비해서 보라매병원의 전문의들은 서울대학교 본원과의 인사교류를 통해서 자기발전과 전문성 향상을 도모하고 있었다. 보라매병원 관계자에

---

26) 동부병원 관계자 면접내용, 1998. 5.

따르면, 보라매병원의 의사들은 보라매병원의 의사가 됨으로써 서울대학교 병원의 겸직교수로 임용되거나, 자기발전의 욕구를 충족시키기 위해서 보라매병원으로 옮겨온 경우가 대부분이라고 설명한다.[27] 또한 의학기술이 발달함에 따라서 이미 전문의 자격을 획득했다고 하더라도 최신의 의학정보를 꾸준히 습득하지 않고서는 자기의 전문성을 유지하기 어려워진다고 한다.

이러한 측면에서 볼 때, 보라매병원과 서울대학교 병원과의 인사교류는 의사들에게 최신의 의학기술과 지식을 제공해 줄 수 있는 학습장으로 작용한다고 할 수 있다.

> 저희 병원의 의사들은 일단 임용이 되면 서울대학교 병원을 오가면서 진료를 할 뿐 아니라, 본원의 교수들과 공동학습이나 세미나 등을 통해서 많은 교류를 갖도록 되어 있습니다.[28]

이와 같은 사실은 보라매병원이 서울대학교 의과대학과 다양한 교류를 통해서 전문성을 확장시켜 나가고 있음을 보여준다. 동부병원의 경우에는 순환근무가 구성원의 전문성을 약화시키는 역기능을 하는 데 반해서, 보라매병원의 구성원들은 서울대학교병원과 순환근무를 통해서 자기발전을 도모할 수 있다는 점에서 근본적인 차이가 있는 것이다.

이런 현상은 의사를 제외한 나머지 구성원들에게서도 발견되고 있다. 앞서의 분석에서 동부병원의 간호사들이 보라매병원이나 강남병원에 비해서 평균근속기간과 현부서 근무기간이 긴 것으로 나타났으며, 이의 원인은 인사교류 방법의 차이 때문이라는 것을 살펴보았다. 즉, 보라매병원의 간호사들은 서울대학교 병원과, 그리고 강남병원의 간호사들은 병원 내부적으로 인사교류를 실시하는 데 비해서 동부병원의 간호사들은 시산하의 특수병원이나 보건소를 순환하면서 근무하고 있다. 병원조직이 실무적 경험을 중시한다는 점을 고려할 때, 이러한 차이는 적응의 문제를 제기하며, 이로 인해

---

27) 보라매병원 관계자 면접내용, 1998. 5.
28) 보라매병원 관계자 면접내용, 1998. 5.

서 간호인력의 전문성에도 영향을 미치게 된다.

먼저 보라매병원의 간호사들은 서울대학교병원과 순환근무를 하고 있는데, 서울대학교 병원과 보라매병원은 모두 일반병원으로서 업무특성의 차이가 거의 없을 뿐 아니라, 오히려 3차 진료기관과 2차 진료기관 사이의 순환근무를 통해 임상경험을 쌓을 수 있다. 또 강남병원의 간호사들도 순환근무를 하고 있지만, 이들은 모두 병원 내부의 간호부와 간호 1, 2과를 순환할 뿐이기 때문에 적응의 문제는 상대적으로 적다고 할 수 있다.

이에 비해서 동부병원의 간호사들은 일반공무원의 신분을 가지고 있기 때문에 이들은 보건소나 직영으로 운영되는 다른 병원에서 순환보직을 통해서 충원되는 것이 일반적이다. 그런데 동부병원 이외의 시산하의 병원들은 대부분 특수병원이기 때문에 병원마다 과별 특성이 달라서 순환을 할 때마다 새로 적응해야 되는 문제점이 있다. 특히 보건소와 일반병원 간에는 업무의 복잡성과 전문성에 차이가 있기 때문에 병원에서 근무하던 사람이라고 하더라도 일정한 기간동안 보건소에서 근무하다 보면 새로운 의료기술을 습득하지 못할 뿐 아니라, 기존에 알고 있던 기술마저도 둔화되는 문제점이 있다는 것이다.[29]

특히 동부병원의 경우 순환보직을 통해서 상호 이질적인 업무를 담당하는 것이 일반화됨에 따라서 현재 자기가 담당하고 있는 업무에 관한 지식과 전문성을 발전시킬 의욕도 약화되어 있는 실정이다.

> 일을 처리하다가 보면 모르는 것이 많기 때문에 여기저기에 물어보고 다니게 되지만, 그것은 어디까지나 현재 자기가 맡고 있는 일을 처리하는데 국한된 것이죠. 자기가 하고 있는 일을 더 잘할 수 있는 아이디어를 가지고 있고, 조금만 연구하면 실제로 그렇게 할 수 있다고 하더라도 그렇게 할 필요가 없죠. 어차피 조금 근무하다가 보면 다른 곳으로 발령나게 될테고, 다른 곳으로 가면 하나도 쓸모가 없어질텐데 열심히 공부하고 연구할 필요가 있습니까?[30]

---

29) 동부병원 관계자 면접내용, 1998. 11.
30) 동부병원 관계자 면접내용, 1998. 11.

이와 같은 사실들은 구성원들의 교류방법의 차이가 업무능력과 관리능력에 영향을 미치며, 동부병원의 경우 인사교류에 따르는 업무의 전문성과 복잡성의 차이 때문에 구성원들의 전문성을 개선하기 어렵다는 것을 보여준다.

2) 노동관계의 차이

이처럼 동부병원의 구성원들이 자기발전을 게을리 함으로써 전문성을 약화시키는 데에는 공무원으로서 신분이 보장되어 있다는 점이 근본적인 원인으로 작용하고 있으며, 이 때문에 동부병원의 구성원들은 병원조직에 대한 귀속감이나 책임감이 부족한 것으로 지적되고 있다.[31] 민간병원의 경우에는 새로운 의료기술에 따라가지 못하면 도태될 수밖에 없지만, 동부병원에 근무하는 사람들은 공무원이기 때문에 경영상태를 이유로 이들을 임명하거나 해고할 수 없다.[32]

먼저 동부병원의 병원장은 서울시 의약과장이나 보건소장이 승진하여 충원되고 있는데, 병원장은 전문의 출신이지만 실제로 환자진료에 참여하고 있지 않을 뿐 아니라, 병원경영 등에 대한 전문성도 없다. 이것은 강남병원이나 보라매병원장이 전문의사로서 환자진료나 수술에 직접 참여하고 있는 것과는 차이가 있다. 이러한 문제점으로 인하여 병원장과 담당의사 간에 의견대립이 나타나서 갈등을 빚는 경우도 있다고 한다.[33] 그럼에도 불구하고 동부병원의 경영상태를 개선하기 위해서 병원장을 교체하기 어려운 실정인데, 이는 전직시킬 만한 마땅한 보직이 없기 때문이라는 것이 관

---

31) 이상범, 서울시립병원의 문제점과 개선방안, 산경논총, 제7권 제1호, 서울시립대학교 산업경영연구소, 1997. 2, 210~211면.
32) 조직구성원의 노력이나 경영성과가 낮아도 이들을 해고할 수 없다는 사실은 이들이 다른 구성원에 의해서 교체될 가능성이 없다는 점을 의미한다. 이것은 곧 인력시장에서의 경쟁이 존재하지 않게 되어 스스로 경영성과를 높이고자 하는 유인을 약화시키는 원인이 된다고 하겠다.
33) 동부병원 관계자 면접내용, 1998. 5.

계자의 설명이다.34) 이러한 사실은 구성원의 신분이 병원조직의 전문성에
도 영향을 미친다는 것을 보여준다.

동부병원의 전문의들이 전문성을 제고하는 데 관심이 적은 근본적인 원
인도 전문직 공무원으로서 신분이 보장되고 있기 때문이라고 할 수 있다.

> 계약직이라는 것은 사업이 지속되는 한 신분이 보장되는 것 아닙니
> 까? 서울시가 의료사업을 포기할 리는 없으니까, 이들의 신분도 보장된
> 다고 할 수 있죠. 서울시의 입장에서도 전문직 의사를 구하는 게 그리
> 쉬운 일은 아니기 때문에 말로는 계약직이라고 하지만, 아직까지 전문
> 직 의사하고 재계약을 하지 않은 경우는 아직까지 들어보지도 못했습
> 니다.35)

동부병원의 전문의들이 학회 및 세미나 참가실적이나 학술논문 게재실
적에서 강남병원이나 보라매병원의 전문의에 비해서 현저히 낮았던 것도
이러한 이유 때문이라고 할 수 있다. 즉, 동부병원의 전문의들은 신분이 보
장되기 때문에 전문성을 제고시키기 위해서 학회나 세미나에 부지런히 참
석할 필요도 없을 뿐 아니라, 학술논문도 임상연구비를 지급받는 데 필요
한 최소한의 논문만을 게재한다는 것이다.

간호사를 비롯한 동부병원의 구성원들은 공무원의 신분이기 때문에 이
들의 임용이나 승진 등에 관한 결정권은 서울시장에게 있다. 따라서 병원
장이 이들에 대해서 행사할 수 있는 권한은 매우 제약되어 있다. 간호사들
이 새로운 기술을 익혀서 일반병원에 근무하는 것을 자기발전의 기회로 삼
기보다는 오히려 돌봐야 할 환자수도 적고, 보건소와는 달리 야간근무를
해야 하는 동부병원에서 근무하는 것을 기피하더라도 이를 개선하기 어려
운 실정이다.

이러한 신분상의 차이는 구성원들의 전문성은 물론 관리노력에도 영향

---

34) 동부병원 병원장은 현재 12년째 근무하고 있다. 동부병원 관계자 면접,
   1998. 5.
35) 동부병원 관계자 면접내용, 1998. 5.

을 미친다. 동부병원의 구성원들과 같이 신분이 보장되어 있고 업무와 상
관없이 고정된 급여를 받는 상황에서는 오히려 일을 하지 않는 것이 개인
에게는 유리하게 작용할 수 있는 것이다. 앞서의 분석에서 동부병원의 전
문의 가운데 50대 이상의 인력의 비중이 강남병원이나 보라매병원보다 훨
씬 높게 나타난 것도 공무원으로서의 신분이 보장되는 반면에 노동강도는
비교적 약하기 때문에 나타난 결과라고 할 수 있다.

　이러한 사실은 보라매병원을 위탁 운영하고 있는 관계자의 면접을 통해
서도 확인할 수 있다.

　　저희가 보라매병원을 위탁할 때, 기존의 직원들은 받지 않기로 합의
　했습니다. 영등포시립병원으로 운영될 당시에 200병상 규모에 입원환자
　가 고작 30명 정도였는데, 그런 경우라면 어떤 병원이 무사할 수 있겠
　습니까? 그런 상황에서도 병원을 살리려고 아무런 노력도 하지 않던
　사람들을 어떻게 우리가 받아줍니까? 환자가 오면 간호사가 하는 말이
　'뭐 하러 와서 귀찮게 구는지 모르겠다'고 불평을 할 정도라니까 더 이
　상 할 말이 없는 거 아닙니까?[36]

　말하자면, 동부병원의 구성원들은 공무원으로서의 신분이 보장된다는 점
때문에 전문성을 개선하거나 최선의 노력을 기울이지 않는다는 것이다. 동
부병원의 구성원 가운데 특히 간호사들의 평균연령과 평균 재직기간이 강
남병원이나 보라매병원에 비해서 길게 나타난 것도 이러한 요인 때문이라
는 것이 동부병원 관계자의 설명이다.

　　공무원이니까 신분 보장되지, 봉급 꼬박꼬박 나오지, 거기다가 우리
　병원은 환자가 적으니까 할 일도 별로 없지 않습니까? 여자들의 입장
　에서 이만한 직장이 없는데, 누가 그만두려고 하겠습니까?[37]

---

36) 보라매병원 관계자 면접내용, 1998. 5.
37) 동부병원 관계자 면접내용, 1998. 11.

의료직과 달리 동부병원의 간호사와 의료기사 및 관리직의 이직률이 전혀 나타나지 않았다거나, 충원율이 높았던 이유도 공무원이라는 구성원들의 신분 때문이라고 할 수 있다.

이러한 사실은 신축중인 동부병원의 장래와 관련하여 매우 중요한 시사점을 제공한다. 동부병원이 신축하고 있는 병원건물이 완공되면, 새로운 건물에 맞추어 새로운 의료장비를 도입하고, 그에 적합한 의료인력을 충원함으로써 자원능력 면에서 많은 개선이 이루어질 것으로 예측할 수 있다. 또한 동부병원의 경우에는 주변에 경쟁할 만한 일류병원이 없기 때문에 나름대로의 경쟁력을 확보할 가능성도 높다고 할 수 있다. 그러나 지금과 같은 순환보직으로 인해서 구성원들의 전문성이 지속적으로 악화되고, 그럼에도 불구하고 공무원이라는 신분에 안주하여 관료적인 행태를 지속한다면 20년 전의 동부병원이 오늘날의 낙후된 병원으로 전락한 것처럼 앞으로 몇 년 안에 예전과 다름없는 상황으로 변화될 가능성도 없지 않은 것이다.

동부병원과 달리 강남병원의 병원장은 예비비의 범위 내에서 경영평가에 따른 성과급을 차등적으로 지급할 수 있을 뿐 아니라, 내부평가를 통해서 승진 등에 영향을 미칠 수 있다.

> 시립병원에서 지방공사로 전환된 이후에 병원장이 내부평가를 통해서 인사권을 행사할 수 있게 된 것은 병원경영에 있어서 매우 중요한 변화라고 할 수 있습니다.[38]

이와 같은 사실은 병원조직에 대한 소유권은 서울시가 가지고 있다고 하더라도 이에 대한 관리자의 재량권을 어느 정도 부여하는지의 여부에 따라서 조직구성원들에게 미치는 영향도 다르다는 점을 보여준다.

---

38) 강남병원 관계자 면접내용, 1998. 5.

3) 관리적 유인의 차이

이미 설명한 것처럼 동부병원의 구성원들은 공무원의 신분을 가지고 있기 때문에 총정원의 제한을 받으며, 공무원 봉급체계에 따라서 보수를 지급받는다. 전문직 의사의 보수에 대해서는 하한선만 규정하고 있기 때문에 임금을 높일 수 있는 여지가 있지만, 이 경우에도 다른 공무원과의 형평성 등을 고려하여 결정되기 때문에 전문직 의사의 보수도 경직적으로 운영될 수밖에 없다. 또한 동부병원은 예산에 관해서 서울시 의회와 서울시 의약과의 이중적인 통제를 받기 때문에 예비비 등을 관리적 유인으로 활용하기 어렵다. 이러한 사실은 서울시의 엄격한 통제로 인하여 관리적 유인이 제약되고 있으며, 그 결과 동부병원의 구성원들이 과잉고용과 고임금을 추구하기 어렵다는 점을 의미한다.

이와는 달리 강남병원의 예산이나 인력에 대한 서울시의 통제는 비교적 관대하게 이루어지며, 예비비와 내부평가 등을 활용하여 구성원들에게 영향을 미칠 수 있는 여지가 있다. 앞서의 분석에서는 강남병원이 상대적으로 과잉인력과 고임금을 추구하고 있다는 것을 살펴보았는데, 이러한 문제점도 정부통제의 관점에서 이해할 수 있다.

강남병원의 입장에서 볼 때, 어떤 사업년도에 조직감축이나 인력감축과 같은 경영합리화 요인이 발생한다고 하더라도, 이를 즉각적으로 감축하는 것이 바람직한 것은 아니다.

> 장기적으로 의료서비스를 확대할 경우라면 인력을 증원해야 되겠지만, 병원시설 등을 고려할 때, 현재로는 인원을 줄여도 무방하다고 할 수 있지만, 우리가 먼저 나설 필요는 없죠.[39]

말하자면, 새로운 인력을 충원할 때마다 서울시의 승인을 받아야 하는 강남병원의 입장에서는 이러한 합리화 요인을 후일에 대비한 여유분(slack)으로 보유하고 있는 것이 서울시의 여러 가지 승인과정을 회피할 수 있기 때

---

[39] 강남병원 관계자 면접.

문에 더욱 유리한 결과가 되는 것이다.[40]

서울시도 이러한 비효율성에 대해서 인식하고 있지만, 이것을 통제함으로써 오히려 경영성과가 낮아질 것을 우려하고 있다.

> 병원조직의 경영을 개선하기 위해서는 수입을 늘리는 측면과 비용을 줄이는 측면이 있을 수 있는데, 비용을 줄이는 것은 통제하면 되지만 수입을 늘리는 것은 매우 어렵습니다. 우리도 강남병원이 방만하게 운영된다는 것은 알고 있지만, 수입을 늘리는 게 더욱 어렵기 때문에 심하게 통제하지 않고 있는 거죠.[41]

이러한 사실은 강남병원이 병원을 운영하는 과정에서 행사하는 관리적 재량권이 경영개선에 필요한 관리적 유인(managerial incentives)과 관리의 비효율성을 유발하는 여유분(slack)으로서의 두 가지 측면을 동시에 가지고 있음을 의미한다.[42] 따라서 강남병원의 과잉인력과 과잉임금은 인력이

---

40) 조직의 여유분을 확보하려는 현상은 동부병원에서도 찾아볼 수 있다. 이제까지 동부병원은 16개 과목을 개설해 왔으나, 실제에 있어서는 신경외과와 피부과를 제외한 14개 과목만이 운영되고 있는 실정이다. 그럼에도 불구하고 동부병원은 서울특별시립병원직제규정을 개정하여 동부병원이 개설할 수 있는 진료과목의 수를 18개 과목으로 확장해 놓은 상태이다. 말하자면, 기왕에 설립되어 운영중인 과목을 굳이 폐쇄함으로써 진료과목의 폐쇄에 따른 인력방출이나 조직축소 등과 같은 문제점을 야기하기보다는 오히려 실제로는 진료과목을 운영하지 않더라도 더 많은 진료과목을 확보해 두는 것이 유리하다고 인식하고 있는 것이다.
41) 서울시 관계자 면접내용, 1998, 5.
42) 일반적으로 여분(slack)이란 조직이 환경의 변화를 흡수함으로써 핵심적인 구조적 변동을 방지하도록 해주는 완충장치(buffering mechanism) 또는 여유분(leeway)으로 인식된다. Sharfman 등은 1) 여분은 현금, 사람, 기계 등과 같이 보다 물리적 특성이 뚜렷한 것을 말하는 데 반해서 완충물은 이보다 막연한 체계나 절차 등을 의미한다는 점, 2) 여분은 환경적 변화뿐 아니라, 조직 내부적 변동에 대해서도 활용되는 데 반해 Thompson이 말하는 완충물은 환경적 변화에만 적용된다는 점, 3) 여분과 완충물이 활용되는 조건이 서로 다르다는 점 등을 근거로 여분과 완충물(buffers)을 서로 구별되는 개념으로 파악한다. Mark P. Sharfman, Gerrit Wolf, Richard

나 예산 등에 대한 서울시의 통제를 의식하고 있는 강남병원과 시립병원의 경영개선을 추구하는 서울시가 상호작용한 결과라고 할 수 있다.

4) 보상의 차이

보상체계는 구성원의 관리노력에 영향을 미치는 가장 중요한 요인이라고 할 수 있는데, 이러한 보상 가운데 전형적인 것은 경제적 보수와 승진이다.

동부병원과 보라매병원 및 강남병원은 모두 공공부문 내에 존재하기 때문에 실제로 예산을 편성할 때에는 중앙정부와 서울시의 예산편성지침에 따르도록 되어 있다. 따라서 연구대상 3개 병원은 모두 일반병원에 비해서 보수 수준이 낮다고 할 수 있는데, 이는 구성원의 노력에 따라 지급하는 유인적 보수가 매우 미흡하기 때문이다.

일반적으로 병원조직에 있어서는 진료과목의 종류에 따라서 환자수와 의료수입이 다르기 때문에 각 구성원들에게 진료환자의 수와 의료수입에 따라서 차등적인 보수를 지급하는 것이 관례화 되어 있다. 이러한 유인적 보수는 흔히 특진료라고 알려진 지정진료비를 통해서 지급되는데, 본 연구의 대상사례인 3개 병원은 서울시 산하의 병원조직이기 때문에 특진제도를 운영하지 않고 있다. 그 결과 병원조직의 종사자들이 획득하는 보수 이외에 구성원들의 노력이나 성과와 관련된 금전적 유인은 수당이나 임상연구비의 차이에 불과한 실정이어서 일반병원의 수준에 미치지 못하고 있다.

동부병원의 경우 전문직 의사들은 공무원 보수규정에 따라서 봉급을 받도록 되어 있다. 이 규정에서는 전문직 의사에게 지급하는 보수의 하한선만 규정되어 있고, 상한선은 존재하지 않는다. 따라서 이론적으로는 전문직 공무원들에게 지금보다 높은 보수를 지급하여 유능한 의사들을 확보할 수 있도록 되어 있다. 그러나 실제로 전문직 의사에게 어느 정도의 보수를 지

B. Chase and David A. Tansik, Antecedents of Organizational Slack, *Academy of Managerial Review*, 1988, Vol. 13, No.4. p.603.

188

급할 것인지의 여부는 서울시 본청의 인사위원회에서 결정하고 있다.

　　인사위원회에서 전문직 의사의 보수를 결정할 때에는 서울시의 예산
능력과 다른 병원의 인건비 수준 등과 같은 여러 가지 사회경제적 상
황을 고려해서 동부병원을 비롯한 4개 직영병원의 전문직 보수를 결정
합니다. 일단 이렇게 보수를 결정하고 나면, 그 다음부터는 공무원과
유사하게 매년 몇 퍼센트 하는 식으로 인상을 하게 됩니다. 공무원 보
수라는 게 그렇게 탄력적으로 올라가는 게 아니니까 몇 년쯤 지나서
다른 병원과의 임금격차가 많이 나게 되면 의사들 사이에서 이 수준으
로는 근무할 수 없다는 분위기가 조성됩니다. 그러면 다시 처음에 보수
를 결정하던 방식으로 새로 결정하고, 그렇게 몇 년이 지나고 …… 그
런 식으로 순환하는 거죠.43)

　　말하자면, 보수규정에는 전문직 의사에 대한 보수를 자유롭게 설정할 수
있도록 규정하고 있지만, 실제에 있어서는 공무원 봉급체계에 따르고 있다
는 것이다. 이러한 경직성은 동부병원에 종사하는 의료인력의 질이 낮아질
수밖에 없는 한 가지 이유가 된다고 할 수 있다.44)
　　보라매병원의 구성원들은 서울대학교 병원에 소속되어 있기 때문에 보
수 등에 대해서는 서울대학교 병원의 규정을 적용받는다. 그러나 서울대학
교 병원 자체가 국립병원이기 때문에 구성원의 보수도 공무원 보수규정을
준용해서 결정되는 경향이 강하다. 병원이 설립되던 초창기에는 다른 병원
보다 더 높았지만, 그 후에 경제기획원이나 지금의 재경부 같은 곳에서 공
무원 보수인상율을 적용하다고 보니까 지금은 아주 낮은 수준이 되었다는
것이 병원관계자의 설명이다.45)
　　이러한 경향은 강남병원에서도 찾아볼 수 있다.

---

43) 동부병원 관계자 면접내용, 1998, 5.
44) 동부병원, '95년 행정사무감사 업무보고, '96업무계획, 시립동부병원 운영개
　　선 및 장기발전방안, 1996. 등.
45) 보라매병원 관계자 면접내용, 1998, 5.

직원들의 경영실적을 높이기 위해서 새로운 수당을 신설할 필요성이
있다면, 규정을 개정하면 가능하죠. 그렇지만 개정된 내용에 따라서 예
산을 편성한 다음에 서울시에 승인을 요청하면 새로운 수당에 대해서
는 승인을 해주지 않습니다. 예컨대 장례식장의 운영과 관련된 사람에
게 새로운 수당을 지급하려고 승인을 요청하면, 서울시 산하의 시설관
리공단에서 공동묘지를 관리하는 사람의 수당과 비교해서 '그 쪽에 그
런 수당이 없으니까 너희도 안 된다' 하는 식이죠.46)

서울시가 강남병원과 시설관리공단을 지방공기업법에 의한 지방공사나
공단으로 운영하고 있는 것은 이들 조직의 경영자율성을 보장함으로써 경
영상태를 개선하려는 것이라고 할 수 있다. 이러한 관점에서 보면, 시설관
리공단과 강남병원이 서울시 산하의 공기업이라고 해서 이들 두 조직이 동
일한 보수체계를 유지해야 할 이유는 없다. 오히려 각자의 특성과 필요성
에 따라 서로 차별적으로 운영하는 것이 자연스러운 일이라고 할 수 있다.
그러나 실제에 있어서는 서울시가 산하의 공기업들의 보수 등을 '균등화'시
키려고 함으로써 보수체계의 경직성을 야기하고 있는 것이다.

이러한 사실은 연구대상 3개 병원들이 민간의 일반병원에 비해서 보수
수준이 낮은 이유를 설명해 준다. 그러나 앞서의 분석에서 살펴본 것처럼
동부병원의 경우에는 전문성과 보수와의 연계성이 매우 미약한 반면에 보
라매병원과 강남병원은 다른 조직과의 비교가능성이나 잠재적 가치를 가진
정보들을 더 많이 반영하고 있기 때문에 각각의 구성원들에게 지급하는 보
수의 내용에는 약간의 차이가 있다.

구성원들이 받는 보수의 크기는 각 병원의 예산서와 결산서에 나타난
인건비 항목을 통해서 확인할 수 있다. 병원조직의 핵심적 인자라고 할 수
있는 의사직의 1인당 월평균 급여 수준을 기준으로 의사들이 실제로 지급
받는 보수 크기를 살펴보면 다음의 〈표 4-1〉과 같다.47)

---

46) 강남병원 관계자 면접내용, 1998. 5.
47) 각 병원의 의료직이 수령하는 급여는 전담의와 전공의, 그리고 같은 전담
   의라고 하더라도 직책이나 직급 또는 호봉 등에 따라서 많은 차이가 있으
   므로 여기서는 이들이 수령하는 평균치로 계산하였다.

이 표를 살펴보면, 1996년도에 동부병원이 전문의와 전공의들에게 지급하기로 예정하고 있는 급여는 모두 766,580,000원으로, 의료직 1인당 월평균 급여액은 1,047,240원이다. 이와 동일한 방식으로 산정된 보라매병원과 강남병원의 의료직 1인당 월평균 급여액은 각각 736,793원과 712,211원이다.

〈표 4-1〉 의료직 1인당 월평균 급여수준 비교(1996년)

(단위: 원, 명)

구 분	동 부 병 원	강 남 병 원	보 라 매 병 원
의료직 급여총액	766,580,000	1,282,980,400	1,149,397,200
의료직 인력	61	150	130
1인당 월평균 급여	1,047,240(39.7)	712,211(25.7)	736,793(25.9)
1인당 월평균 수당	1,164,170(44.1)	1,368,092(49.4)	1,295,588(45.6)
복리후생비	429,080(16.3)	686,453(24.8)	809,246(28.5)
1인당 소득총액	2,640,490(100.0)	2,766,756(100.0)	2,841,627(100.0)

주: 괄호 안은 총소득 구성비
자료: 각 병원 예산서, 1996년.

한편, 개별 구성원들이 실제로 체감하는 보수에는 기본급여 이외에 각종 수당과 임상연구비 및 복리후생비 등도 중요한 요소라고 할 수 있다. 이런 비용들은 관리비와 교육훈련비의 구성항목 가운데 하나로 분류되어 급여나 수당과 같은 인건비 항목과는 구별되지만, 이를 수령하는 개인의 입장에서는 가처분소득과 동일한 성격을 가지고 있기 때문에 보수의 크기를 산정하는 데 포함되어야 한다.

동부병원의 의료직들이 수령하는 수당은 1,164,170원이고, 강남병원과 보라매병원의 의료직들은 각각 1,368,092원과 1,295,588원을 수령하고 있다. 또한 동부병원의 의료직들이 수령하는 복리후생비는 429,080원인 데 비해서 강남병원과 보라매병원이 의료직들은 각각 686,453원과 809,246원을 수령하고 있었다.[48] 그 결과 각 병원조직의 의료직들이 수령하는 1인당 월평균 소득총액은 보라매병원이 1인당 월평균 2,841,627원으로 가장 많고, 강남병원과 동부병원은 각각 2,766,756원과 2,640,490원으로 나타났다.

이와 같은 차이는 의료인력 가운데 핵심이라고 할 수 있는 전담의의 경우에 더욱 두드러지게 나타나고 있다. 앞에서 살펴본 각 병원의 의료직 보수를 전담의와 전공의로 구분한 다음, 전담의가 수령하는 1인당 월평균 소득을 살펴보면, 다음의 〈표 4-2〉와 같다.[49]

이 표를 살펴보면, 전담의의 전체 소득에 있어서 보라매병원이 가장 높고, 그 다음으로 강남병원과 동부병원의 순이라는 점을 알 수 있다. 각 병원 간의 보수의 차이에 있어서도 보라매병원과 강남병원의 경우에는 408,590원으로 8.1%의 차이를 보이는 데 반해서, 보라매병원과 동부병원의 경우에는 1,363,531원으로 33.1%의 차이를 보이고 있는 것이다.

〈표 4-2〉 병원별 전담의 1인당 월평균 소득 비교(1996년)

(단위: 원)

구 분	급 여		수 당		복리후생비		소 득	
	금 액	비 율	금 액	비 율	금 액	비 율	금 액	비 율
동부병원	1,535,966	37.3	1,989,514	48.3	591,988	14.4	4,117,468	100.0
보라매병원	954,700	17.4	2,789,978	50.9	1,736,321	31.7	5,480,999	100.0
강남병원	987,898	19.5	2,414,978	47.6	1,669,533	32.9	5,072,409	100.0

자료: 각 병원 예산서, 1996년.

---

48) 구성원의 개별적 특성에 의한 차이를 제거하기 위해서 수당항목 가운데 가족수당과 장기근속수당 및 복리후생비 가운데 자녀학자보조비는 제외하였으며, 임상연구비는 복리후생비에 포함하였다.

49) 동부병원의 경우 의료직 인력을 전문직(의사)과 전공의로 구분하고, 보라매병원과 강남병원은 '전담의'와 '전공의'라는 용어를 사용하거나 '전문의'라는 용어만을 사용하는 등 다양한 용어를 사용하고 있다. 여기서는 의료인력을 전담의와 전공의로 구분하되, 전담의란 전문의 등 법령에 의한 자격증 소지자를 말하고, 전공의란 인턴과 레지던트 등을 지칭하는 것으로 사용한다.

더구나 앞에서는 강남병원 등이 예비비 등을 활용하여 학회보조비와 같은 부수적인 면에서도 차이가 있다는 점을 설명하였는데, 이런 경우라면 구성원들이 수령하는 보수의 실질적인 차이는 더욱 증가하게 된다.50) 그 결과 유인의 부족으로 인한 문제점도 동부병원에서 가장 전형적으로 드러나고 있다.

> 우리병원의 경우에는 보수도 낮고 의료장비도 부족하기 때문에 유능
> 한 의사들은 아예 지원하지도 않습니다.51)

이러한 문제점 때문에 동부병원은 의료직 인력을 확보하기 어려운 실정이며, 그 결과 16개 진료과목을 개설해 놓고도 2개 과목을 사실상 운영하지 못하고 있는 실정이었다. 또 이미 동부병원에 근무하고 있는 전문의들도 전문의 자격을 획득한 지 얼마 되지 않아서 임상경험이 부족한 젊은 사람들이거나, 노동강도가 심한 일반병원에서 근무하기에는 마땅치 않은 나이든 사람들만 남아있다는 것이 관계자의 설명이다.

따라서 앞서의 분석에서 동부병원 의료직의 충원율이 매우 낮았던 원인은 이러한 유인의 부족 때문이라고 할 수 있다. 또한 강남병원이나 보라매병원과 달리 동부병원의 경우에 의료직의 이직률이 매년 급격하게 상승하고 있었는데, 이러한 현상은 동부병원의 의료직들이 유인에 대해서 많은 불만을 가지고 있으며, 다른 병원으로 이직하려는 의도가 매우 높다는 것을 보여주는 것이라고 할 수 있다. 이와 같은 사실은 동부병원의 경우 유인의 부족으로 인해서 인력부족은 물론 의사의 전문성도 악화될 수밖에 없으며, 구성원들의 병원에 대한 귀속감도 약화되고 있음을 보여주는 것이라고 할 수 있다.

이러한 현상은 전문직 의사를 제외한 다른 구성원에게서도 찾아볼 수

---

50) 후술하는 것처럼 특히 의료직의 경우 경제적 보수 이외에 본인의 능력발전과 능력개발의 기회 등이 취업기관을 선택하는 데 있어서 중요한 요인으로 작용하고 있음을 감안하면, 동부병원의 유인력은 더욱 악화될 수밖에 없다.
51) 동부병원 관계자 면접내용, 1998, 5.

있다. 예컨대 동부병원과 보건소는 근무여건이 상이함에도 불구하고 이들
은 모두 공무원이기 때문에 어디에서 근무하든 간에 보수나 유인 면에서는
아무런 차이가 없다. 그러나 동부병원은 일반병원이기 때문에 환자진료를
위해서는 야간근무를 해야 하지만, 보건소에서는 야간근무를 하지 않는다.
그 결과 대부분 여자들로 구성된 간호사와 약사들은 야간근무를 하지 않는
보건소에서 근무하기를 선호하고, 일반병원을 기피한다는 것이다.[52]

설사 일반병원인 동부병원으로 옮겨왔을 경우에도 보건소에서 근무하던
습관이 남아서 야간당직을 하지 않으려고 하거나, 환자에게도 불친절하게
대하는 경우도 많고, 심지어는 동부병원에 발령을 받자마자 다른 곳으로
옮겨갈 생각을 할 정도로 동부병원에서 근무하는 것을 기피해 왔다는 것이
관계자의 설명이다.

구성원의 질과 근무태도에 영향을 미치는 또 다른 요인은 승진인데, 이
것은 의료직과 일반직에 따라서 많은 차이가 있다. 동부병원과 강남병원에
근무하는 의료직 인력에게 있어서 승진은 별다른 매력이 되지 못한다. 예
컨대 동부병원의 의사들은 전문직 공무원으로서 이들은 전문의 자격증의
소지여부에 따라서 "가"급과 "나"급의 두 가지로 구분하고 있을 뿐이기 때
문에 이들이 승진할 수 있는 가능성은 제한되어 있다. 현재 진료과장을 담
당하고 있는 사람이 이직하거나 퇴직을 할 경우에는 승진을 할 수 있으나,
이 경우에도 보직수당 이외에 승진에 따른 혜택은 존재하지 않는다.

이런 사정은 강남병원이 경우에도 별다른 차이가 없다. 이들도 각각의
자격에 따라서 보수를 지급하고 있기 때문에 전문의와 진료과장은 경제적
으로 보직수당이나 업무추진비 면에서 약간의 차이가 있을 뿐이다.

그러나 의료직을 제외한 일반직원의 경우에는 승진이 중요한 유인으로
작용한다. 동부병원에 근무하는 직원들은 공무원의 신분을 가지고 있기 때
문에 승진에 관한 사항은 「지방공무원 평정규칙」과 「서울특별시 인사규칙」
에 의거하고 있다. 동 인사규칙에 따르면, 승진은 심사승진과 시험승진을

---

52) 동부병원 관계자 면접내용, 1998. 5.

194

병행 또는 구분하여 실시하며, 이에 관한 사항은 인사위원회에서 관장한다.
심사승진의 경우에는 승진후보자명부의 순위, 청렴도, 경력, 훈련성적, 신망
도 등을 고려하여 승진 여부를 결정한다.53) 이때 승진후보자명부의 순위는
근무성적평정, 경력평정, 훈련성적평정 등을 기준으로 이루어지는데, 승진
에 가장 큰 영향을 미치는 것은 근무성적이다.54)

승진이 중요한 유인으로 작용한다는 사실은 최근에 동부병원에 가점제
도가 도입된 이후의 근무행태를 통해서 살펴볼 수 있다. 이제까지 서대문
병원과 같은 특수병원의 경우에는 가점을 부여했지만, 동부병원은 일반환
자를 진료한다는 이유로 고과점수를 부여하지 않았다. 그러나 가점제도가
도입된 이후부터는 동부병원 구성원의 근무행태 면에서 약간의 변화가 나
타나고 있다.

보건소에서 근무하는 것이 편하다는 장점은 있지만, 가점이 없는 데
반해서 동부병원에서 근무하는 것이 조금 힘들기는 하지만 가점을 받
을 수 있기 때문에 보건소에서 동부병원으로 전직하려는 사람들도 꽤
많습니다.55)

요컨대 6급 이하의 공무원에 대한 승진시험을 치르지 않는 실정에서 고
과점수가 구성원들에게 매우 중요한 유인으로 작용하고 있다는 것이다.

53) 서울특별시 인사규칙 제34조 3항 제1호.
54) 이와 같은 사실은 지방공무원 평정규칙 제30조에서 동점자의 순위를 결정
함에 있어서 근무성적평정점이 우수한 자를 제1순위로 규정하고 있다는
점과, 서울특별시 인사규칙 제36조에서 5급에의 승진임용 시 시험승진과
심사승진에 있어서 승진후보자명부상의 평정점을 각각 5할과 7할을 적용
하도록 한 데에서 알 수 있다.
55) 동부병원 관계자 면접내용, 1998. 5.

3. 소 결

이제까지의 설명을 요약하면 다음과 같다.

첫째, 앞에서는 동부병원이 병상규모나 의료장비 등과 같은 자원능력 면에서 강남병원과 보라매병원에 비해서 매우 열악한 것으로 나타났는데, 이는 서울시 의회가 동부병원을 저소득층을 위한 것으로 인식하고 첨단 의료장비 등을 도입하는 데 대해서 매우 엄격한 태도를 취하고 있기 때문이라는 것이다. 아울러 예산의 편성과 집행이 다른 병원에 비해서 훨씬 경직적으로 이루어지고 있다는 점도 동부병원의 자원능력과 관리특성을 제약하는 요인으로 작용하고 있었다. 또한 예산의 편성과 집행 이외에 각종의 의사결정과정에서 서울시와 시의회의 이중적인 통제를 받고 있다는 점과 정치적 논리의 영향을 받고 있다는 점도 동부병원이 강남병원이나 보라매병원과 구별되는 점이라고 하겠다.

이러한 예산상의 제약은 병원시설이나 의료장비의 낙후성을 야기시키는 데 그치지 않고, 진료과목의 개설이나 인력충원 등과 같이 예산을 필요로 하는 모든 분야에 걸쳐서 영향을 미치고 있었다. 동부병원의 경우 이미 개설되어 있는 16개 진료과목 가운데 2개 과목이 의료장비의 부족으로 인해서 사실상 폐과되어 있는 것이 단적인 예라고 할 수 있다.

둘째, 인력규모에 있어서 보라매병원과 강남병원의 100병상당 인력규모가 각각 150.0명과 134.6명에 이르는 데 비해서 동부병원은 118.1명에 불과한 것으로 나타났는데, 이처럼 동부병원의 인력규모가 적은 이유는 동부병원의 구성원들이 공무원으로서 행정자치부가 정한 총정원의 적용을 받아야 하기 때문이라고 할 수 있다.

이에 비해서 강남병원은 비교적 자유롭게 인력을 증원시킬 수 있었는데, 이는 동부병원과는 달리 총정원 규정을 적용받지 않을 뿐 아니라 독립채산제에 기초하여 자기의 수입으로 비용을 충당하고 있다는 점에 기인한 것이라고 하겠다. 그 결과 강남병원의 관리직 인력은 동부병원보다도 많았는데,

이것은 인력운영에 관해서 아무런 통제도 받지 않는 보라매병원이 관리인력을 가장 효율적으로 운영하고 있는 것과 대비되는 점이었다. 따라서 강남병원이 과잉인력을 추구하게 된 것은 서울시의 통제에 대비하여 여분을 확보하려는 강남병원의 의도와 관리적 유인을 저해하지 않으려는 서울시의 의도가 상호작용한 결과라고 할 수 있다.

셋째, 병원조직의 전문성 면에서는 동부병원이 특히 열악한 것으로 나타났는데, 그 이유는 보수 수준이 열악하고 충원절차가 경직적이어서 전문인력을 확보하기 어려웠기 때문이다. 여기에 더하여 인사교류 방법의 차이도 구성원들의 전문성에 많은 영향을 미치고 있었다.

보라매병원의 구성원들은 서울대학교 본원과의 인사교류를 통해서 전문성을 향상시키고 있었고, 강남병원의 경우에도 인사교류가 병원 내부적으로 이루어짐으로써 순환보직에 따른 적응의 문제는 상대적으로 작았다. 이에 비해서 동부병원의 경우에는 업무의 전문성과 복잡성이 다른 조직과 순환근무를 함으로써 인사이동이 이루어질 때마다 새로 적응해야 하는 문제점을 가지고 있었다.

이러한 문제점에도 불구하고 동부병원의 구성원들이 학회참가나 학술논문 게재 등을 통해서 업무능력을 향상시키는 데 소홀히 하고 있었으며, 이것은 간호사를 비롯한 다른 구성원들도 마찬가지였다. 이로 인해서 동부병원의 구성원들은 강남병원이나 보라매병원의 구성원에 비해서 전문성이 약한 것으로 나타났는데, 이의 근본적인 원인은 동부병원의 구성원들은 공무원으로서의 신분이 보장되어 있었기 때문이라고 하겠다.

넷째, 연구대상 3개 병원은 모두 일반병원에 비해서 보수 수준이 낮은 것으로 나타났는데, 이의 원인은 보수를 균등화시키려는 서울시의 통제양태 때문이었다. 그럼에도 불구하고 각 병원조직의 보수체계에는 약간의 차이가 있었으며, 세 병원 가운데 동부병원의 보수 수준이 가장 낮은 것으로 나타났다. 이러한 문제점 때문에 동부병원은 전문직 의사를 충원하는 데 많은 문제점이 있었을 뿐 아니라, 기존 전문 인력들의 이직률도 매우 높은 것으로 나타났다. 간호사를 비롯한 다른 구성원들이 동부병원에서 근무하

는 것을 기피한 것도 보상체계의 미흡 때문이라고 할 수 있는데, 이러한
사실은 가점제도가 도입된 이후 동부병원에 대한 선호도가 높아진 데에서
반증되고 있었다.

동부병원의 경우 보상체계가 미흡한데도 불구하고 의료직을 제외한 나
머지 구성원들의 충원은 비교적 양호하였는데, 이는 이들이 일반공무원의
신분으로서 순환보직에 의해서 충원되고 있기 때문이었다. 그 결과 의료직
과 달리 간호직과 관리직 등의 충원율은 상대적으로 높게 나타났다고 할
수 있다. 의료직을 제외한 다른 구성원들의 이직이 거의 발견되지 않았던
이유도 이들이 공무원의 신분을 갖고 있기 때문이라고 할 수 있다.

제2절 조직특성 간의 관계

1. 자원능력 간의 관계

병원조직에 있어서의 자원은 병상과 인력, 진료과목 및 의료장비 등이라
고 할 수 있는데, 이러한 요인들도 상호 영향을 미친다.

먼저 병원조직이 다양한 진료과목을 갖추기 위해서는 충분한 정도의 병
상규모와 의료진의 충원 가능성 등을 고려해야 한다. 현행 의료법 제3조에
서는 종합병원을 '의사 및 치과의사가 의료를 행하는 곳으로서 입원환자
100인 이상을 수용할 수 있는 시설을 갖추고 진료과목이 적어도 내과, 일
반외과, 소아과, 산부인과, 진단방사선과, 마취과, 임상병리과 또는 해부병
리과, 정신과 및 치과가 설치되어 있고, 각과마다 필요한 전문의를 갖춘 의
료기관을 말한다'고 규정하고 있다.

말하자면, 본 연구의 대상사례인 3개 병원이 현재와 같은 종합병원의 위
치를 고수하기 위해서는 의료법에서 규정하고 있는 최소한의 병상규모와
진료과목을 갖추어야 한다는 것이다. 따라서 진료과목의 다양화를 꾀하기

위해서는 의료법에서 규정하고 있는 병상규모 이외의 추가적인 병상규모를 확보하고 있어야 한다. 현행법의 규정에 따르면, 본 연구대상 3개 병원은 최소한 법적인 측면에서는 아무런 문제도 없다고 할 수 있다.

그러나 진료과목을 다양화하는 데 있어서 더욱 중요한 것은 전문 인력의 확보가능성이다. 병원관계자에 따르면, 현재 진료과목을 불문하고 전공의를 확보하기가 매우 어려운 실정이며, 일반외과와 마취과 및 소아과와 같은 경우에는 전문의를 구하기도 어렵다고 한다. 따라서 이런 경우에는 진료과목을 다양화시키는 데 한계가 있을 수밖에 없다. 이 같은 사례는 동부병원이 진료과목의 다양화를 꾀하기 위하여 기존의 피부비뇨과를 피부과와 비뇨기과로 분리하였으나, 피부과 전문의를 충원하지 못함에 따라 사실상 폐과된 데에서 잘 알 수 있다.

의료장비의 확보 여부도 진료과목을 확대하는 데 필요한 중요한 요소가 된다. 병원에서 이용하는 의료장비는 여러 진료과에서 공통으로 이용하는 것도 있지만, 진료과에 따라서 달라지는 장비도 있다. 또 진료과목에 따라서는 첨단 의료장비가 그렇게 많이 필요하지 않은 경우도 있지만, 고가의 료장비가 없이는 진료를 할 수 없는 과목도 있다. 따라서 이런 진료과목을 개설하기 위해서는 고가의 첨단의료장비를 갖추는 것이 필수적이라고 할 수 있다.

현재 동부병원의 경우에는 신경외과를 운영하지 못하고 있는 실정인데, 이의 근본적인 원인 가운데 하나는 신경외과를 운영하는 데 필요한 의료장비를 갖추지 못했다는 점이다.

> 저희 병원에 현재 16개 진료과가 개설되어 있지만, 실제로 운영 중인 것은 신경외과와 피부과를 제외한 14개 진료과입니다. 신경외과와 같은 진료과는 CT나 MRI와 같은 의료장비를 많이 이용해야 되는데, 이런 의료장비가 없어서 진료활동을 하기 어렵다 보니까 의사들이 다른 병원으로 자꾸 옮겨가서 지금은 아예 운영하지 않게 된거죠.[56]

---

56) 동부병원 관계자 면접내용, 1998. 5.

이러한 사실은 병원조직에 있어서 고가의 첨단의료장비가 매우 중요한 요소라는 것을 보여주지만, 이러한 장비가 필요하다고 해서 마음대로 구입할 수 있는 것은 아니다. 이미 살펴본 것처럼 병원에서 사용하는 의료장비는 규격이 다를 뿐만 아니라, 의료장비의 기종 등에 따라서 해당 의료장비에 이용되는 전원과 배관시설 등이 모두 다르다. 동일한 의료장비라고 하더라도 해당 장비의 배치 여하에 따라서 배관이나 전원을 전부 개수해야 할 경우가 발생하기도 한다. 따라서 실제로 첨단 의료장비를 도입하기 위해서는 그러한 장비를 도입할 수 있는 병원시설의 수용상태가 확보되어야 한다.

또한 최근에 개발된 첨단의료장비들은 매우 고가이기 때문에 해당 장비에 대한 의료수요를 확보해야 한다. 그렇지 않을 경우에는 고가장비를 도입하는 데 따르는 채산성을 확보하기가 어렵기 때문에 해당 장비를 구입하는 것이 오히려 비효율적인 결과가 될 수도 있다. 따라서 진료과목을 확대하거나 최신 의료장비를 구입하기 위해서는 일정 수준 이상의 의료수요를 확보할 수 있는 방안이 선결되어야 한다. 이와 같은 사실은 병원시설과 병상규모, 의료장비, 진료과목 등이 상호 연관되어 있다는 것을 보여준다.

2. 자원능력과 관리특성 간의 관계

병원조직의 경영성과는 구성원들의 전문성과 관리노력에 좌우되는데, 병원조직의 자원능력은 이러한 관리특성에 많은 영향을 미친다. 앞에서의 분석에 따르면, 연구대상 3개 병원 사이에 유인의 차이가 있기는 하지만, 민간병원의 의사들처럼 특진료를 받지는 않기 때문에 다른 일반병원과 비교해 볼 때 3개 병원 모두 보수나 승진과 같은 유인이 부족한 실정이라는 점을 살펴보았다.

이런 경우라면, 각 병원조직이 전문 인력을 확보하는 것은 매우 어려울 것으로 생각할 수 있다. 그러나 이미 살펴본 것처럼 각 병원마다 인력충원에 있어서 많은 차이가 나타나고 있었다. 즉, 동부병원의 경우에는 전문의와 전공의를 포함한 전체 의료직의 충원율이 67.2%에 불과한 데 반해서 강남병원과 보라매병원의 의료직 충원율은 각각 92.2와 84.1%에 달하고 있는 것이다.

이와 같은 사실은 병원조직에 있어서 보수나 승진 이외에 또 다른 유인이 작용하고 있다는 점을 시사하는데, 병원조직이 보유한 자원 가운데 첨단 의료장비와 전문 인력은 구성원들에게 가장 큰 영향을 미치는 유인으로 작용한다. 이러한 사실은 보라매병원과 동부병원의 경우에서 가장 전형적으로 나타나고 있다.

> 서울대학교 의과대학이라고 하면 현실적으로 우리나라에서는 최고라고 할 수 있지 않습니까? 솔직히 다른 병원에서 더 많은 보수를 받는 사람들도 이 병원으로 자리를 옮기려고 무지하게 노력합니다.[57]

의사들이 보라매병원을 선호하는 이유는 보라매병원의 의사가 됨으로써 서울대학교병원의 겸직교수로 임용되거나, 최신 의학정보나 의료기술을 습득함으로써 자기발전의 욕구를 충족시킬 가능성이 높아지기 때문이다. 그 결과 보라매병원의 구성원들은 서울대학교병원에서의 근무경력이 개업을 할 때에나 다른 병원이나 의료교육기관으로 이직할 때 상당한 도움을 얻을 수 있다는 것이다.

이처럼 동부병원과 달리 보라매병원이 서울대학교 병원과의 인적 및 정보교류 등을 통해서 전문성을 확충시킬 수 있는 이유는 서울대학교 의과대학이 보유하고 있는 의료장비와 전문 인력을 활용할 수 있었기 때문이라고 할 수 있다. 또한 앞서의 분석에서 보라매병원이 의약품 선정에 있어서 제한입찰을 실시함으로써 병원조직의 기본적인 가치인 환자진료에 필요한 정보를 더 많이 활용할 수 있었던 것도 서울대학교 병원의 첨단 의료장비와 전문성이 뒷받침되었기 때문이다.

이와는 다른 관점에서 병원조직이 보유하고 있는 인적자원과 물적자원

---

57) 보라매병원 관계자 면접내용, 1998. 5.

이 구성원의 능력이나 관리노력에 영향을 미친다는 점은 동부병원의 사례를 통해서도 확인할 수 있다.

> 전문의의 경우에는 의료장비가 부족하기 때문에 환자진료를 제대로 할 수 없는 경우가 많다 보니까 이 병원에서 근무하기를 꺼려합니다. 어떤 경우에는 의료장비의 부족 때문에 의사노릇 못해 먹겠다면서 그만둬버려서 지금은 진료과 자체를 운영하지 않는 경우도 있습니다.[58]

말하자면, 동부병원의 경우에 전문 인력을 확보하기 어려운 이유는 보수가 낮기 때문이기도 하지만, 의료장비가 열악하다는 점이 더욱 근본적인 이유라는 것이다.

이처럼 근무조건이 열악한 상황이라면 양질의 의료인력을 확보하기도 어려워질 것으로 예상할 수 있기 때문에 그 결과 병원조직의 전체적인 의료의 질도 낮아지게 된다.

> 임상경험이 충분히 인정받고 있는 의사들은 동부병원에 지원하지 않습니다. 젊은 의사들은 주로 전문의 자격을 획득한 지 얼마 되지 않거나 다른 병원으로 가기에 마땅치 않은 사람들이고, 전문의들 가운데 나이든 사람들은 다른 병원으로 옮길 형편이 안 되는 사람들이죠.[59]

전문의보다 더욱 문제가 되는 것은 전공의의 경우라고 할 수 있다. 왜냐하면 이들은 수련과정에 있는 사람들이기 때문에 경제적 보수보다 자기발전의 기회를 더 높이 평가하기 때문이다.

> 전공의의 경우에는 수련과정에 있는 학생들이기 때문에 좋은 교수 밑에서 좋은 장비를 가지고 많은 환자들을 진료하고 싶어합니다. 환자가 많으면 힘은 들지만, 그게 곧 배우는 거거든요. 그렇게 하지 않으면 언제 배워서 독립합니까?[60]

---

58) 동부병원 관계자 면접내용, 1998. 5.
59) 동부병원 관계자 면접내용, 1998. 5.

의료장비나 의료의 질적인 면에서 현격한 차이가 있는 동부병원과 다른 병원들과의 관계에서 동부병원의 전공의 충원율이 현격하게 낮았던 것도 이러한 사실을 증명하는 것이라고 할 수 있다.

> 동부병원의 경우에는 교수진이나 의료장비가 부족하기 때문에 전공 의들이 아예 지원을 하지 않습니다. 지금 몇 명의 전공의들이 근무하고 있는데, 그나마도 인턴이 없으면 레지던트들이 힘들어지니까 현직에 근무 중인 레지던트들이 자기의 후배들을 끌고 온 겁니다. 전공의들을 공채로 충원한다고 하지만, 사실상 모셔오는 거죠. 그렇게 하지 않으면 아마 동부병원에 지원할 전공의는 한명도 없을 겁니다.[61]

요컨대, 동부병원의 경우에는 의료장비와 의료진의 열악성 때문에 전공 의들이 아예 지원조차 하지 않으려고 하며, 그로 인해서 의료인력이 부족 하게 되었다는 것이다.

삼성병원과 같은 대형병원들이 연이어 설립됨에 따라서 전공의가 부족 한 것은 모든 병원이 마찬가지지만,[62] 보라매병원의 경우에는 아직까지 전 공의가 부족하다는 것을 느끼지 못하고 있다.

> 전공의들의 기본적인 목적은 교수요원이 되는 겁니다. 최고의 의료 진을 갖추고 있기 때문에 저희 병원에 들어오려면 치열한 경쟁을 뚫어 야 합니다. 그런데 어떻게 전공의가 부족할 수 있겠습니까?[63]

이와 같은 사실은 동부병원과 강남병원에 있어서 의료장비와 의료진의 차이로 인해서 자기발전의 기회가 달라지며, 이로 인해서 의료인력의 규모

---

60) 동부병원 관계자 면접내용, 1998. 5.
61) 동부병원 관계자 면접내용, 1998. 5.
62) 동부병원의 경우 전공의 부족으로 인한 업무량을 줄여주기 위해서 전공의 들이 해야 할 일을 전문의들이 도와주거나, 야간당직을 전담할 의사를 별 도로 고용하기도 한다. 강남병원의 경우에도 전공의의 업무량을 줄여주기 위해서 의료기사들이 채혈업무 등을 도와주고 있는 실정이다.
63) 보라매병원 관계자 면접내용, 1998. 5.

와 질적인 면에서도 차이가 나타나게 된다는 것을 보여준다.

이러한 현상은 의료기사의 경우에서도 찾아볼 수 있다. 민간병원의 경우
에는 새로운 장비가 도입되고 계속적으로 바뀌기 때문에 이러한 장비를 효
과적으로 다루기 위해서는 새로운 기술을 익히지 않을 수 없다.

> 저희 병원에는 고도의 기술을 필요로 하는 첨단장비가 없기 때문에
> 새로운 기술을 습득할 기회가 없습니다. 설사 새로운 기술을 익힌다고
> 하더라도 새로운 의료장비를 도입하거나, 기존의 의료장비를 첨단시설
> 로 교체하지도 않기 때문에 그러한 기술을 익혀야 할 필요성조차 느끼
> 지 않아요. 그렇다고 시본청에서 이들을 교육시킬 능력이 있는 것도 아
> 니고, 교육을 시킨다고 하더라도 새로운 장비가 도입되지 않기 때문에
> 배울 이유도 없죠.[64]

말하자면, 동부병원의 경우에는 자기발전의 유인이 부족한 상황에서 구
성원들이 오랫동안 근무하는 동안에 알게 모르게 타성에 젖어 버렸다는 것
이다. 특히 의료기술의 발달로 하루가 다르게 첨단장비가 개발되는 상황을
고려할 때, 이러한 사실은 동부병원과 다른 병원 간의 전문성 격차가 더
벌어지게 될 것이라는 점을 예상하게 해준다.

제3절 병원조직의 특성이 경영성과에 미치는 영향

앞에서는 연구대상 3개 병원의 자원능력과 관리특성이 달라지는 원인을
살펴보았는데, 이것이 곧 각 병원조직의 성과차이를 설명해 주는 것은 아
니다. 제3장에서는 연구대상 3개 병원의 수익성과 성장성 차이를 각 병원
조직의 수입구조와 지출구조를 중심으로 분석한 결과, 환자수와 진료비 및
의료비용 면에서 차이가 나타나고 있음을 확인하였다.

---

64) 동부병원 관계자 면접내용, 1998. 5.

　여기서는 병원조직이 보유하고 있는 자원능력과 관리특성이 이러한 요소들과 어떻게 상호 작용하는 지를 살펴봄으로써 정부의 통제양태가 병원조직의 경영성과에 미치는 영향을 분석하고자 한다.

1. 조직특성과 환자진료실적

　기업의 경영성과가 판매량에 의해서 많은 영향을 받는 것처럼 병원조직의 경우에는 환자수에 의해서 직접적인 영향을 받는데, 앞서의 분석에서는 동부병원과 강남병원 및 보라매병원의 환자진료실적에는 많은 차이가 있음을 살펴보았다. 전문 인력들이 다양한 시설과 장비를 가지고 환자를 진료하는 곳이 병원조직이라는 점을 고려할 때, 이처럼 각 병원조직의 환자진료실적에 차이가 나타나게 된 원인은 병원조직의 규모, 의료장비 및 전문인력 등에서 찾아볼 수 있다.

　먼저 연구대상 3개 병원은 병상규모 면에서 차이가 있다는 점에서 각 병원조직의 환자진료실적은 병상규모의 차이 때문이라고 생각할 수 있다. 환자진료실적의 차이가 병상규모에서 유래한 것인지의 여부는 각 병원의 병상이용률을 통해서 확인할 수 있다.[65] 이 지표는 각 병원조직의 시설활용도를 측정하는 대표적인 지표인데, 만약에 환자진료실적의 차이가 병상규모 때문에 나타난 것이라면, 병원시설에 대한 이용률 면에서 병원 간에 별다른 차이가 없을 것으로 예상할 수 있을 것이다.

---

65) 병상이용률은 수용가능한 상태의 병상들이 일정기간 동안 환자에 의해 점유된 비율을 말한다. 병상수는 병원규모를 가장 잘 대표하는 변수로서, 인력, 의료기기, 총비용 등 병원의 투입요소와 밀접한 상관관계를 갖고 있기 때문에 인력 및 시설의 활용도를 간접적으로 측정하기 위한 지표로서 활용된다. 이에 비해서 병원입원율은 외래환자수를 입원환자로 환산한 조정 환자수를 기준으로 이용하기 때문에 입원환자와 외래환자의 구성비율이 상이한 개별 병원들을 평가하는 데 더욱 적합한 것으로 인식되고 있다. 특히 외래환자의 비율이 높을수록 이 지표의 설명력이 높아지게 된다. 한국보건의료관리연구원, 전게서, 1995. 35~36면.

다음의 〈표 4-3〉은 연구의 대상 3개 병원의 연도별 병상이용률을 나타
낸 것이다. 이 표를 보면, 동부병원의 병상이용률은 50% 이하이며, 그나마
도 매년 감소하고 있음을 알 수 있다.

〈표 4-3〉 연도별 병상이용률 비교

(단위: %)

구 분	1993	1994	1995	1996
동부병원	55.8	51.1	40.0	31.8
강남병원	77.4	74.3	81.5	87.4
보라매병원	103.9	82.0	83.0	86.3

자료: 각 병원 내부자료에서 재구성.

이러한 사실은 동부병원의 환자진료실적이 낮은 원인이 병상규모의 차
이에서 비롯된 것이 아니라는 것을 보여준다. 즉, 동부병원의 병상이용률이
저조하다는 것은 동부병원이 아직도 환자를 수용할 수 있는 여력이 많다는
것을 의미하는 것으로, 동부병원의 환자수 부족이 병상규모와는 무관하다
는 것을 보여주는 것이다. 따라서 동부병원에 있어서 환자진료실적에 차이
가 나타나게 된 보다 직접적인 요인은 의료장비와 전문 인력 등의 차이에
서 찾아볼 수 있다.

앞에서의 분석결과에 따르면, 동부병원이 보유하고 있는 5천만 원 이상
의 고가의료장비는 엑스선 촬영기를 포함한 5종뿐이며, 그 나마도 구입년
도가 오래된 것뿐이다. 이에 반해서 강남병원의 경우에는 감마카메라를 비
롯한 38종의 고가의료장비를 구비하고 있으며, 보라매병원의 경우에도
MRI와 CT촬영기를 포함하여 모두 27종에 달하고 있어 동부병원과 크게
대비되고 있다.

이러한 문제점으로 인해서 동부병원은 환자진료 활동을 올바로 수행하
기 어려운 실정이다. 동부병원의 경우 의료장비의 부족으로 환자진료활동

206

을 제대로 할 수 없으며, 그 결과 진료과 자체를 폐지해야 할 정도라는 것은 이미 설명한 바와 같다.

또한 전문 인력의 규모에 있어서도 보라매병원은 진료과목당 평균 3.1명의 전문의를 확보하고 있는 데 반해서 동부병원과 강남병원은 각과별 전문의가 1.9명에서 2.0명에 불과한 것으로 나타났다. 전문의 확보율에서는 강남병원도 동부병원과 유사하다고 할 수 있으나, 동부병원의 경우에는 진료과목당 전공의가 한명에 불과한 데 반해서 강남병원은 진료과목당 3.7명의 전공의를 둠으로써 전문의 부족현상을 보완하고 있었다.

전문 인력의 부족으로 인한 문제점은 동부병원에서 가장 극명하게 드러나고 있었다.

가장 기본적인 문제는 환자진료가 이루어지지 않는다는 점이죠. 환자가 병원에 와도 진료를 담당할 마땅한 인력이 없으니까 응급환자인 경우에는 응급처치만 한 다음에 다른 병원으로 이송하고, 응급을 요하지 않는 환자인 경우에는 그냥 돌려보내는 실정이죠.66)

이러한 사실은 동부병원의 환자진료실적이 낮을 수밖에 없는 이유는 의료장비의 낙후성과 전문기술성의 미흡 때문이며, 병원조직의 자원능력과 관리특성이 병원조직의 수입 및 경영성과에 영향을 미치는 핵심적인 요인이라는 점을 보여준다.

그러나 강남병원과 보라매병원 사이에는 의료장비와 전문 인력에 있어서 외관상의 차이가 없기 때문에 이들 두 병원 간의 성과차이는 설명되지 않고 있다. 특히 앞에서는 조정환자를 기준으로 한 환자수 증가율 면에서 강남병원이 보라매병원보다 매년 더 높은 실적을 거두고 있음에도 불구하고 의업수지비율에 있어서는 보라매병원에 미치고 있다는 점에 주목할 필요가 있다.

강남병원이 환자수 증가율 면에서 보라매병원보다 우월했던 이유는 입

66) 동부병원 관계자 면접내용, 1998. 5.

원환자의 증가율이 높았기 때문임은 이미 살펴본 바와 같다. 즉, 강남병원의 경우에는 입원환자수가 증가하는 반면에 외래환자수는 오히려 감소하는 반면에 보라매병원의 경우에는 입원환자수 증가율에서는 강남병원에 미치지 못하지만, 외래환자수에 있어서는 강남병원보다 훨씬 높은 증가율을 나타내고 있는 것이다. 이러한 사실은 앞에서 강남병원이 조정환자수로 환산된 환자증가율에서 보라매병원보다 높았던 이유는 입원환자의 증가 때문이라는 것을 보여준다.

이들 병원 사이에서 이러한 차이가 나타나게 된 원인은 병원의 규모와 관련이 있는데, 이것은 강남병원과 보라매병원의 병상이용률과 병원이용률 추이를 통해서 살펴볼 수 있다.

앞에 제시된 〈표 4-3〉을 보면, 강남병원의 입원환자 증가율이 보라매병원보다 앞섰던 기간에도 병상이용률 면에서는 보라매병원이 강남병원보다 우수한 것으로 나타나고 있다. 이러한 사실은 보라매병원이 입원환자 증가율 면에서 강남병원보다 낮았던 이유가 환자를 수용할 수 있는 한계에 도달했기 때문이라는 것을 의미한다. 이러한 논지는 보라매병원의 병상이용률이 매년 80% 이상으로 병원조직의 한계치인 90%에 육박하고 있다는 점과, 강남병원의 입원환자가 지속적으로 상승했음에도 불구하고 1996년에 들어서 강남병원과 보라매병원의 병상이용률이 근소한 차이에 불과하다는 점을 통해 확인할 수 있다.

다시 말해서 보라매병원의 경우에는 입원환자를 수용하는 데 한계가 있기 때문에 입원환자가 더 이상 증가하기 어려우며, 그 결과 조정환자수로 측정된 환자수 증가율에서 강남병원이 보라매병원보다 양호한 결과를 얻을 수 있었던 것이다. 이러한 사실은 동부병원과 달리 보라매병원의 경우에는 병상규모가 경영성과를 제약하는 요인으로 작용하고 있음을 보여준다.

이처럼 환자의 수용능력에 한계가 있다면, 병원조직의 경영성과에 미치는 진료비의 비중은 더욱 크다고 하지 않을 수 없다. 특히 강남병원은 보라매병원보다 환자진료실적이 더 높았음에도 불구하고 경영성과는 더 낮게 나타났다는 점에 유의할 필요가 있다. 이러한 점을 분석하기 위해서는 병원조직의 수입에 영향을 미치는 진료비 결정요인을 분석해 볼 필요가 있다.

2. 조직특성과 진료비

병원조직이 환자에게 부과하는 진료비는 진료활동에 대한 가격(price)에 해당되기 때문에 병원마다 진료비에 차이가 난다면 경영성과에도 많은 차이가 나타날 수밖에 없다. 앞에서는 이처럼 진료비의 차이가 나타나는 것은 진료량과 진료방법 때문이라는 것을 살펴보았는데, 각 병원조직에 있어서 이러한 차이가 나타나는 궁극적인 원인은 병원조직이 보유하고 있는 의료장비와 전문성에 차이가 있기 때문이다.

현재 우리나라에서 채택하고 있는 행위별 수가체계는 어떤 질병을 치료하는 데 필요한 각종의 행위와 필요한 약품과 재료를 의료보험관리공단에서 규정해 놓고, 해당 질병에 대해서는 규정된 행위와 약품 및 재료비를 지급하는 것을 말한다. 그러나 환자를 진료하는 데 있어서 의료보험관리공단에서 규정한 행위와 약품만이 이용되는 것은 아니다. 동일한 질병이라고 하더라도 규정된 행위와 약품 이외의 다른 검사나 처치 및 약품 등이 추가로 사용될 수도 있고, 의사에 따라서 다양한 치료방법을 사용할 수도 있다.

특히 병원조직은 단순히 수요에 대응해서 활동하는 것이 아니라, 스스로 수요를 창출하는 특성을 갖는다. 민간기업이 궁극적으로 소비자의 선호에 의해서 통제되는 반면에, 병원조직은 최소한 이론적으로는 생산자에 의해서 통제되는 것이다. 말하자면, 환자가 일단 의료시장에 진입하기로 결정하기만 하면, 그 환자가 어떤 종류의 치료를 받아야 할지, 어떤 약품을 복용해야 할지, 어떤 실험과 처치를 받아야 할 것인지 등은 전적으로 의사가 결정하는 것이다.[67]

---

67) Rudolf Klein, Performance, Evaluation and The NHS: A Case Study in Conceptual Perplexity and Organizational Complexity, *Public Administration*, 1982, Vol. 60, p.386; Craig A. Anderson, Chuck Bayless, James S

따라서 새로운 의료장비와 의료기술 또는 약제를 사용하게 되면, 그러한 항목은 의료보험관리공단의 규정에 제시되어 있지 않기 때문에 비급여항목으로 처리되어 환자에게 더 많은 진료비를 청구할 수 있게 된다. 민간병원에서 새로운 의료장비와 의료기술을 도입하려고 애쓰는 것도 바로 이런 식으로 비급여 검사나 처리 등의 종류를 증가시킴으로써 수익성을 높이려는 것이라고 할 수 있다.

이러한 관점에서 볼 때, 현재의 의료보험제도하에서는 환자를 진료하는 의사가 어떤 진료방법을 선택하느냐에 따라서 급여항목과 비급여항목이 달라지며, 그 결과 각 병원의 진료비도 달라지게 된다고 할 수 있다. 병원조직이 선택하는 진료방법은 궁극적으로 각 병원조직이 보유하고 있는 의료장비와 의료직의 전문성에 의해서 결정되는데, 이 점에 있어서 동부병원은 많은 문제가 있다. 동부병원의 경우에 의료장비가 매우 낙후되어 폐쇄된 진료과목이 존재할 정도라는 점은 이미 설명한 바와 같다.

동부병원에서 사용하는 의료장비나 의료기술은 의료보험관리공단에서 급여항목으로 규정된 것을 충족시키는데도 급급한 실정이기 때문에 추가적인 비급여대상은 존재할 여지가 없습니다. 따라서 동부병원과 다른 병원 간에 진료비에서 차이가 있다면, 결국 의료장비나 의료기술에 따른 비급여항목의 차이라고 할 수 있죠.[68]

말하자면, 의료장비의 낙후성과 전문 인력의 부족으로 인해서 동부병원은 진료비가 저렴할 수밖에 없으며, 그 결과 경영성과에도 차이가 나타나게 된다는 것이다.

보라매병원은 이와 상반되는 사례를 보여주는데, 이것은 보라매병원과 강남병원의 경우를 비교함으로써 확인할 수 있다. 앞에서는 강남병원과 달

Harrington, M. Melanie Polack and William D. Wilsted, Service Process Excellence: How to Best Serve Your Customers, in H. James Harrington, eds., *Total Improvement Management: The Next Generation in Performance Improvement*, (McGraw-Hill, Inc., 1995), p.395.
68) 동부병원 관계자 면접내용, 1998. 5.

리 보라매병원은 의약품 선정에 있어서 제한입찰을 실시하고 있는데, 이의 근본적인 이유는 저급 약품을 배제시키기 위한 것이라는 점을 살펴보았다.

이렇게 선정된 의약품에는 연구개발비가 포함되기 때문에 특허기간이 끝난 약품을 모방해서 만든 약품보다 비싸질 수밖에 없다. 이러한 약값은 환자들의 진료비에 고스란히 포함되기 때문에 보라매병원은 다른 병원보다 더 많은 진료비를 확보할 수 있게 된다.

또 보라매병원이 강남병원보다 진료집중도를 높임으로써 강남병원보다 더 많은 진료비를 확보할 수 있었던 원인도 이러한 약품의 차이와 관련이 있다고 할 수 있다.

> 환자를 올바로 치료하기 위해서는 여러 가지가 필요합니다. 일단 환자의 증상을 정확하게 진단해야 되고, 그러한 진단에 따라서 어떤 약품을 얼만큼 써야 되는지를 올바로 처방하고, 그 다음에는 처방에 맞는 정확한 약품을 써야 됩니다. 그런데 아무리 올바로 진단해서 처방을 하더라도 성분배합이 다른 약품을 쓰면 무슨 소용이 있습니까?[69]

이와 같은 사실은 약품선정은 물론, 보라매병원이 강남병원에 비해서 각종의 검사와 실험횟수가 더 많았던 이유를 설명해준다. 따라서 보라매병원이 강남병원보다 환자진료실적은 더 적으면서도 더 높은 수익성을 확보할 수 있었던 이유는 보라매병원이 서울대학교병원이 보유하고 있는 첨단장비와 의료기술을 활용하여 더 높은 진료비를 확보할 수 있었기 때문이라고 할 수 있다. 이러한 현상은 의료보험관리공단에서 규정하고 있는 급여항목을 맞추기에도 급급한 동부병원과는 크게 다른 점이라고 할 수 있다.

진료비는 전문성에 의해서 영향을 받기도 한다. 병원조직이 제공하는 의료서비스는 의료직의 전문성에 의해서 좌우되는데, 이러한 전문성은 각 병원조직이 채택하는 진료방법을 통해서 경영성과에 영향을 미친다.

앞서의 분석에서 보라매병원이 강남병원이나 동부병원보다 높은 진료비

---

69) 보라매병원 관계자 면접내용, 1998. 5.

를 획득함으로써 경영성과를 제고시킬 수 있었다는 점을 살펴보았다. 이러한 효과는 병원조직이 보유하고 있는 첨단 의료장비의 영향 때문이기도 하지만, 다른 한편으로는 전문기술성 때문이기도 하다.

　　아무리 첨단 의료장비를 갖다 주면 뭐합니까? 의료장비를 가지고 실험하고 촬영하는 것이 능사가 아니라, 똑같은 실험결과나 촬영결과라고 하더라도 그것을 얼마나 정확하게 해석하고, 거기에 따라서 올바른 처방을 내리느냐 하는 것이 중요한 것이죠.[70]

이러한 사실은 보라매병원이 진료집중도를 높임으로써 더 높은 진료비를 획득할 수 있었던 원인이 첨단장비 이외에 전문기술성 때문이기도 하다는 것을 보여준다.

동부병원은 첨단 의료기술을 가진 유능한 의료진을 확보하고 있지 못하고 있기 때문에 이 점에 있어서 많은 문제점을 가지고 있다. 그 결과 동부병원은 최신의 의료기술을 활용하여 진료수입을 증대시킬 여지는 존재하지 않는다.[71]

강남병원과 보라매병원의 관계에서도 이러한 차이가 나타나고 있다. 앞에서의 인력효율성 분석에서는 강남병원이 조정환자 100명당 22.3명의 의료인력이 투입하고 있어 보라매병원의 20.3명보다 비효율적이라는 점을 살펴보았다. 그럼에도 불구하고 강남병원의 평균재원일수는 14.6일로서 보라매병원의 13.6일보다 긴 것으로 나타났다. 병원조직에 있어서 진료집중도가 첨단장비와 의약품 및 전문기술성에 의해서 좌우된다고 할 때, 강남병원과 보라매병원에 있어서의 이러한 차이는 전문기술성 때문이라고 할 수도 있다.

이러한 사실은 각 병원조직의 전문기술성과 진료환자수와의 관계를 통

---

70) 보라매병원 관계자 면접내용, 1998. 5.
71) 서울시 관계자에 따르면, 서울시에서 시립대학교에 의과대학을 설치하려고 할 때, 대학부속병원으로 동부병원을 염두에 두었으나, 동부병원에 근무하는 의사들의 수준으로는 의과대학의 교육을 실시하기 어렵기 때문에 서울시가 스스로 의과대학 신청서를 철회한 경우가 있었다고 한다.

해서 살펴볼 수 있다. 아래의 〈표 4-4〉에는 각 병원조직의 진료과목당 전문의와 전공의 비율이 제시되어 있다. 이 표를 살펴보면, 강남병원이 과목당 전문의는 2.0명으로 보라매병원의 3.1명에 크게 미치지 못하고 있으며, 전공의 비율에서는 비슷한 수준을 나타내고 있다.

강남병원의 진료환자가 232,737명으로 보라매병원이 227,949명보다 많다는 점을 고려할 때, 강남병원의 경우에는 환자진료에 전문의보다 전공의가 더 많이 투입된다고 할 수 있다. 따라서 강남병원과 보라매병원에 있어서의 진료집중도의 차이는 첨단 의료장비 이외에 이러한 병원조직의 전문기술성 차이에도 일부의 원인이 있다고 할 수 있다.

〈표 4-4〉 진료과목별 전문의·전공의 비교(1996년)

(단위: 명)

구 분	진료과목	전 문 의	과 목 당 전 문 의	전 공 의	과 목 당 전 공 의
동부병원	14	27	1.9	14	1.0
강남병원	25	50	2	92	3.7
보라매병원	19	58	3.1	69	3.8

자료: 각 병원 내부자료.

이러한 사실은 보라매병원이 강남병원보다 환자진료실적이 더 적었음에도 불구하고 더 많은 의료수입을 확보할 수 있었던 데에는 이러한 전문성의 차이가 작용하고 있음을 보여준다. 반면에 강남병원은 이러한 전문성의 차이를 보완하기 위하여 더 많은 인력을 투입하거나, 병상회전율 등이 낮아질 수밖에 없다. 그 결과 강남병원은 보라매병원보다 인력효율성과 시설 및 장비의 활용률은 낮고, 인건비와 관리비 등은 더 많아진 것으로 이해할 수 있다.

3. 조직특성과 의료비용

병원조직의 경영성과는 의료수입 이외에 원가절감을 통한 비용최소화 여부에 의해서 영향을 받기도 한다. 특히 공공조직의 관리적 비효율성에 비추어 볼 때, 본 연구의 대상사례인 동부병원과 보라매병원 및 강남병원과 같이 서울시의 조례와 규칙 및 지시 등에 따라 의료수가가 책정되는 상황에서는 비용최소화 노력이 병원조직의 경영성과를 제고하는 데 있어서 매우 중요한 측면이라고 할 수 있다.

앞서의 분석에서는 환자진료량을 고려한 직종별 인력효율에 있어서 동부병원이 조정환자 100명당 26.7명의 의료직을 보유함으로써 강남병원의 22.3명과 보라매병원의 20.3명보다 비효율적이라는 것을 살펴보는데, 그 이유는 의료인력을 과다하게 고용한 결과라기보다는 진료환자의 수가 워낙 적기 때문이라고 할 수 있다. 이러한 사실은 각 병원조직의 100병상당 의료인력을 비교함으로써 확인할 수 있다.

다음의 〈표 4-5〉를 보면, 동부병원의 100병상당 인력은 20.1명으로 보라매병원의 25.7명과 강남병원의 30.9명에 비해서 매우 적다는 것을 알 수 있다. 그럼에도 불구하고 동부병원의 인력효율성이 낮게 나타난 것은 환자진료실적이 워낙 저조하였기 때문이라고 할 수 있다. 이러한 사실은 앞에서 살펴본 것처럼 동부병원의 병상이용률이 다른 병원에 비해서 매우 저조하다는 점을 통해서 반증되고 있다.

〈표 4-5〉 100병상당 의료인력 비교(1996년)

(단위: 병상, 명)

구 분	병상규모	의료인력	100병상당 의료인력
동부병원	204	41	20.1
강남병원	460	142	30.9
보라매병원	495	127	25.7

자료: 각 병원 내부자료에서 재구성.

   또한 조정환자 1인당 인건비 면에서 강남병원이 23,599원을 지출하여 가장 많은 인건비를 지출한 데 반해서 동부병원은 가장 적은 19,093원만을 지출하였음에도 불구하고 동부병원은 의료수입으로 인건비를 충당하지도 못하고 있는 실정이었다. 이러한 사실은 동부병원이 비효율적으로 운영되는 근본적인 원인이 환자수가 절대적으로 부족하기 때문이라는 것을 보여준다. 앞에서 동부병원의 조정환자 100명당 관리직 인력은 11.1명으로 16.5명을 고용하고 있는 강남병원보다 인력효율성이 높았으나, 의료수입 대비 관리비 비율이 65.7%로서 강남병원의 28.1%보다 훨씬 높았던 것도 이런 이유 때문이라고 하겠다.

   왜냐하면 의료수입 인건비 비율이 의료수입과 인건비의 관계를 나타낸다는 점에 비추어 볼 때, 동부병원의 관리직 인력효율성이 높음에도 불구하고 인건비 비율이 높다는 사실은 의료수입이 너무 작았기 때문이라고 이해하는 것이 타당하기 때문이다. 이러한 사실은 의료장비와 전문 인력의 부족으로 의료수입을 확보하는 데 많은 문제가 있으며, 그 결과 동부병원의 원가비율이 매우 높게 나타났다는 것을 보여준다.

   그러나 병원조직의 경영성과가 자원능력과 관리특성의 상호작용에 의해서 야기된다는 점을 고려할 때, 동부병원의 관리노력의 부족이나 관리의 비효율성도 의료비용을 증가시킨 중요한 요인이라고 할 수 있다. 예컨대, 앞에서 설명한 것처럼 병원장과 담당의사가 업무적인 갈등을 빚는다거나, 구성원들의 귀속감이나 책임감이 부족하여 야간근무를 기피한다면 의료비용은 더욱 높아질 수밖에 없다. 실제로 동부병원은 전공의들이 야간근무를 기피함에 따라 야간당직을 전담할 의사를 별도로 고용하고 있었는데, 이런 경우라면 동부병원의 인력효율성은 약화되고, 인건비 지출은 증가할 수밖에 없다.

   주목되는 것은 동부병원의 구성원들이 이러한 병원조직의 비효율성을 개인적 편익으로 추구하고 있다는 점이다. 이미 설명한 것처럼 동부병원의 구성원들은 공무원의 신분을 가지고 있기 때문에 총정원의 제한을 받으며, 공무원 봉급체계에 따라서 보수를 지급받는다. 전문직 의사의 보수에 대해서는 하한선만 규정하고 있기 때문에 임금을 높일 수 있는 여지가 있지만,

이 경우에도 다른 공무원과의 형평성 등을 고려하여 결정되기 때문에 전문
직 의사의 보수도 경직적으로 운영될 수밖에 없다. 이러한 사실은 동부병
원의 구성원들이 과잉고용과 고임금을 추구하기 어렵다는 점을 의미한다.

여기서 제기되는 문제는 이처럼 보수와 근무여건이 열악함에도 불구하
고 구성원들이 동부병원에서 근무하는 이유가 무엇인가 하는 점이다.

> 전문의들 가운데 나이든 사람들은 주로 진료과장을 맡고 있는 사람
> 들인데, 이 사람들은 다른 병원으로 옮기기도 어렵고, 그래봐야 여기
> 같은 대우를 받지도 못할 텐데 나이 들어서 아랫사람 노릇을 하는 게
> 힘든 거죠. 또 여기보다 대우가 좋은 민간병원에서 요구하는 노동강도
> 나 스트레스를 감당하기도 어렵다고 봐야죠. 예전에 동부병원을 공사화
> 하려고 할 때, 이들이 나서서 반대한 경우가 있었는데, 그것도 노동강
> 도가 강해지는 걸 원하지 않기 때문이었죠.[72]

이러한 사실은 동부병원의 구성원들이 고임금과 과잉인력이 아니라, 조직
을 비생산적인 상태로 유지하는 것을 개인적 편익으로 추구하고 있다는 것을
시사한다. 요컨대, 정부통제로 인해서 고임금과 과잉인력을 추구하기 어려운
동부병원의 경우에는 생산적 비효율성 그 자체를 개인적 유인으로 추구한다
고 할 수 있으며, 이로 인해 경영성과도 악화될 수밖에 없다는 것이다.

보라매병원은 인건비 구성비율 면에서 유사 규모의 공공병원보다 양호
하고 민간병원에 거의 근접하고 있는 데 반해서 강남병원은 유사한 규모를
가진 민간병원은 물론이고 공공병원보다도 인건비 비율이 높았으며, 그 결
과 강남병원은 보라매병원에 비해서 수익성이 낮아졌다는 것은 이미 살펴
본 바와 같다.

이처럼 강남병원의 인건비 비율이 높은 원인은 관리적 유인을 저해하지
않으려는 서울시의 통제를 회피함으로써 행정농도를 높였기 때문이라는 것
은 이미 설명한 바와 같다. 그러나 이처럼 강남병원이 보라매병원보다 비
효율적으로 운영된 원인은 강남병원의 전문성 부족에서도 찾을 수 있다.

---

72) 동부병원 관계자 면접내용, 1998. 5.

앞에서는 강남병원이 보라매병원보다 더 많은 의료인력을 투입하면서도 진료집중도는 낮다는 것을 살펴보았다. 이 때문에 강남병원은 진료비와 의료수입 면에서 보라매병원보다 불리한 처지에 있었는데, 이러한 사실은 강남병원의 전문성 부족으로 인해서 인력비효율성이 야기되고 있는 것으로 이해할 수 있는 것이다.

강남병원에 있어서 전문성과 관리노력의 부족으로 인한 문제점은 약제비 지출을 통해서도 확인할 수 있다. 앞에서는 보라매병원이 서울대학교병원의 첨단 의료장비와 전문기술성을 활용하여 양질의 의약품을 채택하고 있었으며, 그 결과 진료집중도와 진료비를 높임으로써 경영성과를 높일 수 있었다는 점을 설명하였다. 이처럼 보라매병원이 양질의 의약품을 선정한다면, 보라매병원이 강남병원보다 더 많은 약품비 지출하는 것이 당연하다고 할 수 있는데, 실제에 있어서는 이와 상반된 결과가 나타나고 있다.

아래의 〈표 4-6〉에는 강남병원과 보라매병원의 의료수입과 환자진료실적 및 약품비 등이 제시되어 있다. 이 표에 따르면, 강남병원은 1996년 한해 동안 232,737명의 환자를 진료하여 25,670원의 의료수입을 획득하였으며, 이를 위해서 8,155백만 원의 약품비를 지출한 것으로 나타나고 있다. 이에 비해서 보라매병원은 같은 기간동안 227,949명의 조정환자를 진료하여 31,082백만 원의 의료수입을 획득하였으며, 약품비로는 7,497백만 원을 지출하였다. 따라서 보라매병원이 조정환자 1인당 32,889원을 약품비로 지출한 데 비해서 강남병원은 조정환자 1인당 35,040원으로 보라매병원보다 더 많은 약품비를 지출한 것으로 나타나고 있는 것이다.

〈표 4-6〉 병원별 약품비 비교(1996년)

(단위: 백만 원, 명, 원, %)

구 분	의료수입	조정환자	약 품 비	조정환자 1인당 약품비	의료수입 약품비율
강남병원	25,670	232,737	8,155	35,040	31.8
보라매병원	31,082	227,949	7,497	32,889	24.1

자료: 강남병원 및 보라매병원 연감, 진료통계, 감사보고서.

그 결과 보라매병원은 전체 의료수입 가운데 24.1%만을 약품비로 지출하는 데 반해서 강남병원은 31.8%를 지출함으로써 경영성과가 나빠진 것으로 나타났다. 만약에 강남병원이 정상적인 약품구매 과정을 거친 것이라면 이러한 결과는 강남병원이 보라매병원보다 약품구입이나 선정 및 계약 과정에 관한 지식이나 노력이 부족한 결과라고 할 수 있다.

제V장 결론 및 시사점

제1절 요약 및 결론

본 연구는 공기업의 경영성과에 관한 기존의 연구를 토대로 공공부문 내에(within public sectors) 존재하면서 서로 다른 조직형태를 가진 지방공공병원의 경영성과를 분석하였다. 본 연구의 기본적인 관점은 조직형태에 따르는 정부통제의 차이가 각 병원조직의 자원능력과 관리특성에 영향을 미치며, 이로 인해서 병원조직의 경영성과에도 차이가 나타나게 된다는 것이다. 이러한 관점에서 본 연구에서는 조직형태를 달리하는 서울시 산하의 3개 일반병원을 연구사례로 선정하고, 정부통제의 양태가 경영성과에 미치는 영향을 분석하였다.

분석을 통해서 나타난 사실들을 중심으로 연구결과를 요약하면 다음과 같다.

먼저, 동부병원의 경영성과를 악화시킨 요인은 환자수의 절대적 부족과 진료비의 저렴성 및 관리운영의 비효율성이라고 할 수 있는데, 이의 궁극적인 원인은 조직형태에 따른 통제양태의 차이 때문이라고 할 수 있다.

연구대상 3개 병원은 서로 다른 조직목표와 인사 및 회계제도를 가지고 있었으며, 이로 인해서 각 병원조직에 대한 서울시의 통제양태에도 차이가 있었다. 강남병원과 보라매병원의 경우에는 일반환자에 대한 진료활동이 주된 기능인 데 반해서 동부병원은 행려환자나 의료보호환자 등 저소득층을 대상으로 한 진료활동이 주된 기능으로 설정되어 있었다. 그 결과 강남병원과 보라매병원이 서울시의 재정보조금을 통해서 첨단 의료장비를 구입할 수 있었던 데 반해서 동부병원은 행려병원이라는 서울시 의회의 인식 때문에 이러한 투자가 이루어지지 않았는데, 이러한 사실은 동부병원의 신축과정을 둘러싼 시의회의 결정과정을 통해서 확인할 수 있었다.

동부병원의 자원능력이 열악했던 또 다른 원인은 예산과정이 다른 병원에 비해서 더욱 엄격하게 이루어진 데에서도 찾아볼 수 있었다. 동부병원의 예산과정에 대한 엄격성은 독립채산제에 기초하고 있는 강남병원이나 보라매병원과 달리 동부병원이 공공성 추구를 전제로 일반세원에 의존하여 운영되고 있다는 점에서 비롯된다고 할 수 있다. 또한 예산과정을 비롯한 각종의 의사결정에서 서울시와 시의회의 이중적인 통제를 받고 있다는 점과 이러한 과정에서 정치적 논리의 영향을 받아야 한다는 점도 동부병원이 강남병원이나 보라매병원과 구별되는 점이라고 하겠다.

이러한 예산상의 제약은 병원시설이나 의료장비의 낙후성을 야기시키는 데 그치지 않고, 진료과목의 개설이나 인력충원 등과 같이 예산을 필요로 하는 모든 분야에 걸쳐서 영향을 미친다고 할 수 있다. 동부병원의 경우 이미 개설되어 있는 16개 진료과목 가운데 2개 과목이 의료장비의 부족으로 인해서 사실상 폐과되어 있는 것이 단적인 예라고 할 수 있다.

동부병원의 구성원들이 공무원의 신분으로서 총정원에 관한 규정을 적용받는다는 점도 동부병원의 자원능력을 제약하는 요인으로 작용하고 있었다. 보라매병원과 강남병원의 100병상당 인력규모가 각각 150.0명과 134.6명에 이르는 데 비해서 동부병원은 118.1명에 불과했던 것도 동부병원의 구성원들이 공무원으로서 이러한 제약을 받아야 했기 때문이었다. 이에 비해서 강남병원은 비교적 자유롭게 인력을 증원시킬 수 있었는데, 이는 동부병원과는 달리 총정원 규정을 적용받지 않을 뿐 아니라 독립채산제에 기초하여 자기의 수입으로 비용을 충당하고 있다는 점에 기인한 것이라고 하겠다. 따라서 직종별 인력효율성에 있어서 동부병원보다 강남병원의 관리직이 더 많았던 이유는 이러한 차이에서 비롯된 것이라고 할 수 있다.

충원과정과 보상체계의 경직성 등도 병원조직에 영향을 미치고 있었다. 이러한 경직성은 동부병원이 가장 심한 것으로 나타났는데, 그 결과 의료장비나 전문 인력 등을 확보하는 것은 물론이고, 현재 동부병원에서 근무하고 있는 구성원들의 전문성과 근무태도에도 많은 영향을 미치고 있었다.

의료직들은 경제적 보수에 못지않게 자기개발 욕구가 강한 것으로 나타났는데, 동부병원은 보수 수준이 낮을 뿐 아니라 첨단 의료장비도 부족했기 때문에 유능한 인력을 확보하는 데 많은 어려움을 겪고 있었다. 그 결과 동부병원은 의료장비와 전문 인력이 부족하여 이미 개설된 진료과목을 운영하지 못한 채 병원을 찾아온 환자조차 되돌려 보내거나 다른 병원으로 후송하는 데 그치는 경우도 많았다. 이러한 문제점 때문에 동부병원은 환자수가 지속적으로 감소하여 최근에는 의료수입을 가지고 인건비조차 충당하지 못할 정도로 경영상태가 악화된 실정이다.

첨단장비와 전문 인력의 부족으로 인한 문제점은 진료비에도 영향을 미치고 있었다. 보라매병원이 첨단장비와 최신 의료기술을 활용하여 양질의 의료서비스를 제공함으로써 높은 진료비를 확보할 수 있었던 데 반해서 동부병원은 의료보험관리공단에서 지정한 급여항목을 맞추기에도 급급한 실정이었다. 이러한 영향은 진료비의 차이에 국한되는 것이 아니라, 다시 환자유인력에 영향을 미침으로써 경영성과를 지속적으로 악화시키는 결과를 야기하고 있었다. 즉, 보라매병원이 진료집중도를 높임으로써 높은 진료비를 확보하는 동시에 환자에 대한 유인력을 높일 수 있었던 데 반해서 동부병원은 진료비의 저렴성에도 불구하고 환자수가 지속적으로 감소되는 반대의 현상이 나타나고 있는 것이다.

동부병원의 경영성과를 악화시킨 또 다른 요인은 관리의 비효율성인데, 이것은 주로 유인의 부족과 공무원으로서의 신분이 보장된 데 기인하는 것이었다. 동부병원은 보수가 낮고, 첨단 의료장비와 환자수가 부족하기 때문에 자기발전을 중요시하는 젊고 유능한 인력을 유치하기 어려운 실정이다. 그 결과 동부병원에 근무하는 사람들은 민간병원에서 요구하는 노동강도를 견디기 힘들거나 전문성이 부족한 사람들이 대부분인데, 이것은 강남병원과 보라매병원의 의료직 가운데 50대 이상의 인력이 3.9%와 5.1%에 불과한 데 반해서 동부병원의 경우에는 41.2%에 달하고 있다는 점을 통해서 반증되고 있었다.

유인의 부족과 의료장비의 열악성 및 신분의 보장이라는 요소들은 구성원의 질을 낮추고 나태를 조장함으로써 동부병원의 경영개선을 악화시키는 요인으로 작용하고 있었다. 즉, 동부병원의 경우에는 유능한 전문 인력이나 전공의들이 근무하기를 꺼려하기 때문에 전체적인 전문성이 점점 낮아지고 있으며, 이로 인해서 환자수가 더욱 감소하고 있다는 것이다. 그럼에도 불구하고 이들은 자기개발이나 전문성을 제고하려고 하기보다는 공무원으로서의 신분에 안주하여 병원조직의 비효율성 자체를 개인적 편익으로 추구하고 있었다. 이러한 사실은 다른 병원의 전문의들에 비해서 학회 참가실적이나 학술논문 게재실적이 현저하게 낮은 데에서도 확인할 수 있었지만, 동부병원의 공사화 방안에 대해서 이들이 노동강도가 강해질 것을 우려하여 적극적으로 반대한 데에서 전형적으로 드러나고 있었다. 이와 같은 사실은 동부병원의 구성원들이 경영상태를 개선하기보다는 개인적인 편익을 추구하는 데 더욱 관심을 기울임으로써 경영부실을 가속화시키는 하나의 원인과 배경이 되었다는 점을 설명해 준다.

이러한 현상은 다른 구성원들에게서도 찾아볼 수 있었다. 예컨대 동부병원의 전공의들은 야간근무를 기피하여 근무지를 이탈하거나 당직의사를 별도로 두고 있는 실정이며, 간호사들도 노동강도가 약한 보건소 근무를 선호하여 동부병원에서 근무하는 것을 기피하고 있었다. 간호인력의 평균연령이 다른 병원에 비해서 매우 높고, 이직률이 낮았던 것도 노동강도는 약한 반면에 공무원으로서의 신분이 보장되기 때문이라고 할 수 있다.

강남병원의 경우에는 동부병원과 같이 환자수 부족으로 인한 문제점은 적다고 할 수 있다. 왜냐하면 앞에서 살펴본 것처럼 강남병원은 공사로 전환한 이후에 꾸준히 병원시설과 의료장비를 확장해 왔으며, 전문 인력도 동부병원보다 많이 확보하고 있기 때문이다. 그 결과 강남병원은 환자수 증가율 면에서 보라매병원보다 우수한 것으로 나타나고 있다.

그러나 의료수입 증가율과 의료수입 의료이익률 면에서는 보라매병원에 미치지 못하고 있었는데, 이는 진료비의 차이와 인력 및 관리운영의 비효율성 때문이었다.

보라매병원이 강남병원보다 높은 진료비를 확보할 수 있었던 첫 번째 이유는 보라매병원이 서울대학교 병원의 첨단장비와 전문성을 활용하여 더 많은 의료수입을 확보할 수 있었기 때문이다. 보라매병원은 의약품 선정에서 제한입찰방법을 채택하여 양질의 의약품을 투입하고 있었으며, 각종 실험과 촬영도 더 많이 실시하고 있었다. 이러한 비용들은 대부분 비급여항목에 해당되기 때문에 높은 진료비를 확보할 수 있는 요인이 된다. 또한 강남병원이 전공의에 대한 의존도가 높은 데 비해서 보라매병원이 전문의를 더 많이 확보하고 있다는 점도 진료집중도를 높임으로써 많은 진료수입을 확보할 수 있었던 중요한 요인이라고 할 수 있다.

강남병원이 보라매병원보다 수익성이 낮았던 두 번째 이유는 강남병원이 서울시의 통제를 회피하기 위하여 고임금과 과잉인력을 추구하고 있기 때문이었다. 강남병원은 의료수입 증가율 면에서는 보라매병원보다 낮았으면서도 인건비 증가율과 직원 1인당 인건비는 더 높았으며, 인력운영에 있어서는 동부병원보다도 관리농도가 더 높았다.

서울시는 동부병원의 예산과 인력을 엄격하게 통제하고 있는 데 반해서 강남병원에 대해서는 비교적 관대한 입장을 취하고 있었다. 이는 강남병원이 총정원에 관한 규정을 적용받지 않고 독립채산제에 의해서 운영되고 있기 때문이기도 하지만, 그 이면에는 강남병원의 관리적 유인을 저해하지 않으려는 서울시의 의도가 작용하고 있었다. 그러나 서울시의 통제를 받아야 하는 강남병원의 입장에서는 이러한 가능성을 활용하여 장래에 대비한 여분을 축적하는 것이 합리적이라고 할 수 있는데, 이러한 사실은 관계자와의 면접을 통해서 확인할 수 있었다.

종합적으로 볼 때, 각 병원조직마다 경영성과에 차이가 있었지만, 그러한 차이가 모두 조직형태에서 비롯된 것이라고 말하기는 어렵다고 할 수 있다. 즉, 동부병원이 다른 병원보다 성과가 낮았던 원인은 조직형태에 따르는 정부통제의 차이 때문이라고 할 수 있지만, 강남병원과 보라매병원 간의 관계에서 나타난 경영성과의 차이에는 두 가지 측면이 혼합되어 있는 것이다.

강남병원과 보라매병원의 성과차이가 나타나게 된 원인 가운데 고임금과 과잉인력으로 인한 비효율성은 서울시와 강남병원 간의 상호작용에 의해서 야기된 것으로, 엄밀한 의미에서의 계약방식하에서는 야기될 수 없는 것이다. 왜냐하면 이윤극대화를 추구하는 민간조직의 입장에서는 인력과 임금을 최대한 효율화시키는 것이 곧 자기의 이익이 되기 때문이다. 따라서 이로 인한 성과차이는 곧 조직형태의 차이에서 비롯된 것이라고 할 수 있다.

강남병원과 보라매병원 간의 성과차이가 나타나게 된 또 다른 원인은 진료비 수준인데, 이러한 차이는 조직형태에서 비롯된 것이라고 보기 어렵다. 왜냐하면 보라매병원이 강남병원보다 더 높은 진료비를 확보할 수 있었던 것은 보라매병원을 계약방식으로 운영한 결과가 아니라, 서울대학교 병원이라는 수탁기관의 특성에서 비롯된 것이기 때문이다. 또 보라매병원이 민간병원보다 낮은 보수를 지급하면서도 양질의 의료인력을 확보할 수 있었던 것도 의료직들의 서울대학교 병원에 대한 선호도가 크게 작용한 결과라고 할 수 있다. 따라서 계약방식으로 운영하더라도 서울대학교처럼 첨단의 의료장비와 의료기술을 갖추지 않은 다른 병원에게 위탁을 했더라면 이러한 성과는 거둘 수 없었다는 것을 보여준다고 하겠다.

제2절 연구의 시사점과 한계

1. 이론적 시사점

1) 통합적 분석의 필요성

이제까지 병원조직의 경영성과에 관한 연구들은 병원조직의 성과에 영향을 미치는 요인으로서 병상규모, 진료과목, 인력규모, 의료장비 등을 중요한 것으로 지적해 왔다. 그러나 기존의 연구들은 이러한 요인 간의 상호작용에 대해서는 별다른 관심을 기울이지 않거나 통계적 유의미성을 밝히

는 데 그치고, 이들이 구체적으로 어떻게 상호작용을 하는지를 실증적으로 분석하지는 않았다.[1)]

본 연구의 결과에 따르면, 인력규모와 인력의 전문성은 각 병원조직이 보유하고 있는 의료장비와 환자수에 의해서 영향을 받으며, 이에 따라서 병상규모와 진료과목도 많은 영향을 받는 것으로 나타났다. 이와 같은 결과는 향후 병원조직의 성과분석에 있어서 이러한 여러 요인 간의 다양한 상호작용을 종합적으로 분석해야 할 필요성을 제시해 주는 것이라고 할 수 있다.

이에 대해서 공공병원의 경영성과를 분석하는 연구들은 기존의 공기업이론을 원용하여 공공병원과 민간병원의 제도적 차이가 성과차이를 유발한다는 점을 강조해 왔다. 그러나 이런 연구들은 공공병원과 민간병원의 소유권이나 이윤동기의 차이에만 관심을 기울인 나머지, 이러한 차이가 병원조직의 경영성과에 어떻게 영향을 미치는지를 실증적으로 분석하지는 않았다.

이러한 기존 연구의 문제점은 민간병원을 대상으로 각 병원조직의 제도적 구조 등을 동일한 것으로 간주한 데에서 그 원인의 일부를 찾아볼 수 있다. 그러나 병원조직에도 다양한 형태가 존재한다. 예컨대 공공병원에도 국가에서 운영하는 국립병원과 지방자치단체가 운영하는 시립병원이 있으며, 이 밖에도 원호단체 등에서 운영하는 공공병원이 존재할 수 있다. 또한 민간병원의 경우에도 소유자가 직접 운영하는 민간병원이 있고, 관리자에 의해서 운영되는 민간병원이 있을 수 있다.

이러한 병원들은 그 제도적 기반이 다르기 때문에 그에 따라서 의료장비와 인력 등과 같은 모든 운영적 사안에 있어서도 많은 차이가 있을 수 있다. 그럼에도 불구하고 기존의 연구에서는 이러한 제도적 차이를 동일한 것으로 간주하고 모든 병원조직에 공통적으로 적용될 수 있는 영향요인을

---

1) 기존 연구에 있어서 실증적 분석이 결여된 근본적인 원인은 분석에 필요한 자료를 수집하는 것이 매우 어렵기 때문이라고 할 수 있다. 이러한 자료획득이 가능한 사람들은 주로 병원조직에 종사하는 사람들인데, 병원조직을 운영하는 사람들은 대부분 의사로서 경영이나 관리에 관한 인식이 부족한 경우가 많기 때문에 실증적 연구로 이어지지 못하고 있다.

식별하는 데 관심을 기울임으로써 제도적 차이에 따르는 성과차이를 간과
해 온 것이다.

이와 같은 사실에 비추어 볼 때, 병원조직의 성과에 관한 기존의 연구들
과 병원조직의 제도적 특성을 강조하는 연구들을 통합적 시각에서 분석하
는 것이 병원조직의 성과분석에 있어서 매우 유용할 것으로 생각된다.

2) 수탁기관의 위상에 대한 고려

본 연구결과에 따르면, 계약방식으로 운영되는 공공병원이 지방공사와
직영기업 형태의 공공병원보다 경영성과가 더 우월한 것으로 밝혀졌다. 이
러한 성과는 보라매병원의 조직형태를 계약방식으로 전환했기 때문이기도
하지만, 수탁기관인 서울대학교병원의 첨단의료장비와 최신 의료기술에 의
해서 뒷받침 된 측면이 많다. 이러한 결과는 계약방식을 채택함에 있어서
수탁기관의 공신력과 역량이 매우 중요한 요소라는 점을 시사한다.

이제껏 공공조직을 민간에 위탁해야 한다고 주장하는 사람들의 기본적
인 논거는 민간의 경쟁을 통해서 비효율성을 감소시킬 수 있다는 것인데,[2]
이러한 주장은 공공조직이 공급하던 서비스를 수탁해서 제공할 수 있는 다
수의 민간조직이 존재한다는 것을 전제로 한 것이다. 그러나 우리의 경우
에는 지역적 협소성으로 인해서 서비스 공급규모가 적고, 민간조직이 발달
되어 있지 않기 때문에 경쟁의 효과가 그리 크지 않은 실정이다.

특히 공공서비스에 대한 사용료나 수수료가 매우 저렴해서 채산성을 확
보하기 어려운 상황에서 계약방식을 채택할 경우에는 수탁기관의 의지에
끌려 다님으로써 민간조직의 비효율성을 공공재원으로 충당해야 할 가능성
도 없지 않다.[3] 따라서 계약방식을 채택할 경우에는 경쟁유발 효과를 최대

---

2) Coskun Can Aktan, An Introduction to the Theory of Privatization, *The Journal of Social, Political and Economic Studies*, Vol. 20, No.2, Summer, 1995, pp.187~217.
3) 채산성 확보의 어려움 때문에 수탁기관이 서비스 공급을 중단하거나, 채산성이 확보되는 지역에만 서비스를 공급하는 경우가 있다. 이런 문제점 때문

한 활용하되, 이와 함께 수탁기관의 공신력과 역량에 대해서도 충분한 검토가 이루어져야 한다.

이와 같은 사실은 계약방식 그 자체가 중요한 것이 아니라, 어떤 형태의 계약인가 하는 점이 더욱 중요하다는 것을 시사한다. 다시 말해서 우리나라와 같이 계약에 따른 경쟁효과를 기대하기 어려운 상황에서 민간의 활력을 효과적으로 활용하는 데 필요한 요소와 조건 및 그에 따른 문제점이 무엇인지를 연구할 필요성이 매우 높다는 것이다.

2. 정책적 시사점

1) 직접공급방식의 한계

본 연구결과에 따르면, 동부병원은 인건비조차 충당할 수 없을 만큼 병원경영이 악화된 상태였는데, 이의 원인은 병원시설의 낙후성에 따르는 의료장비와 전문 인력의 열악성 및 보수의 저급성 때문인 것으로 나타났다. 이러한 문제점을 개선하기 위해서 서울시는 기존의 병원건물을 신축하고 이에 따라 의료장비도 전부 최신 장비로 교체할 예정인데, 이 경우에도 동부병원의 경영상태가 개선되기는 어려울 것이다.

물론 현재 동부병원의 주변에는 경쟁을 할만한 민간병원이 없기 때문에 의료장비와 전문 인력을 보강한다면 단기적으로 경영개선의 효과는 나타날 수 있을 것이다. 그러나 공무원 신분을 가진 사람들이 일반세원에 의존해서 운영하는 한 순환보직 등으로 인하여 전문성이 지속적으로 악화될 뿐 아니라, 보다 근본적으로는 신분보장에 따르는 나태와 무책임성 등을 방지

에 일부 자치단체의 경우 운영비에 일정율의 법정이윤을 지급하기로 위탁계약을 체결하고 있으나, 이런 경우에는 운영비를 극대화시킬수록 더욱 유리한 결과가 되어 직영방식으로 공급할 때보다 효율성이 낮아지는 사례가 발견되기도 한다. 그럼에도 불구하고 공공서비스를 수탁할 만한 민간조직이 많지 않기 때문에 이에 대한 개선책을 도모하기 어려운 실정이다.

하기 어렵다. 이러한 사실은 시설과 장비의 개선을 통해서 동부병원의 경영상태가 일시적으로 개선된다고 하더라도 장기적으로는 오늘날과 똑같은 경영상태에 도달할 것이라는 것을 시사한다. 따라서 서울시가 이들 병원조직의 경영개선을 도모하기 위해서는 병원시설과 장비를 개선하는데서 나아가서 보다 근본적이고 장기적인 개선방안이 요구된다고 하겠다.

본 연구의 결과에 따르면, 이와 같은 비효율성은 서울시의 엄격한 통제로 인한 유인의 부족과 공무원으로서의 신분이 보장되어 책임성을 확보하기 어렵다는 데 근본적인 원인이 있는 것으로 나타났다. 따라서 이러한 문제점을 해결하기 위해서는 구성원의 노력도와 성과를 일치시킬 수 있도록 유인체계와 통제체계를 새로 설계하는 것이 관건이라고 할 수 있는데, 서울시가 의료서비스 직접 공급하는 한 이러한 개선방안을 마련하기는 어려울 것으로 보인다. 이러한 한계는 서울시가 직영병원으로 운영되어 오던 보라매병원을 위탁했다는 사실을 통해서 반증되고 있다. 따라서 현재 직영방식으로 운영되는 동부병원의 조직형태는 공사화를 통한 간접관리방식이나 위탁방식으로 전환하는 것이 바람직할 것으로 보인다.

2) 사후적 책임경영체제의 확립

이처럼 서울시가 대리인을 통해서 의료서비스를 공급할 수밖에 없다면, 관리자의 자율성을 최대한 확보해 주되 이에 대한 책임성을 확보할 수 있는 엄격한 사후적 통제장치를 마련할 필요성이 있다. 강남병원이 과잉인력과 고임금을 추구할 수 있었던 근본적인 원인이 서울시의 통제를 회피하려는 강남병원의 이해관계와 관리적 유인을 저해하지 않으려는 서울시의 이해관계가 상호작용한 결과라는 점을 고려하면 이러한 장치는 매우 긴요하다고 할 수 있다.

아울러 산하병원의 장기적 발전을 위해서는 내부적인 동기유발체제를 확립하는 것이 유용할 것으로 생각된다. 보라매병원의 경우에 비추어 보면, 의사들은 보수와 같은 경제적 유인보다 최신 의료기술의 습득을 통한 자기발전 욕구가 더 큰 유인으로 작용하고 있음을 알 수 있었다. 강남병원이 필요한 전문 인력을 스스로 충당하여 의료서비스의 질적 개선을 도모하기 위해서는 강남병원과 대학부속병원을 연계시키거나, 병원과 의료진들 사이에 개별적인 협정을 통해서 성과급을 지급하는 방안도 고려할 수 있을 것이다.

3) 유인체계의 강화

본 연구결과에 따르면, 서울시가 보라매병원을 서울대학교병원에 위탁함으로써 경영성과를 향상시킬 수 있었던 것으로 나타났다. 그러나 이러한 성과향상이 진료비 상승을 통해서 이루어지고 있다는 점과 그럼에도 불구하고 보라매병원이 재정적자를 면하지 못한 채 서울시의 보조금에 의존하고 있다는 점은 개선되어야 할 것으로 나타났다.

공공서비스 공급에 관한 계약방식의 기본적인 논리는 경쟁적 요소와 민간의 이윤동기를 도입함으로써 서비스를 보다 효율적으로 공급하려는 것이다. 그러나 보라매병원의 경우에는 의료장비나 시설의 신규투자에 소요되는 경비와 환자진료를 위해서 불가피한 재료비와 인건비 등을 보조할 수 있도록 하고 수익금으로 취득한 재산은 모두 서울시에 귀속시키도록 하고 있는데,[4] 이러한 보조금 규정은 비효율성을 유발하는 원인으로 작용할 수 있다.

병원조직은 의사들의 요구에 따라서 장비를 구입하며, 의사들은 자기의 전문적 지위를 강화하기 위해서 최첨단 의료장비를 구비하려는 욕구가 강한 것으로 인식되고 있다.[5] 따라서 보라매병원의 의사들은 서울시의 보조금을 활용하여 자기의 전문적 지위를 향상시키는 데 필요한 첨단 의료장비를 도입하려고 할 가능성이 있다. 또한 진료활동에 필요한 모든 비용을 서울시가 보전해 주도록 되어 있기 때문에 보라매병원의 구성원들이 이러한 첨단장비를 활용하여 환자들에게 필요 이상의 서비스를 제공하더라도 아무

---

4) 서울특별시립 보라매병원 위탁운영계약서 제7조 및 제13조.
5) Ray G. Wasyluka, New Blood for Tired Hospital, *Harvard Business Review*, September-October 1970, p.24.

문제가 되지 않는다. 특히 오늘날과 같이 대부분의 환자들이 의료보험에 가입되어 있어서 진료비가 증가하더라도 환자들이 별다른 손해를 보지 않을 것으로 인식할 가능성이 큰 상황에서는 의사들이 불필요한 수요를 창출함으로써 이러한 비효율성을 더욱 증폭시킬 우려가 있다.[6]

이러한 문제점에 대처하기 위한 하나의 방법은 서울시가 보라매병원의 운영실태를 보다 면밀하게 검토하여 시설이나 의료장비 등을 최적수준으로 유지시키도록 하는 것이다. 그러나 감독기구인 서울시는 병원에 관한 전문적 지식을 가지고 있지 않기 때문에 필요한 정보 등을 서울대학교 병원에 의존할 수밖에 없다. 더구나 수탁자인 서울대학교병원의 입장에서 볼 때, 현재와 같이 진료활동에서 발생된 잉여금을 서울시에 귀속시키도록 되어 있는 상황에서는 이를 인건비나 관리비 등으로 지출하는 것이 보다 유리한 결과가 되기 때문에 왜곡된 정보를 제공할 가능성은 더욱 높아진다. 이러한 사실은 서울시가 모든 비용을 보상해 주도록 되어 있는 현재의 구조하에서는 보라매병원의 효율성을 확보하는 것이 매우 어려우며, 그 결과 독립채산제의 확보라는 원래의 목표도 달성될 수 없다는 것을 시사한다.

이제까지 병원조직에 대한 사회적 관심은, 민간병원이 이윤극대화를 위해서 지불능력이 없는 환자들을 거부하는 것과 같은 비윤리적 행태에 집중되어 왔다. 경제적 유인과 전문적 지위라는 유인이 모두 의사의 개인적 편익을 도모하기 위한 것이라면, 공공병원의 구성원들이 일반세원에 편승해서 자기의 전문적 지위를 강화하려는 행태도 비윤리적이라고 할 수 있다.[7] 이런 문제점을 개선하기 위해서는 동료에 의한 감독(peer review)과 같은 공식적인 절차 등을 마련하는 것도 매우 중요한 요소라고 할 수 있으나, 보다 근본적으로는 수탁기관에 대한 유인을 강화하고, 보조금을 지금보다 엄격하

---

6) Wasyluka는 의료보험 적용대상이 확대됨에 따라서 환자들이 의료비용을 모두 부담할 때보다 의사들의 진료 및 치료행위가 더욱 많아지고 있다고 한다. Ray G. Wasyluka, *ibid.*

7) 이러한 문제점은 공공의료에 대한 의존도가 높은 사회일수록 그 심각성은 더욱 크다고 할 수 있다.

게 지급하도록 유인체계를 설계하는 것이 매우 긴요하다고 할 수 있다.

4) 지주회사형(holding company) 조직형태의 고려

앞에서 살펴본 정책적 시사점들은 각 병원조직의 현재 상황을 전제로 제시된 것이다. 그러나 서울시 전체의 관점에서 산하 병원조직이 당면하고 있는 근본적인 문제는 양질의 의료서비스를 보다 저렴한 비용으로 공급할 수 있는 방안을 모색하는 것이라고 할 수 있다.[8] 특히 공공기관인 서울시가 민간과의 경합가능성이 높은 의료서비스를 공급하는 당위성이 저소득계층에 대한 의료서비스를 공급하는 데 있다는 점을 고려하면, 이것은 곧 의료서비스에 관한 공공성과 효율성을 동시에 확보하기 위한 것이라고도 말할 수 있다.

이러한 문제를 해결하기 위한 방안으로는 두 가지를 생각해 볼 수 있다. 하나는 산하병원에 대한 서울시의 통제를 더욱 강화시킴으로써 관리의 효율성을 높이는 것이고, 다른 하나는 시 산하의 병원조직들이 시장메커니즘에 의해서 작동될 수 있도록 재구조화 시키는 것이다.

그러나 본 연구의 결과에 따르면, 의료장비와 시설 및 전문 인력의 부족 및 구성원들의 관료적 행태 등과 같이 동부병원의 경영을 악화시킨 요인들은 궁극적으로 서울시의 통제에서 비롯되고 있었으며, 강남병원이 과잉인력과 고임금을 추구한 것도 서울시의 통제를 회피하기 위한 것으로 나타났다. 이와 같은 사실은 서울시가 산하병원에 대한 통제를 강화함으로써 경영상태의 개선을 도모하는 데에는 한계가 있음을 보여준다고 할 수 있다.

따라서 보다 현실적인 대안은 시 산하의 병원조직을 재조직화 하는 것이라고 할 수 있다. 이를 위해서는 먼저 공공성만을 강조하던 병원조직의 목표가 공공성과 효율성의 조화로 변화되었음을 인식하고, 이러한 이념적

---

8) 정도의 차이는 있지만, 이는 민간병원들의 당면과제이기도 하다. 왜냐하면 최근 들어 병원조직의 유지와 생존이라는 관점에서 경제적 목표가 강조되고 있지만, 병원조직의 기본적인 목표(philanthropy)는 여전히 유효하기 때문이다.

변화가 병원조직의 권력구조나 병원의 조직화 방식에 반영되도록 해야 할 것이다.

현재 서울시는 본 연구의 대상사례인 보라매병원과, 강남병원 및 동부병원 이외에 특수병원인 서대문병원과 정신병원 및 아동병원과 같은 특수병원을 별도로 운영하고 있는데, 이 가운데 경영성과가 가장 우수한 보라매병원조차도 서울시의 재정보조금에 의존하고 있는 실정이다. 이러한 사실은 서울시가 제공하는 의료서비스가 소규모의 파편화된 공급단위(small and fragmented delivery units)를 통해서 공급되고 있으며, 이로 인해서 단일 조직을 운영하는 데 따르는 높은 비용을 감수하고 있다는 것을 시사한다. 이러한 관점에서 볼 때, 서울시 산하 병원조직들을 수평적 및 수직적으로 통합함으로써 경영효율성을 제고할 수 있는 가능성이 존재한다고 할 수 있다.

또한 서울시 산하의 병원조직을 비롯한 대부분의 병원들이 의사에 의해서 관리되고 있다는 점도 문제점으로 지적될 수 있다. 이들은 의약품을 처방하도록 교육을 받은 사람들일 뿐 조직을 효과적으로 관리하도록 교육을 받은 것은 아니다. 병원조직이 공공재원을 활용하여 공익목표만을 추구하던 때에는 양질의 의료서비스를 제공하는 것만으로도 충분하였기 때문에 병원조직을 의사가 관리하는 것은 당연하다고 할 수 있다. 그러나 최근 들어 공익적 목표와 경제적 목표가 동시에 강조되고 있음에도 불구하고 대부분의 병원조직들은 전통적인 관리방식을 고수함으로써 환경변화에 적절히 대응하지 못하고 있는 것이다.

이러한 문제점 때문에 최근에는 원무과장이나 사무장 등이 관리업무를 담당하는 경향이 있다. 이들은 병원을 운영하고 구성원을 감독하기 위한 교육과 훈련을 받지만, 조직전략을 수립하고, 위험을 평가하며, 수립된 계획을 바람직한 결과로 전환시키도록 훈련을 받은 것은 아니다. 이러한 사실은 민간에서 활용하고 있는 기업적 관리방식이나 체계적인 관리기법 등을 병원조직의 권력구조에 주입시킬 필요가 있음을 보여준다.

이러한 점들을 고려할 때, 서울시 산하 병원조직의 경영상태를 근본적으로 개선하기 위한 하나의 방안으로 시 산하의 병원조직들을 통합적으로 관리하는 지주회사 형태의 관리체제로 전환하는 것을 고려해 볼 필요가 있다.

여기서 말하는 지주회사 형태의 관리조직이란 '소유권에 기초하여 개별 병원이나 병원집단을 통제하는 조직'을 의미한다.9) 즉, 체계적이고 전문적인 교육을 받은 관리자가 운영하는 지주회사 형태의 조직으로 하여금 개별 병원들이 협동할 수 있는 공통부문을 통합적으로 관리하도록 하고, 개별 병원 고유의 진료활동에 필요한 권한이나 영역은 스스로 결정하고 처리할 수 있는 자율성을 부여하는 것을 말한다.

지주회사 형태의 조직은 통제의 중심점(central locus of control)으로서 이제까지 서울시 산하의 병원들이 개별적으로 관리하던 의약품과 의료장비의 구매나 재고관리, 또는 세탁업무 등과 같은 특정의 전문화된 활동을 집중화시킴으로써 운영상의 경제성을 기대할 수 있다.10) 예컨대, 응급수송이나 실험 등과 같은 서비스를 연계시킴으로써 개별 병원이 필요로 다양한 서비스를 제공할 수도 있다. 또한 전문화된 기술 및 인적 지원을 통해서 개별 병원들이 표준화된 재정체계나 시설활용율 보고체계 등을 구축하도록 도와줌으로써 개별 병원들의 경영성과나 장단점 등을 상호 참조하여 발전을 도모할 수 있는 계기를 마련해 줄 수도 있다.

특히 본 연구에서는 병원조직의 구성원들은 경제적 유인보다 자기발전의 기회를 더욱 높이 평가하는 것으로 나타났는데, 지주회사 형태의 조직 형태를 채택할 경우에는 이러한 구성원들의 욕구를 충족시켜 줄 수 있는

---

9) 민간병원들의 경우에는 소유권과 관련된 여러 가지 난점이 제기될 수 있으나, 서울시 산하 병원조직에 대한 소유권은 모두 서울시가 가지고 있으므로 이로 인한 문제점은 거의 없을 것으로 볼 수 있다.

10) Griffith 등이 비용절감을 위한 관리요건을 파악하기 위해서 Michigan주에 있는 중급병원을 대상으로 4년간 실시한 조사결과에 따르면, 해당 지역에 있는 병원들이 세 개의 산부인과(obstetrics)를 통합함으로써 10만 달러 이상의 비용을 절감한 것으로 나타났다. 이들은 응급서비스, 세탁업무와 컴퓨터 업무 및 실험실 운영 등에 있어서 이처럼 이윤을 공유하거나 통합할 수 있는 가능성이 존재하고 있음을 밝히고 있다. John R. Griffith, Walton M. Hancock and Fred C. Munson, Practical Ways to Contain Hospital Costs, *Harvard Business Review*, November-December, 1973, pp.61～62.

가능성도 높아진다. 예컨대, 개별 병원들의 모든 구성원과 재원을 활용하여 내부적인 교육 및 훈련과정을 운영하거나, 개별 병원조직 간에 인력순환 협정을 체결하여 구성원들에게 경력을 개발할 수 있는 기회를 제공함으로써 구성원들의 자기발전 욕구를 충족시켜 줄 수 있을 것이다.

간략하게 말해서 지주회사 형태의 조직은 개별 병원의 정체성이나 자율성을 존중하는 가운데 협력이 가능한 서비스를 포괄적으로 제공하고 개별 병원의 성과와 시설활용 등을 상호 비교하며, 구성원들을 지속적으로 교육 및 훈련시킴으로써 궁극적으로 환자진료의 질을 개선하기 위한 것이다. 이런 관점에서 볼 때, 지주회사 형태의 조직은 병원조직과 그 구성원들이 준수해야 할 윤리적 원리들을 크게 침해하지 않으면서 병원조직에 내재되어 있는 관리적 비효율성을 완화함으로써 병원조직이 추구해야 할 공공성과 효율성을 동시에 도모할 수 있는 수단으로 활용할 수 있을 것이다.

3. 연구의 한계

본 연구는 탐색적 연구의 하나로서 공기업 성과분석에 관한 기존의 연구들을 원용하여 공공부문 내에서 조직형태를 달리한 채 다양하게 존재하는 지방공공병원에 적용시켰다는 데 그 의의가 있으나, 연구대상이 매우 제한되어 있어 서울시 산하의 일반병원만을 분석하였다. 따라서 이러한 연구결과를 지방공공병원 전체에 일반화하는 데에는 어려움이 있다.

연구방법에 있어서도 본 연구는 많은 한계가 있다. 우선 각 병원조직의 성과차이에 관한 유의미성을 확인하고, 그러한 차이가 어떤 요인에서 비롯된 것인지를 실증적으로 분석하기 위해서는 통계적 방법을 활용해야 했으나, 연구대상과 자료의 부족으로 인해서 정부통제의 양태가 경영성과에 미치는 영향을 설명하는 데 그치고 있다는 점도 본 연구의 한계라고 하겠다.

참고문헌

1. 국내문헌

1) 단행본

강신일, 공기업 민영화에 관한 연구, 한국개발연구원, 1988.

강신택, 재무행정론, (서울: 박영사), 1993.

강신택, 사회과학연구의 논리, (서울: 박영사), 1995.

강인재 외, 지방재정론, (서울: 대영문화사), 1995.

김신복, 발전기획론, (서울: 박영사), 1992.

김 원, 도시행정론, (서울: 박영사), 1993.

김원수, 현대기업론, (서울: 문음사), 1990.

김인수, 거시조직이론, (서울, 무역경영사), 1996.

김재홍, 공기업의 소유구조적 특성과 행동에 관한 연구, 한국경제연구원, 1991.

더글러스 C. 노스, 로저 L. 밀러 공저, 김상호 역, 공공문제의 경제학, (서울: 진영사), 1994.

로버트 W. 풀 저, 김원 역, 지방정부경영론, (서울: 법문사), 1992.

박남영, 보건행정학, (서울: 고문사), 1993.

박동서, 인사행정론, (서울: 법문사), 1997.

박세일, 법경제학, (서울: 박영사), 1997.

박종화, 도시경영론, (서울: 박영사), 1996.

배용수, 지방경영론, (서울: 박영사), 1996.

손희준, 공공서비스의 공사 간 비용분석, 한국지방행정연구원, 1994.

송대희, 이정구, 김상기, 유홍재, 공기업 경영평가의 이론적 배경과 기법, 한국개발연구원, 1987.

송대희, 한국의 공기업 관리정책, 한국개발연구원, 1992.

안용식, 현대공기업론, (서울: 박영사), 1996.

안용식, 원구환, 지방공기업론, (서울: 대영문화사), 1994.

오석홍, 조직이론, (서울: 박영사), 1993.

오석홍 편, 조직학의 주요이론, (서울: 세경원), 1992.

유 훈, 공기업론, (서울: 박영사), 1993.

윤덕선 외, 병원경영실무, (서울: 정우사), 1991.

윤성식, 공기업론, (서울: 박영사), 1995.

윤창호, 이규억, 산업조직론, (서울: 법문사), 1997.

이영조, 지방재정론, (서울: 대명출판사), 1995.

이종익, 병원행정론, (서울: 법문사), 1993.

전상경, 홍완식, 관료제의 정치경제학, (서울: 대영문화사), 1991.

정기선, 현대 병원경영분석과 진단, (서울: 문휘도서), 1992.

정수용, 신경영학원론, (서울: 박영사), 1990.

정우일, 행정통제론, (서울: 박영사), 1997.

제프리 페퍼 저, 서울대학교 산업 및 조직심리학연구실 역, 현대조직이론, (서울: 법문사), 1991.

조정제, 도시경영, (서울: 법문사), 1991.

찰스 울프 저, 전상경 역, 시장과 정부, (서울: 교문사), 1994.

최병선, 정부규제론, (서울: 법문사), 1992.

하종근, 지방자치단체의 경영, (서울: 형설출판사), 1993.

2) 학위논문

고 훈, 지방공기업 분할에 관한 연구: 서울시 지하철 사업의 운영권 제도를 중심으로, 서울대 행정대학원 석사학위논문, 1994.

곽채기, 정부 – 기업관계의 새로운 제도형성과정으로서의 공기업 민영화에 관한 연구, 서울대학교 행정대학원 박사학위논문, 1993.

김기언, 한국에 있어서 공사기업의 관계 및 경영성과의 비교분석, 연세대학교 석사학위논문, 1981.

김영조, 소유와 경영의 분리가 조직특성 및 조직성과에 미치는 영향에 관한 연구, 연세대학교 박사학위논문, 1994.

류규수, 병원 경영성과 측정에 관한 연구 – 재무지표를 중심으로, 세종대 박사학위논문, 1993.

박 신, 공기업의 법적지위에 관한 연구, 국민대학교 석사학위논문, 1992.

복문수, 한국의 공기업 정책의 변천에 관한 연구: 정치, 경제적 요인의 변화와 관련하여, 단국대학교 박사학위논문, 1991.

손희준, 한국 도시 공공서비스의 민영화 성과측정 연구: 쓰레기수거서비스를 중심으로, 성균관대학교 대학원 행정학과 박사학위논문, 1991.

안희도, 한국의 병원운영개선에 관한 연구, 청주대학교 박사학위논문, 1990.

연규홍, 공기업의 예산관리시스템과 경영성과에 관한 연구, 청주대학교 박사학위논문, 1993.

오영철, 시립병원 운영체제와 경영성과에 관한 연구: 서울시립 일반종합병원을 중심으로, 중앙대학교 석사학위논문, 1991.

오윤조, 기업소유구조가 경영성과에 미치는 영향, 경희대학교 박사학위논문, 1994.

원구환, 지방정부 기업적 활동의 효율적 경영관리방안에 관한 연구, 연세대학교 박사학위논문, 1995.

위계점, 민영화정책이 기업의 경영성과에 미치는 영향, 외국어대학교 박사학위논문, 1996.

윤경준, 지방정부 서비스의 상대적 효율성 측정에 관한 연구: 대도시 보건소에 대한 자료포락분석(Data Envelopment Analysis)을 중심으로 연세대학교 박사학위논문, 1995.

윤언자, 조직특성이 직무수행의 효율성에 미치는 영향에 관한 연구, 대구대학교 박사학위논문, 1995.

이용휘, 생산성측정모형에 관한 연구, 동국대학교 박사학위논문, 1985.

이정은, 민간위탁의 성과와 영향요인에 관한 연구-서울특별시 복지서비스를 중심으로, 중앙대학교 박사학위논문, 1996.

전재표, 지방공기업의 성과측정모형, 경북대학교 박사학위논문, 1995.

허갑수, 병원조직의 문화적 특성과 직무성과 간의 관계에 관한 실증적 연구, 동아대학교 박사학위논문, 1993.

3) 일반논문

곽노현, 주식회사의 지배구조에 대한 규제강화 논쟁, 한국경제연구원 규제연구센터, 규제완화, 1993, 봄.

곽수일, 공기업의 성과평가, 감사, 1985. 9.

곽채기, 대리인 문제와 공기업 경영혁신 방안, 공기업논총, 제7권 제1호, 1995.

권순만, 김난도, 행정의 조직경제학적 접근: 대리인 이론의 행정학적 함의를 중심으로, 한국행정학보 제29권 제1호(1995 봄).

김광주, 한국행정조직에서 기업경영기업의 적용가능성에 관한 이론적 소고, 한국행정학회 1996연도 동계학술대회 논문집.

――――, 민선기초자치단체장의 정부관계행태분석, 한국행정학보, 제29권 제4호, 1995년 겨울.

김동원, 상호신용금고의 소유구조, 경영통제, 경영성과의 관계, 신용관리,

1996.

김신복, 공기업 인사관리의 공공성과 기업성 – 전기통신공사와 전력공사의
    임용관리를 중심으로, 한국행정학보 제25권 제1호, 1991.

김인, 김영기, 유기형, 지방정부의 공공서비스 성과측정 및 결정요인, 부산
    대 지방과 행정연구, 1991.

김태룡, 한국지방정부의 권한배분구조, 한국행정학보 제28권 제1호, 1994년 봄.

노춘희, 서울시 도시행정의 민영화에 관한 연구, 도시행정학보 제6집.

류규수, 병원특성 변수에 경영성과 편별력에 관한 연구, 보건행정학회지,
    제5권 제1호, 1995. 6. 132~160면.

박경효, 공공서비스 생산의 민영화에 대한 평가, 한국행정학보 제25권 4호.

박광국, 황종규, 지방정부 예산결정과정에서 지방의회의 역할에 관한 연구,
    한국행정학보 제28권 제1호, 1994년 봄.

박세정, William Ouchi의 Z이론, 오석홍 편, 조직학의 주요이론, (서울: 세
    경원), 1992.

박우순, 조직경제학에 대한 전통적 조직이론의 비판적 논거, 한국행정학보
    제28권 제4호(1994 겨울).

박종주, 지방자치단체에 있어서 근무성적평정제의 합리화 방안, 지방자치
    경영연구 제1권 제2호, 1995년.

손장훈, 한국철도공사화의 전망과 과제, 공기업논총, 제7권 제1호, 1995.

손희준, 도시 쓰레기수거 서비스의 공급유형에 따른 능률성 분석, 한국행정
    학보 제26권 제1호, 1992년 봄.

심재영, 비영리조직의 성과측정에 관한 연구, 한국방송통신대학 논문집 제8
    집(1988. 7).

안태백, 조직의 성과측정과 작업측정의 연계에 관한 연구, 국민대학교 경제
    논총, 1981.

윤경준, 원구환, 지방정부 직영기업의 상대적 효율성 평가, 한국행정학회,
    1996년도 동계학술대회 논문집.

240

윤성식, 경제대리인이론과 조직의 효율성, 한국행정학보 제27권 제2호, 1993년 여름.

─────, 감사인의 독립성과 적정 감사인의 규모: 대리인 이론과 게임이론적 관점, 한국행정학보 제28권 제3호, 1994년 가을.

─────, 효율적 정부와 민주주의, 한국행정학보 제26권 제4호, 1992년 겨울.

윤영진, 정부-기업관계에 대한 지대추구적 접근, 한국행정학보 제26권 1호, 1992년 봄.

이강노, 지방공사 C의료원의 경영성과분석에 관한 연구, 청주대 우암논총, 1985. 4.

이상범, 서울시립병원의 문제점과 개선방안, 산경논총 제12권 제1호, 서울시립대학교 산업경영연구소, 1997.

이시경, 도시행정에 있어서 민간과 사회부문 조직의 역할, 한국행정학보 제24권 제3호.

이영균, 공공영역의 생산성 측정모형에 관한 소고, 한국행정학보 제28권 제3호, 1994년 가을.

이혁주, 송광태, 이상호, 주동일, 김현하, 지방공기업에 대한 경영통제와 관리정책 개선방안, 한국행정학보 제30권 제2호, (1996 여름).

임환열, 시투자기관의 경영실적 평가 후 경영성과 분석-K병원을 중심으로, 대한병원협회지, 1991. 5.

전상경, 시장실패와 비시장실패 및 공공정책, 한국행정학보 제26권 제1호, 1992년 봄.

정윤수, 의료재정정책의 변화에 따른 병원행태의 변화, 한국행정학보 제26권 제4호, (1992, 겨울).

조창현, 조직경제학과 M-형 가설: 선형계획을 이용한 M-형 가설 검증, 관동대학교 논문집 제22호, 1992.

최병선, Oliver E. Williamson의 조직의 경제이론, 오석홍 편, 조직학의 주요이론, (서울: 세경원), 1992.

최종원, 합리성과 정책연구, 한국정책학회보 제4권 제2호, 1996.

함영훈, 공기업의 의무와 성과기준에 관한 연구, 한국항공대학교논문집 제
　　　23집, 1985.

4) 법령 및 자료

내무부, '97 지방공기업 관련자료집, 1997.

서울특별시립 동부병원 사항별 세입세출예산 설명자료

서울특별시립병원 운영규정

서울특별시립병원 의료수가 조례

서울특별시립 보라매병원 감사결과 보고서

서울특별시립 보라매병원 규정집

서울특별시립 보라매병원 설치조례

서울특별시립 보라매병원 세입세출결산서, 각 년도

서울특별시립 보라매병원 업무현황 및 업무계획

서울특별시립 보라매병원 예산서, 각 년도

서울특별시립 보라매병원 위탁운영계약서

서울특별시립 보라매병원 진료통계, 각 년도

서울특별시립 보라매병원 회계감사보고서, 각 년도

서울특별시 인사규칙

서울특별시 지방공무원 징계의 양정에 관한 규칙

서울특별시 투자기관 경영평가보고서, 각 년도

서울특별시 투자기관 경영평가편람, 1996.

지방공기업법

지방공기업법 시행령

지방공무원법

지방공무원 보수규정

지방공무원 수당규정

지방공무원 평정규칙

지방공사 강남병원 감사결과 보고서

지방공사 강남병원 세입세출결산서, 각 년도

지방공사 강남병원 업무현황 및 업무계획

지방공사 강남병원 연감, 각 년도

지방공사 강남병원 조례, 정관 및 규정집

지방공사 강남병원 진료통계, 각 년도

지방공사 강남병원 회계감사보고서, 각 년도

지방공사의료원 경영평가편람

지방자치경영협회, 지방공사·공단 편람, 1996.

지방자치경영협회 공기업평가편람

지방재정법

지방재정법 시행령

지방전문직공무원규정

한국보건사회연구원, 한국의 보건복지지표, 1996.

한국보건의료관리연구원, '95병원경영분석, 1996.

_____, '95의료기관 서비스평가 결과보고서, 1996.

_____, 병원경영분석지표해설, 1996.

한국생산성본부, 의료기관 경영수지분석에 관한 연구, 1990.

2. 외국문헌

1) Books

Abraham H. Maslow, *Motivation and Personality*, (NewYork: Harper & Row), 1970.

Amarjit S. Sethi and Randall S. Schuler, *Human Resource Management in the Health Care Sector*, Quorum Books, 1989.

Clarke, Thomas, and Andrews, *International privatisation: strategies and practices*, (New York: W. de Gruyter), 1994.

Cook, P., and Kirkpatrick, C. H., *Privatisation in less developed countries*, (New York: St. Martin's Press), 1988.

Craig C. Pinder, *Work Motivation: Theory, Issues and Application*, (Scott: Foresman and Company), 1984.

Elizabeth Hart and Meg Bond, *Action Research for Health and Social Care-A Guide to Practice*, Open University Press, 1995.

E. S. Savas, *Privatization: The Key to Better Government*, (New Jersey: Chatham House Press), 1987.

Gary L. Wamsley and Mayer N. Zald, *The Political Economy of Public Organization*, (Indiana Univ. Press), 1976.

Howard S. Berliner, *Strategic Factors in U.S. Health Care*, Westview Press, 1987.

Ingraham, Patricia W.; Romzek, Barbara S., *New paradigms for government: issues for the changing public service*, (San Francisco: Jossey-Bass), 1994.

James E. Swiss, *Public Management Systems, -Monitoring and Managing Government Performance*, Prentice Hall, Englewood

Cliffs, New Jersey, 1991.

James L. Perry and Kenneth L. Kraemer, *Public Management: Public and Private Perspective*, (California: Mayfield Publishing Company), 1983.

Kramer, Ralph M, *Privatization in four European countries: comparative studies in government-third sector relationships*, (Armonk, N.Y.: M. E. Sharpe), 1993.

Leroy P. Jones, *Public Enterprise and Economic Development: The Korean Case*, Korea Development Institute, 1975.

Michael L. Vasu, Debra W. Stewart and G. David Garson, *Organizational Behavior and Public Management*, Marcel Dekker, Inc., 1998.

Murphy, Kevin R., and Cleveland, Jeanette, *Understanding performance appraisal: social, organizational and goal-based perspectives*, (Thousand Oaks, Calif.: Sage Publications), 1995.

Neil Carter, Rudolf Klein and Patricia Day, *How Organizations Measure Success*, (Routledge, London and N. Y.), 1995.

Ott, Attiat F. and Hartley, Keith, *Privatization and Economic Efficiency: A Comparative Analysis of Developed and Developing Countries*, (USA: E. Elgar Pub., 1991).

Pruger, Robert, *Efficiency and the social services*, (New York: Haworth Press), 1991.

Randy L. Ross, Government and The Private Sector: Who Should Do What?, (Crane Russak & Company), 1988.

Robert H. Floyd, Clive S. Gray and R. P. Short, Public Enterprise in Mixed Economies, (International Monetary Fund: Washington D. C.), 1984.

Salamon, Lester M., *Partners in public service: government-nonprofit relations in the modern welfare state*, (Johns Hopkins University Press), 1995.

Salamon, Lester M.; Lund, Michael S., *Beyond privatization: the tools of government action*, (Washington, D.C.: Urban Institute Press, 1989).

Schneider, Mark, Teske, Paul Eric & Mintrom, Michael, *Public entrepreneurs: agents for change in American government*, (Princeton University Press), 1995.

Tomlinson, Jim, *Government and the enterprise since 1900: the changing problem of efficiency*, (New York: Oxford University Press), 1994.

Trudi C. Miller ed., *Public Sector Performance: A Conceptual Turning Point*, (Johns Hopkins Univ. Press), 1984.

W. J. M. Mackenzie, *Power and Responsibility in Health Care*, Oxford University Press, 1979.

2) Articles

Aidan R. Vining and Anthony E. Boardman, "Ownership versus Competition : Efficiency in Public Enterprise", *Public Choice*, 1992, 73.

Alberto Holly, Lucien Gardiol, Gianfranco Domenighetti and Brigitte Bisig, "An Econometric Model of Health Care Utilization and Health Insurance in Switzerland", *European Economic Review*, 42, 1998.

Alchian, Armen A. & Herold Demsetz, "Production, Information Costs, and Economic Organization", *American Economic Review*, 62,

246

December, 1972.

Andrei Shleifer and Robert W. Vishny, "Corruption", *Quarterly Journal of Economics*, 1993.

Andrei Shleifer and Robert W. Vishny, "Large Shareholders and Corporate Control", *Journal of Political Economy*, 1986, Vol. 94.

------, "Politicians and Firms", *Quarterly Journal of Economics*, 1994, Vol. 109.

Anthony Boardman, Ruth Freedman and Catherine Eckel, "The Price of Government Ownership", Journal of Economics, 31, 1986.

B. C. Smith, "The Decentralization of Health Care in Developing Countries: Organizational Options", Public Administration and Development, Vol. 17, 1997.

Benjamin M. Oviatt, "Agency and Transaction Cost Perspectives on The Manager-Shareholder Relationship: Incentives for Congruent Interest", *Academy of Managerial Review*, 1988, Vol. 13, No.2.

Brian Salter, "The Private Sector and The NHS: Redefining the Welfare State", *Policy and Politics*, Vol. 23, No.1, 1995.

Carl N. Platou and James A. Rice, "Multihospital Holding Companies", *Harvard Business Review*, May-June, 1972.

Charles Hill and Scott A. Snell, "Effects of Ownership Structure and Control on Corporate Production", *Academy of Management Journal*, Vol. 32, 1989.

Charles K. Warriner, Richard H. Hall & Bill McKeivey, "The Comparative Description of Organizations: A Research Note and Invitation", *Organization Studies*, Vol. 2, No.2, 1981.

Chris Bennett and Ewan Ferlie, "Contracting in Theory and in Practice: Some Evidence From the NHS", *Public Administration*, Vol. 74,

Spring 1996.

Christopher Foster, "Rival Explanations of Public Ownership, Its Failure and Privatization", *Public Administration*, Vol. 72, Winter, 1994.

Coskun Can Aktan, "An Introduction to The Theory of Privatization", *The Journal of Social, Political and Economic Studies*, Vol. 20, No.2, Summer, 1995.

Craig A. Anderson, Chuck Bayless, James S Harrington, M. Melanie Polack and William D. Wilsted, "Service Process Excellence: How to Best Serve Your Customers", in H. James Harrington, eds., *Total Improvement Management: The Next Generation in Performance Improvement*, (McGraw-Hill, Inc., 1995).

Dan R. Dalton, William D. Todor, Michael J. Spendolini, Gordon J. Fielding and Lyman W. Porter, "Organizational Structure and Performance: A Critical Review", *Academy of Management Review*, 1980, Vol. 5.

David P. Baron and Roger B. Myerson, "Regulating A Monopolist with Unknown Costs", *Econometrica*, Vol. 50, No.4, July, 1982.

David Sappington, "Strategic Firm Behavior under a Dynamic Regulatory Adjustment Process", Journal of Economic Perspectives, Vol. 5, No.2, 1991.

David Ulrich and Jay B. Barney, "Perspectives in Organizations: Resource Dependence, Efficiency and Population", *Academy of Managerial Review*, 1984, Vol. 9, No.3.

Davita Silfen Glasberg and Michael Schwartz, "Ownership and Control of Corporations", *Annual Review of Sociology*, 1983.

Dennis A. Rondinelli and Max Iacono, "Strategic Management of Privatization: a Framework for Planning and Implementation", *Public Administration and Development*, Vol. 16, 1976.

Dennis Leech and John Leash, "Ownership Structure, Control Type Classifications and the Performance of Large British Companies", *The Economic Journal*, 101, November 1991.

Douglas Bernheim & Michael Whinston, "Common Agency", *Econometrica*, Vol. 54, No.4, July 1986.

Douglas W. Caves and Laurits R. Christensen, "The Relative Efficiency of Public and Private Firms in a Competitive Environment: The Case of Canadian Railroad", *Journal of Political Economy*, 1980, Vol. 88.

D. Scott Sink & George L. Smith Jr., "Influence of Productivity and Management", in Douglas H. Harris ed., *Organizational Linkages*, National Academy Press, 1994. p.133.

Dunsire, A., Hartley, K., Parker, D and Dimitirou, B., "Organizational Status and Performance: A Conceptional Framework for Testing Public Choice Theories", *Public Administration*, 66(4), 1988.

Edward P. Lazear and Sherwin Rosen, "Rank-Order Tournaments as Optimum Labor Contracts", Journal of Political Economy, Vol. 89, No.5, 1981.

El-Khider Ali Musa, "Privatization of Public Enterprise in the Less Developed Countries", in Thomas Clarke(ed.), *International Privatization Strategies and Practices*, Walter de Gruyter & Co., 1994.

Ellen M. Pint, "Nationalization vs. Regulation of Monopolies-The Effect of Ownership on Efficiency", *Journal of Public Economies*, Vol. 44. 1991.

Eugene Fama, "Agency Problems and The Theory of the Firm", *Journal of Political Economy*, Vol. 88, No.2, 1980.

Eugene Fama and Michael C. Jensen, "Separation of Ownership and Control", *Journal of Law and Economics*, June, 1983, 26.

Filemon Campo-Flores, "Lessons from Privatization of Argentina's National Telephone Company", *Policy Studies Review*, Autumn / Winter 1994~1995, Vol. 13, No.3.

Fredrick C. Mosher, "The Changing Responsibilities and Tacits of the Federal Government", Public Administration Review, November / December 1980.

G. C. Frosyth and D. Glyn Thomas, "Models for Financially Health Hospitals", *Harvard Business Review*, July-August, 1971.

Godfrey G. Howard, "Anatomy of a Hospital Trustee", *Harvard Business Review*, May-June, 1973.

Guy Geeraerts, "The Effect of Ownership on The Organization Structure in Small Firms", *Administrative Science Quarterly*, 1984, 29.

Harold F. Gortner, Julianne Mahler and Jeanne Bell Nicholson, Organization Theory: A Public Perspective, The Dorsey Press, Chicago, Illinois, 1987.

Huseyin Leblebici, "Transactions and Organizational Forms: A Re-Analysis", *Organization Studies*, Vol. 6, No.2, 1965.

Ian Kirkpatrick and Miguel Martinez Lucio, "Introduction: The Contract State and The Future of Public Management", *Public Administration*, Vol. 74, Spring 1996.

J. A. Kay and D. J. Thompson, "Privatization: A Policy in Search of a Rationale", *The Economic Journal*, 96, March 1986.

James B. Webber and Martha A. Dula, "Effective Planning Committees for Hospital", *Harvard Business Review*, May-June, 1973.

James L. Perry and Hal G. Rainey, "The Public-Private Distinction in Organization Theory: A Critique and Research Strategy", *Academy of Management Review*, Vol. 13, No.2, 1988.

James M. Underwood, "How to Serve on a Hospital Board?", *Harvard Business Review*, July–August, 1969.

James P. Walsh and James K. Seward, "On The Efficiency of Internal and External Corporate Control Mechanisms", *Academy of Management Review*, 1990, Vol. 15, No.3.

Jan Jozef Pool, "Research Note: Bureaucracy in Hospitals: An Empirical Test of Hall's Theory in One Organizational Type", *Organization Studies*, Vol. 3, No.2, 1982.

Jay B. Barney, "The Debate Between Traditional Management Theory and Organizational Economics: Substantive Differences of Intergroup Conflict?", *Academy of Managerial Review*, 1990, Vol. 15, No.3.

Jensen, M. C., and Meckling, W. H., "Theory of The Firm: Managerial Behavior, Agency Cost and Ownership Structure", *Journal of Financial Economics*, 1976.

Jensen, M. C., and Murphy Kevin J., "Performance Pay and Top-Management Incentives", *Journal of Political Economy*, 1990, Vol. 98.

Jerilyn W. Coles and William S. Hesterly, "The Impact of Firm-Specific Assets and the Interaction of Uncertainty: an Examination of Make of Buy Decision in Public and Private Hospitals", *Journal of Economic Behavior and Organization*, 36, 1998.

Jerry R. Green and Nancy L. Stokey, "A Comparison of Tournaments and Contracts", Journal of Political Economy, Vol. 91, 1983.

John B. Bourn, "Guest Editorial: Performance Appraisal in The Public Sector", *Public Administration*, 1982, Vol. 60.

John Donahue, *The Privatization Decision: Public Ends, Public Means*, Basic Books, Inc., Publishers, 1989.

John G. Merriam, "Privatization and Debureaucratization: A Comparative Analysis of Bureaucratic Alternatives", in Ali Farazmand(ed.), *Handbook of Bureaucracy*, Marcel Dekker, Inc., 1994.

John M. Abowd, "Does Performance-Based Managerial Compensation Affect Corporate Performance?", *Industrial and Labor Relations Review*, Vol. 43, February, 1990.

John R. Griffith, Walton M. Hancock and Fred C. Munson, "Practical Ways to Contain Hospital Costs", *Harvard Business Review*, November-December, 1973.

John Vicker, "The Concepts of Competition", *Oxford Economic Papers*, Vol. 47, 1995.

Julie Charlesworth, John Clarke and Allan Cochrane, "Tangled Webs? Managing Local Mixed Economics of Care", *Public Administration*, Vol. 74, Spring 1996.

Jörg Finsinger and Ingo Vogelsang, "Strategic Management Behavior Under Reward Structure in a Planned Economy", *Quarterly Journal of Economics*, 1985.

Keith Jefferis, "Public Enterprise and Privatization in Botswana", in Thomas Clarke(ed.), International Privatization Strategies and Practices, Walter de Gruyter & Co., 1994.

Keneth W. Clarkson, "Some Implications of Property Rights in Hospital Management", Journal of Law and Economics, Vol. 15, 1972.

Laurie Clements, "Privatization American Style: The Grand Illusion", in Thomas Clarke(ed.), International Privatization Strategies and Practices, Walter de Gruyter & Co., 1994.

Lebenstein, H., "Allocative Efficiency versus X-efficiency: Comment", *American Economic Review*, 76, 1986.

Lester M. Salamon, "Rethinking Public Management: Third-Party Government & The Changing Forms of Government Action", *Public Policy*, 29, No.3(Summer 1981).

Lex Donaldson, "A Rational Basis for Criticisms of Organizational Economics: A Reply to Barney", *Academy of Managerial Review*, 1990, Vol. 15, No.3.

Lex Donaldson, "The Ethereal Hand: Organizational Economics and Management Theory", *Academy of Managerial Rewiew*, 1990, Vol. 15, No.3.

M. Shamsul Haque, "The Intellectual Crisis in Public Administration in The Current Epoch Of Privatization", *Administration & Society*, Vol. 21, No.3, Autumn, 1995.

Malcolm Gillis, "Allocative and X-Efficiency in State-owned Mining Enterprise: Comparisons Between Bolivia and Indonesia", Journal of Corporate Economics, Vol. 6, 1982.

Mark P. Sharfman, Gerrit Wolf, Richard B. Chase and David A. Tansik, "Antecedents of Organizational Slack", *Academy of Managerial Review*, 1988, Vol. 13, No.4.

Martin Gaynor and Marx V. Pauly, "Compensation and Productive Efficiency in Partnership: Evidence from Medical Group Practice", Journal of Political Economy, Vol. 98, 1990.

Mary Henkel, "Performance Review & the Managerial Revolution", *Performance Review and Quality in Social Care*, in Anne Connor and Stewart Black eds., 1994, Jessica Kingsley Publishers.

Max B. E. Clarkson, "A Stakeholder Framework for Analysing and Evaluating Corporate Social Performance", *Academy of Managerial Review*, 1995, Vol. 20, No.1.

Maxim Boycko, Andrei Shleifer & Robert W. Vishny, "A Theory of

Privatization", *The Economic Journal*, March, 1996, 106.

Moe, Terry, "The New Economics of Organization", *American Journal of Political Science*, 1984, Vol. 28.

Mohamed Badran and Bob Hinings, "Strategies of Administrative Control and Contextual Constraints in a Less-Developed Country: The Case of Egyptian Public Enterprise", *Organization Studies*, Vol. 2, No.1, 1981.

Mohan Kaul, "The New Public Administration: Management Innovations In Government", Public Administration and Development, Vol. 17, 1977.

Neil Fligstein and Peter Brantley, "Bank Control, Owner Control, or Organizational Dynamics: Who Controls the Large Modern Corporation?", *American Journal of Sociology*, Vol. 98, 1992.

Nicholas Deakin and Kieron Walsh, "The Enabling State: The Role of Market and Contracts", *Public Administration*, Vol. 74, Spring 1996.

Paul Hoggett, "New Modes of Control in the Public Service", *Public Administration*, Vol. 74, Spring 1996.

Paul R. Milgrom, "Employment Contracts, Influence Activities, and Efficient Organization Design", *Journal of Political Economy*, Vol. 96, No.11, 1988.

Paul M. Ellwood, Jr. and Michael E. Herbert, "Health Care: Should Industry Buy it or Sell it?", *Harvard Business Review*, July-August, 1973.

Peter Holl, "The Effect of Control Type on The Performance of The Firm in The U. K.", *The Journal of Industrial Economics*, Vol. 23, No.4, 1975.

Philip Rich, "The Organizational Taxonomy: Definition and Design", *Academy of Managerial Review*, 1992, Vol. 17, No.4.

Pierre-Andre Chiappori, Franck Derand & Pierre-Yves Geoffard, "Moral Hazard and the Demand for Physician Services: First Lessons from a French Natural Experiment", *European Economic Review*, 42, 1998.

Ray G. Wasyluka, "New Blood for Tired Hospitals", *Harvard Business Review*, September-October, 1970.

R. Morck, A. Shleifer & R. Vishny, "Management Ownership and Market Valuation", *Journal of Financial Economies*, Vol. 20. 1988.

Robert A. Meyer, "Publicly Owned Versus Privately Owned Utilities: A Policy Choice", *The Review of Economics and Statistics*, No.4, November 1975.

Robert Boissoneau, Debrah J. Gaulding and David N. Calvert, "Performance Appraisal as a Strategic Choice for the Health Care Manager", *Human Resource Management in the Health Care Sector*, eds. Amarjit S. Sethi and Randall S. Schuler, 1989, Greenwood Press.

Robert C. Ochsner, "Strategic Compensation", *Compensation and Benefits Management*, Vol. 11, No.4, Autumn, 1995.

Robert E. Hoskisson and Thomas A. Turk, "Corporate Restructuring: Governance and Control Limits of The Internal Capital Market", *Academy of Managerial Review*, 1988, Vol. 15, No.3.

Robert Lacey, "Internal Market in the Public Sector: the Case of the British National Health Service", *Public Administration and Development*, Vol. 17, 1997.

Roderick K. Macleod, "Program Budgeting Works in Nonprofit Institutions", *Harvard Business Review*, September-October, 1971.

Roger B. Meyerson, "Incentive Compatibility and the Bargaining Problem", *Econometrica*, Vol. 47, No.1, January 1979.

Rudolf Klein, "Performance, Evaluation and The NHS: A Case Study in Conceptual Perplexity and Organizational Complexity", *Public Administration*, 1982, Vol. 60.

Sanford J. Grossman and Oliver D. Hart, "An Analysis of the Principal-Agent Problem", *Econometrica*, Vol. 51, No.1, January 1983.

Stephen Mitchell and Frank Tolan, "Performance Review through Inspection and Monitoring by Central Government", *Performance Review and Quality in Social Care*, in Anne Connor and Stewart Black eds., 1994, Jessica Kingsley Publishers.

Stuart Andernson, "Organizational Status and Performance: The Case of Swedish Pharmacies", *Public Administration*, Vol. 73, Summer 1995.

Ted Kolderie, "Rethinking Public Service Deliverly", in Barbara H. Moore ed., The Entrepreneur In Local Government, ICMA, 1983.

Terence Daintith, "The Legal Techniques of Privatization", in Thomas Clarke(ed.), *International Privatization Strategies and Practices*, Walter de Gruyter & Co., 1999.

Thomas Donaldson and Lee E. Preston, "The Stakeholder Theory of The Corporation: Concepts, Evidence and Implications", *Academy of Managerial Review*, 1995, Vol. 20, No.1.

Timothy Besley, John Hall and Ian Preston, "Private and Public Health Insurance in the UK", *European Economic Review*, 42, 1998.

Trevor Colling, "Commerce Vs. Politics: Compulsory Competitive Tendering and the Determination of Employment Policy in a British Local Authority", in Thomas Clarke(ed.), *International*

Privatization Strategies and Practices, Walter de Gruyter & Co., 1994.

Wendy Ranade, "The Theory and Practice of Managed Competition in the National Health Service", *Public Administration*, Vol. 73, Summer 1995.

William G. Ouchi, "A Conceptual Framework for the Design of Organizational Control Mechanism", Management Science, 27, september 1979.

William T. Gormley, Jr., "Privatization Revisited", *Policy Studies Review*, Autumn / Winter 1994~1995, Vol. 13, No.3.

Williamson, Oliver E., "The Modern Corporation: Origins, Evolution, Attribute", *Journal of Economic Literature*, December, 1981, 19.

· 저자 ·

한인섭 · 약 력 ·
(韓仁燮)
　　　　　서울시립대학교 법정대학 행정학과 졸업
　　　　　서울대학교 행정대학원 행정학 석사
　　　　　서울대학교 대학원 행정학 박사
　　　　　현대사회연구소 연구원
　　　　　산업자원부 국가생산성대상 심사위원
　　　　　행정자치부 인력운영단 자문위원
　　　　　지방공기업 경영평가위원
　　　　　현) 한국자치경영평가원 수석전문위원

· 주요논저 ·

　　　　　『정부관료제의 본질과 기업적 거버넌스의 한계』
　　　　　『행정학 위기의 실상과 대책』
　　　　　『지방공기업의 기업화에 관한 연구』
　　　　　『인과모형에 의한 지방공기업 정책의 효과성 분석』
　　　　　『경제위기의 지방재정수입에 대한 영향분석』
　　　　　외 다수

본 도서는 한국학술정보(주)와 저작자 간에 전송권 및 출판권 계약이 체결된 도서로서, 당사와의 계약에 의해 이 도서를 구매한 도서관은 대학(동일 캠퍼스) 내에서 정당한 이용권자(재적학생 및 교직원)에게 전송할 수 있는 권리를 보유하게 됩니다. 그러나 다른 지역으로의 전송과 정당한 이용권자 이외의 이용은 금지되어 있습니다.

公共病院의 成果比較

· 초판 인쇄 ｜ 2006년 8월 31일
· 초판 발행 ｜ 2006년 8월 31일

· 지 은 이 ｜ 한인섭
· 펴 낸 이 ｜ 채종준
· 펴 낸 곳 ｜ 한국학술정보㈜
　　　　　　경기도 파주시 교하읍 문발리 526-2
　　　　　　파주출판문화정보산업단지
　　　　　　전화　031) 908-3181(대표) · 팩스　031) 908-3189
　　　　　　홈페이지　http://www.kstudy.com
　　　　　　e-mail(e-Book사업부)　publish@kstudy.com
· 등　　록 ｜ 제일사 ‥‥‥‥‥‥‥‥‥. 19)
· 가　　격 ｜ 26,000원

ISBN　89-534-5624-X　93350 (Paper Book)
　　　　89-534-5625-8　98350 (e-Book)